本书系国家社科基金重大招标课题“贯彻落实科学发展观与完善宏观调控体系”(批准号：07&ZD004)与中国社会科学院重大课题“开放经济条件下的宏观稳定研究”的阶段性成果。

Stable and Sustained Growth for a Large Open Economy: the Case of China

开放大国的持续稳定增长：中国的实证

张晓晶 等◎著

中国社会科学出版社

图书在版编目(CIP)数据

开放大国的持续稳定增长：中国的实证/张晓晶等著．—北京：中国社会科学出版社，2016.10

ISBN 978－7－5161－8535－3

Ⅰ．①开…　Ⅱ．①张…　Ⅲ．①中国经济—经济增长—研究　Ⅳ．①F124

中国版本图书馆CIP数据核字(2016)第154195号

出 版 人　赵剑英
责任编辑　王　茵
责任校对　王　斐
责任印制　王　超

出　　版　中国社会科学出版社
社　　址　北京鼓楼西大街甲158号
邮　　编　100720
网　　址　http://www.csspw.cn
发 行 部　010－84083685
门 市 部　010－84029450
经　　销　新华书店及其他书店

印　　刷　北京君升印刷有限公司
装　　订　廊坊市广阳区广增装订厂
版　　次　2016年10月第1版
印　　次　2016年10月第1次印刷

开　　本　710×1000　1/16
印　　张　19.75
插　　页　2
字　　数　284千字
定　　价　75.00元

目　　录

序　言

一　赶超型开放经济发展的两个环节

中国从开放伊始，就等于引入了一个外部冲击因素：可能是正向冲击，也可能是负向冲击。开放使中国进入全球化体系并分享全球化红利，以及开放促改革或倒逼改革，这些都是正向冲击，也是过去30余年中国创造增长奇迹的重要经验。但开放也会对稳定增长形成挑战，这是负向冲击。拉美债务危机、亚洲金融危机，就是开放出了问题（当然内因是主导，但至少，开放因素是一个导火索）。并且，当前所谓中等收入陷阱问题，亦有很多学者从开放角度进行诠释。比如，被国际分工体系边缘化；或者国际金融动荡（或危机）带来的负向冲击，使得原来貌似稳定但弹性不足的制度体系（对于突然的变化反应不及），出现“卡壳”甚至“死机”，进而导致原先的增长可能出现停滞甚至倒退。开放对经济持续稳定增长的冲击，在当前的全球化时代，是任何宏观经济管理（治理）者必须直面的现实。

开放带来了知识、技术、制度、管理等方面的先进事物（或“最佳实践”），为后发国家提供了赶超的机遇，使得后发国家可以更快地发展，最终实现趋同（convergence，即人均收入水平向发达经济体逼近）。不过，这只是赶超型开放经济逻辑链条的第一个环节。更进一步，后发赶超，难免产生扭曲，比如扭曲要素价格、选择重点发展产业、金融压抑、强制储蓄、轻消费重投资、保护关税、资本管制等，一方面体现为政府强干预，另一方面体现为政府隐性担保与市场主体（如国有经济部门、“公司化”的地方政府、地方政府支持的一些私人部门等）的潜在道德风险。这些形形色色的扭曲造成风险的累积，从而影响经济稳定，有碍持续增长。这是赶超型开放经济逻辑链条的第二个环节。如何既要赶超又能减少甚至避免扭曲，实现增长的可持续性，即同时把握好开放经济逻辑链条的两个环节，是对治国理政者的重大考验。

从本书各章的分析中，我们能够看到，中国如何在借开放获得全球化红利的同时，也因不同程度的扭曲而积累着发展风险。这使得快速增长与持续增长之间形成微妙的紧张关系。在赶超的初期，一般强调的是“更快”，我们诸多的政策口号对此亦有体现。但由“更快”所带来的更加不稳定（事实上，由于受益于1980年代以来所谓的全球大稳定或大缓和时代，使得“更加不稳定”这一情况在2008年之前并未出现，但积累的风险在国际金融危机爆发后逐步发酵和释放，实际上是在“还债”），警示我们更要关注增长的可持续性。美国持续100多年年均增长3%，才造就了世界第一。中国未来增长，可持续性问题将比增长速度问题更显重要，这恐怕是认识和适应经济新常态的要领之一。当然，增长需要有延续性，台阶式下降、增长大幅波动，带来的经济社会成本也是巨大的。因此，在赶超与扭曲、速度与可持续性之间要取得合理的平衡。

二　开放大国：从“无足轻重”到“举足轻重”

经济学意义上的大国，就是你的存在会影响到别人，而不再是被动地受别人影响。因此，你的一举一动会产生溢出效应。这就意味着溢出效应由原来的单向变成双向，即原来只是中国受美国等主要发达经济体的影响，现在变成外部世界也受中国的影响。中国的经济体量以及国际影响力，使得中国由“无足轻重”变为“举足轻重”。当前国际上都在讨论，如何适应中国经济新常态。这表明，不仅仅是中国要适应世界，世界也要适应中国。

今天的中国是名副其实的大国，按国际货币基金组织的数据，以购买力平价（PPP）衡量，2014年中国的GDP就世界第一了。而开放方面，自 21 世纪初加入 WTO 以来，中国无论在经贸实力、开放水平，还是全球制度性话语权方面都有了长足发展。

中国开放型经济水平及其在国际经贸格局中的地位迅速上升。①中国人民币加入 SDR 货币篮子。②获得全球制造业第一大国地位。2012 年中国制造业产值占据全球 1 /5 左右，超越美国而位居全球首位，2014 年继续蝉联制造业第一大国地位，工业产品产量有 220 多种，位居世界第一。③进入经贸大国与投资大国行列。2009 年中国出口逆势上升，超越德国而位居全球首位，进口仅次于美国而位居全球第二，2013 年中国进出口总额超过美国而成为全球第一贸易大国。在贸易持续扩张的同时，国际投资合作也稳步增长，2014 年实际使用外商直接投资 1196 亿美元，居世界首位。2014 年中国对外直接投资 1160 亿美元，仅次于美、日，而自 2013 年以来位居全球第三。④中国成为拉动世界经济增长的重要引擎。2008 年至今中国超过美国而成为拉动全球经济增长贡献最大的国家。2009—2011 年，中国对世界经济增长的贡献率达到 50% 以上；最近几年，贡献率也在 1/4—1/3。

党的十八大以来，中国相继出台一系列改革措施，对外开放新体制的构建迈出坚实步伐。《中华人民共和国外国投资法》（草案）已公布，随之取消外资三法确立的逐案审批制管理体制，探索准入前国民待遇加负面清单的管理模式；新修订的《外商投资产业指导目录》大幅减少限制性措施；上海、天津、广东、福建四大自由贸易试验区基本建立了以负面清单管理为核心的外商投资管理制度。负面清单全面改革已有明确“时间表”。2018 年起，中国将正式实行全国统一的市场准入负面清单制度。

中国在全球治理方面的制度性话语权在不断增强。利用联合国、APEC 这样的既有平台，以及 G20、金砖国家峰会、上合组织成员国元首理事会、中非论坛等较新的平台，积极参与并持续推动全球经济治理创新。通过这些新平台，中国积极倡导的构建亚洲基础设施投资银行、金砖国家开发银行、丝路基金等倡议受到国际社会的广泛关注。还有，美国国会参众两院批准了国际货币基金组织（IMF）2010

年份额和治理改革方案，这标志着拖延已久但意义深远的IMF份额和治理改革有望向前推进。中国在全球治理中的影响力在上升。

三　开放治理水平提升与持续稳定增长

在开放条件下实现经济的持续稳定增长，依赖于开放治理水平的提升。

首先，开放竞争是持续增长的重要保证。从更一般意义看（即抛开经济学视角），开放系统比封闭系统更安全。根据“熵定律”，开放系统将导致有序并产生新的活力，封闭系统会导致无序而走向死亡。封闭一般会形成暂时（这个“暂时”有时候也会较长，如中国古代的一些王朝）的稳定，一种静态的安全。但从动态角度，由于封闭导致制度僵化与社会惰性，最终会引致系统走向动荡甚至崩溃。开放就是要破除各种偏见和歧视、门槛与障碍，让各种观念相互碰撞，各类资源要素自由流动；在比较中发现落差（差距），以落差促进要素流动，从而取长补短、求同存异和缩小差距。从制度经济学角度，推动内在制度和外在制度演化的因素，不仅有对国际贸易和要素流动的被动反应，而且还有为更好地竞争市场份额和动员生产要素而对制度进行主动的调整。全球化已经导致了“制度（或体制）竞争”。特别需要指出的是，2008年全球金融危机以来，再平衡、结构调整与改革成为全球发展的主旋律。十八届三中、四中、五中全会对中国的改革发展作了全面部署，而美、欧、日也纷纷推出结构性改革计划与长期增长战略，改革竞争的序幕已然拉开。开放竞争是一个经济体摆脱制度惰性的重要动力，也是持续增长的重要前提。

其次，开放新挑战提出治理新要求。2008年国际金融危机爆发，全球贸易急剧萎缩，由发达经济体主导的国际经贸投资规则正在重塑之中，再加上新常态下中国经济的再平衡与结构调整，都预示着进入新阶段的中国经济开放面临着新挑战。①国际新规则约束下的新挑战。一方面，更高标准的国际经贸规则在酝酿形成之中。如“跨太平洋伙伴关系协定”（TPP）、“跨大西洋贸易与投资协定”（TTIP）、

“服务贸易协议”（TiSA）以及“日欧经济伙伴关系协定”等。另一方面，国际货币体系新变化。2013年10月31日，美联储、欧洲央行、瑞士央行、英国央行、加拿大央行和日本央行等全球六家宣布它们已达成长期性多边货币互换协议，一张以美联储为中心、主要发达经济体央行参与的排他性超级国际储备货币供求网络已经形成。如何在新规则约束下获取全球化红利，成为开放治理的新挑战。②全球价值链与金融周期影响下的国际政策协调。大国溢出效应主要通过贸易渠道与金融渠道来实现。全球价值链的崛起形成了国际政策溢出效应的新形式，因为对国际生产链的国内组成部分产生影响的政府政策也会对生产链的整体价值产生影响。供应链贸易为国内政策溢出效应提供了新的视角。金融渠道方面，刚刚兴起的金融周期理论指出，影响全球金融周期的主要因子是中心国家的货币政策，因此，这个中心大国货币政策的溢出效应就非常显著。就外围国家而言，要防止全球金融周期不利的外部溢出效应，就需要中心国家的政策自律，或对其货币政策进行监督、约束。大国溢出效应要求加强国际政策协调和敦促各国践行负责任的经济政策。③进一步经济金融开放的冲击。开放型经济新体系的构建，意味着更进一步的全方位开放。由此，也会带来更大的外部冲击。如何应对新开放冲击涉及市场的发育程度，也涉及监管治理水平。比如如何管理一个逐步国际化的货币（人民币的流出与回流以及由此对宏观稳定的冲击，就是一个重要方面）；汇率形成机制变化（如2015年8月11日的汇改）的冲击；资本走出去的风险以及在全球范围内配置产能面临的障碍；亚投行的运营和治理；一带一路战略的地缘影响与应对措施；等等。这些都是全方位开放带来的新挑战，也对开放治理提出了新的更高的要求。

再次，进一步提高开放治理水平。提高开放治理水平，归根到底，是让市场发挥决定性作用，让政府更好地发挥作用。市场的决定性作用方面，关键是促进国（境）内外要素的相对自由流动，以及在此基础上形成较为合理的要素价格。这实际上是“利用两个市场、两种资源”，促进资源在国（境）内外的优化配置；也是拓展国内国际两个发展空间，争取更大程度上获得新的全球化红利。政府更好发挥作用方面，应注重开放的顺序、开放的程度，特别是应对全方位开放所需要的市场成熟度与宏观审慎监管。这既涉及从更一般层面上，借鉴成熟经济体的经验教训，完善相关监管架构的问题，也涉及国际规则制定中的博弈和形成全球治理的制度性话语权问题。此外，还要认真把握全球长周期与新常态，更多了解全球经济金融的周期共振，妥善处理世界体系格局下的“中心—外围”关系，以及切实加强国际政策协调等，这些都是提高开放治理水平的重要内容，也是对一个“善治”（good governance）政府的基本要求。

四　本书的缘起与安排

本书是笔者与研究团队从开放视角探讨中国宏观经济的成果。

关于中国宏观稳定研究，就国内而言，大略分为三个阶段。阶段一：主要考虑的是双轨制对宏观稳定的影响。如樊纲主笔的《公有制宏观经济理论大纲》（该书也是刘国光主持的《中国宏观经济问题研究》的成果之一）对此有深入探讨，这基本上是改革开放以来至1990年代初的主题。阶段二：市场化与宏观稳定，突出了经济市场化对宏观运行的影响，如张曙光主编的《市场化与宏观稳定》，基本上是1990年代中期社会主义市场经济的提出至21世纪初的主题。阶段三：开放与宏观稳定。如刘树成等著《金融开放与宏观稳定》，基本上是中国加入WTO以后经济开放新阶段的主题。当然，这样的主题划分有一定的主观性（比如有一些主题在时期上是重叠的），但能够较好地反映出国内研究者对于影响宏观稳定因素重要性的一个认识上的递进。

本书属于第三阶段的研究，主要的基础是由笔者主持的国家社科基金重大招标课题“贯彻落实科学发展观与完善宏观调控体系”（批准号：07&ZD004）与中国社会科学院重大课题“开放经济条件下的宏观稳定研究”的部分成果，涵盖了自2004年以来的相关研究，大都公开发表。这些研究，反映了我们对于开放大国经济持续稳定增长的阶段性认识。这些认识既有前瞻性，也有局限性，除个别地方有所修订外，均保持原样，立此存照，一方面供大家批评，另一方面也有文献价值。前面讨论的开放经济基本逻辑在各章中均有体现，但于开放大国的新挑战与新对策涉及不够，因此，序言部分的论述亦算是对正文的一个必要补充。

本书是团队合作的结晶。各章节的编写安排如下：第一章汤铎铎，第二章张晓晶、张平，第三章张晓晶，第四章袁富华、汪红驹、张晓晶，第五章汪红驹、张晓晶，第六章张晓晶、孙涛，第七章孙涛、张晓晶，第八章孙涛、张晓晶，第九章汤铎铎、张晓晶，第十章孙涛、张晓晶，第十一章张晓晶、汪红驹、常欣，第十二章赵志君。

感谢中国社会科学院经济研究所的诸位同仁张平、赵志君、汪红驹、常欣、袁富华、汤铎铎在学术研究中给予我的帮助与支持；还要感谢曾任国际货币基金组织高级经济学家的孙涛博士一直以来与我的紧密合作。最后要感谢本书的责任编辑王茵博士，她的执着和敬业使本书得以较快地呈现在读者面前。

在整理书稿过程中，儿子看我在电脑前忙活，说：真希望爸爸早点写完，这样就能多陪我玩一会儿。我想跟他说：现在可以陪你玩了！

张晓晶

2016 年 4 月 6 日

第一章　新开放经济宏观经济学：理论和问题

第一节　导言

随着全球经济一体化进程的加快，各国的开放程度普遍提高，这对宏观经济政策的制定和理论研究提出了新的要求。小国的经济学家们早就习惯了从国际视角来思考本国的宏观经济问题，而现在，那些传统上认为本国大致可以看作是封闭经济大国的经济学家们，也逐渐改变了看法，开始承认外国对本国经济的重大影响。

从国际视角来考察宏观经济问题，最有影响力的研究成果是1960年代发展起来的 Mundell - Fleming 模型。到目前为止，该模型仍是许多宏观经济学教科书的标准组成部分，而且，也仍是许多经济学家和政策制定者赖以进行政策分析的基本工具。Mundell - Fleming 模型利用传统凯恩斯主义的 IS - LM 框架，考察在资本完全流动情况下，不同汇率制度国家的财政和货币政策效果。在开放条件下，本国的稳定政策如何发挥作用以及这些政策对汇率和经常账户的影响，是国际宏观经济学研究的重点。从 Mundell（1963）和 Fleming（1962）到 Dornbusch（1976），再到 Obstfeld 和 Rogoff（1995a），一直有大批经济学家持续关注这一主题。

1960年代至今，宏观经济学的研究方法发生了巨大变化。在整个转变过程中，最具革命性的事件也许就是真实经济周期（real business cycle，RBC）理论的兴起。RBC 理论为宏观经济分析提供了坚实的微观基础。消费者和厂商的行为被清晰定义的函数所刻画，经济环境随着时间而改变，一些不确定因素也通过随机变量被引入模型。重要的宏观经济关系不再由研究者直接设定，而是消费者和厂商行为最大化的后果。RBC 理论的研究方法被称为动态随机一般均衡（dynamic stochastic general equilibrium，DSGE），它很快就成为现代宏观经济学研究的主流方法，在各个领域获得广泛应用。

早期的 RBC 模型假设市场是完全竞争的，价格和工资可以灵活调整，以使产品市场和劳动力市场完全出清。在此假设下，经济周期波动的主要原因是随机的技术冲击，是经济主体面对经济环境变化调整其行为的结果。因此，失业是劳动者自愿选择的结果，而货币在对经济周期波动的解释中无足轻重。这些结论遭到新凯恩斯主义经济学家的猛烈抨击，通过引入不完全竞争、价格和工资刚性以及协调失败等更现实的因素，他们提出了自己对经济周期波动的理解。

RBC 理论和新凯恩斯主义的对垒产生了一个戏剧化的后果，那就是双方出现一定程度的融合。新凯恩斯主义者发现，DSGE 方法确实具有很大的优越性；而 RBC 理论家也很快发现，加入不完全竞争和价格工资刚性等因素，确实可以增强模型的解释力。这种融合可以用一个比喻来表述，即在 RBC 的瓶子中装入新凯恩斯主义的美酒。许多经济学家亲历了这一融合过程，并纷纷贴上自己喜爱的标签。Goodfriend 和 King（1997）提出“新新古典综合”（new neoclassical synthesis，NNS）一词，Kimball（1995）采用“新货币主义”（neomonetarist）这一表述，而 Woodford（2003）则在教科书中称自己的研究成果为“新维克塞尔主义”（neo - Wicksellian）货币经济学。确实，在当前的主流宏观经济学研究中，大家呼吸着同样的空气。

综上所述，首先，全球化进程的加速对宏观经济政策和理论提出了新的要求，开放条件下的宏观稳定问题变得越来越重要；其次，1960 年代以来，有一批经济学家持续关注相关领域的问题，相继产生了一些很有影响力的成果，形成了一个以开放宏观经济问题为导向的研究传统；再次，RBC 理论和新凯恩斯主义某种程度的融合，产生了一个极具包容性和吸引力的理论框架。在上述条件的共同作用下，1990年代，宏观经济学领域出现了一个新的发展，被称为新开放经济宏观经济学（new open economy macroeconomics，NOEM）。NOEM在动态一般均衡框架下引入不完全竞争和名义刚性，以此来重新审视真实冲击和货币冲击的国际传导机制，及其对汇率和经常账户的影响，从而为最优稳定政策设计和国际宏观经济政策协调提供理论基础。这类文献继承了Mundell和Fleming以来国际宏观分析的传统智慧和经验常识，对积极的政府政策持友善态度，同时，又注意利用宏观经济分析的最新方法，力图克服传统框架的局限性。因此，可以说，NOEM是用当前最流行的理论框架来解决当前最重要的问题，同时，它又可以看作是这一领域已有研究传统的某种延续。

NOEM的开山之作来自Obstfeld和Rogoff（1995a）[①]，他们的Redux模型是这个领域此后研究赖以进行的一个基准。Redux是一个包含垄断竞争和价格刚性的两国动态一般均衡模型。每个国家由既是生产者又是消费者的居民的连续统（continuum）构成，由于所生产产品的异质性，居民（同时也是企业）拥有一定程度的市场垄断力。在模型中一价律（the law of one price，LOOP）和购买力平价（purchasing power parity，PPP）成立，因此，均衡实际汇率保持不变，名义汇率则由两国的相对物价水平决定。货币由政府发行，持有货币能给居民带来效用。居民在每期决定自己的消费量、货币持有量、劳动供给量和自己生产产品的价格，以此来最大化自身效用。产品价格要求提前一期设定，这就引入了价格刚性。模型的求解首先是求出模型的稳态，然后再在稳态附近进行对数线性化，借此来分析各种冲击的动态效应。在Redux模型中，扩张性的货币冲击会使国内的产出和消费增加，世界实际利率下降和本国贸易条件恶化同时导致国外消费增长，但是，货币冲击对国外产出的影响并不清楚，因为，消费增长和相对价格变化对产出的影响方向正好相反。其实，Redux模型得出的结论和观点并不是最重要的，最重要的是，它提出了如何分析和理解

① Svensson和van Wijnbergen（1989）的成果要早一些，现在被公认为是NOEM的先驱。但是，这篇文章发表之后好像很久都没有引起足够的关注，直到Obstfeld和Rogoff（1995a）的Redux模型出现。

相关问题的新方法。

和其他许多经济学基准模型一样，Redux 模型可以从很多方面进行拓展和丰富。由于不包含随机因素，Redux 模型只是一个 DGE（dynamic general equilibrium）模型，而不是 DSGE 模型。随机技术冲击的引入是 RBC 方法的精髓所在，因而此后有许多研究在 Redux 中引入随机因素，以此来丰富模型的内涵。Redux 模型是一个两国模型，每个国家都会对世界经济造成很大影响。但是现实中确实存在一些小国，它们对世界经济的影响可以忽略不计。据此，一些研究提供了 Redux 模型的小国版本。[①] 在 Redux 模型中，名义刚性是通过价格刚性引入的，而且引入的方式十分简单。此后，一些研究改变了价格刚性的引入方式，还有研究在模型中引入工资刚性。LOOP 和 PPP 的成立使得 Redux 模型中的实际汇率保持不变，这和相关的经验研究相佐。因此，有许多研究在模型中引入了市场分割（market segmentation），使得一些企业可以在不同国家间实施价格歧视，即随行就市（pricing to market，PTM）。总之，在 Redux 模型出现之后，有许多研究围绕着这个基准进行了多方面的拓展，而且，在有些研究中这些拓展是组合出现的。

从产生至今，NOEM 的发展大致可以划分为两个阶段。第一阶段就是上面提到的 Redux 的出现和围绕它的各种拓展。Lane（2001）和 Sarno（2001）很好地总结了这一时期的研究。在第二阶段，发生了两个比较重要的转向。一是关注的问题发生了变化，从原来的关注实际和名义冲击的传导机制和效果到关注最优宏观经济政策设计和国际宏观经济政策协调；二是求解方法方面的转变，从原来的对数线性近似方法到通过巧妙设定得出闭合解。在新阶段有两篇开创性文献，分别来自 Obstfeld 和 Rogoff（2000a）与 Corsetti 和 Pesenti（2001），有时被简称为 CP - OR 框架。另外，在新阶段有经济学家针对 NOEM 的应用和普及做了一些工作，尝试挑战 Mundell - Fleming 框架在政策分析和初中级教科书中的地位。Laxton 和 Pesenti（2003）扩展了 IMF

---

① Obstfeld 和 Rogoff（1995a）的附录中提供了一个含有不可交易商品的小国模型。

的全球经济模型（Global Economic Model，GEM），并借此来评价泰勒规则（Taylor rules）和基于通货膨胀预测的规则（inflation – forecast – based rules，IFB rules）的优劣，这是 NOEM 用于政策分析的一个突出例子。Corsetti 和 Pesenti（2005b）用图形和简单公式对 NOEM 的主要思想和方法做了重新表述，以使其适合作为初中级经济学教科书的内容而得到广泛传播和普及。Corsetti（2007）最近对 NOEM 做了一个凝练的概括，他是这个领域最有建树的学者之一。

本章的主要目的是全面而深入地介绍 NOEM。近年来，国内相继出现了一些对 NOEM 的综述，比如刘红忠、张卫东（2001），姜波克、陆前进（2003），王志伟、范幸丽（2004），王胜（2006）以及王胜、邹恒甫（2006）等，这些研究在向国内学界介绍和传播 NOEM 方面做出了自己的贡献。但是，从当下的视角来看，这些文献做得还远远不够。首先，由于在西方 NOEM 还处于十分活跃的研究状态，一些早期的综述不能涵盖最近的发展；其次，这些研究大致关注的是 NOEM 的理论进展，而很少把 NOEM 所关心的现实问题纳入视野，进行专门的分析；最后，有些研究仅仅是国外相关研究的简单翻译，没有进行系统化的梳理，也很少提出切中肯綮的评论。本章力图在这些方面能有些许改进，为国内相关领域的研究者提供一个比较全面的文献索引，同时，也提出自己的一些浅陋见解和评述。另外，值得欣喜的是，国内最近也出现了利用 NOEM 框架来处理中国宏观经济问题的研究，如姚斌（2006；2007）。这是一个很有希望的方向，相信不久就会有更多的学者加入其中。

在导言部分，我们大致描摹了 NOEM 的产生和发展脉络，并引出了一些重要文献。下面将从两个方面进行更深入的梳理和探讨。首先，我们讨论 NOEM 的理论框架和模型设定，并尽力厘清中间的一些技术细节，揭示出 NOEM 是新新古典综合（NNS）框架的一个成功范例。然后，我们把重点转向 NOEM 所关注的主要经济问题，探讨西方的经济学家如何利用 NNS 框架来处理自己感兴趣的问题，并且讨论相关研究得出的主要观点和结论。本章后面的内容安排如下：第二节介绍 NOEM 的理论框架；第三节回顾 NOEM 所关注的几个主要经济问题；最后是本章的总结和一些评论。

第二节　理论框架

一　新新古典综合（New Neoclassical Synthesis）

20世纪五六十年代，萨缪尔森倡导了主流经济学的“新古典综合”（neoclassical synthesis），将源自马歇尔和瓦尔拉斯的传统微观经济分析和凯恩斯主义宏观经济学综合在一起。在宏观经济学方面，新古典综合约定了有时可能显得有些冲突的三个基本原则：为宏观经济政策提供实用的建议；相信短期价格刚性是导致经济周期波动的根本原因；利用微观经济分析中常用的最优化方法来描摹宏观经济行为（Goodfriend & King，1997）。但是，由于框架本身的诸多缺陷，随着货币主义（monetarism）和新古典宏观经济学（new classical macroeconomics）的迅速崛起，新古典综合很快就成为遗迹。

新新古典综合（new neoclassical synthesis，NNS）继承了新古典综合的基本精神，即把古典主义和凯恩斯主义综合到一个框架内。由于建模技术上的巨大进步，新综合比“老综合”显得更为成功，也更有生命力。NNS以RBC的基本方法（即DSGE）为基础，[①] 引入不完全竞争和名义刚性等更贴近现实的凯恩斯主义元素，这些元素在新凯恩斯主义者的工作中已经获得了很好的理解和技术处理。[②] 如果NNS是RBC和新凯恩斯主义的融合，那么，这种融合是从两个方面展开的。一方面，一些RBC理论家在对基准RBC模型进行扩展的时候，开始将凯恩斯主义元素引入讨论，这是RBC向新凯恩斯主义的靠拢；另一方面，一些新凯恩斯主义者开始对已有的新凯恩斯主义模型进行动态化和随机化，并利用校准和模拟进行经验检验，这是新凯恩斯主义向RBC的靠拢。两个方向的努力虽然看似已经汇聚到了一起，但是，从对模型的具体处理上，我们仍然大致能够判断一项研究

① 关于RBC的基础讨论可以参考Prescott（1986）、Plosser（1989）、Kydland和Prescott（1996）。

② Mankiw和Romer（1991）提供了新凯恩斯主义宏观经济学的许多代表性文献。

来自哪个阵营，或者说，离哪个阵营更近一些。

NOEM 是 NNS 的一个成功范例。它在 DSGE 框架下引入了不完全竞争和名义刚性，从而使得模型获得了诸多优势。首先，经济主体在既定约束下最大化目标函数，这为经济政策评价和设计提供了天然的福利标准；其次，一般均衡分析改变了开放宏观和贸易理论之间的割裂局面[①]，使得许多问题可以在同一个框架下进行讨论；再次，不完全竞争假设将企业和雇员的定价行为纳入模型，在一定限度内产出是由需求决定的，这比新古典完全竞争假设下所有经济主体都是价格接受者更为现实；最后，名义刚性的引入使得货币冲击有了实际效应，正的货币冲击可以纠正不完全竞争导致的扭曲，提高居民的福利水平，从而向各类货币中性命题提出挑战。

除了具有 NNS 模型的共性特征外，由于要处理国际宏观经济学领域的特殊问题，NOEM 在模型设定方面还有许多个性。下面，我们从偏好和技术等几个方面入手，详细介绍典型 NOEM 模型的设定。通过下面的讨论我们会发现，NOEM 模型中的新凯恩斯主义色彩相当浓厚，甚至可以看作是新凯恩斯主义宏观经济学向开放宏观领域的拓展。

二　偏好

Redux 模型（Obstfeld & Rogoff，1995a）的效用函数如下：

$$U_t = \sum_{s=1}^{\infty}\beta^{s-t}\{logC_s + \frac{x}{1-\varepsilon}[\frac{M_s}{P_s}^{1-\varepsilon} - \frac{k}{2}y_s(z)^2]\} \tag{1}$$

其中，$0<\beta<1$ 是贴现因子，x，ε，k 是参数，C_s，M_s 分别代表典型经济主体（representative agent）在第 s 期的消费指数和名义货币持有量，P_s 是第 s 期一般价格水平，y_s（z）是第 s 期产品 z 的产量。全世界由无数个既是生产者又是消费者的经济主体组成，每个经济主体生产一种异质产品，单个经济主体和他（她）的产品都用 z 来表

① 在标准的国际经济学教科书中［例如，Krugman 和 Obstfeld（2003）］，贸易理论和开放宏观是分开讲述的，前者主要使用微观经济学的方法，而后者则主要使用宏观经济学的方法。

示，$z\in[0,1]$。世界由两个国家组成：本国和外国，本国的经济主体落在（0，n］区间，外国的经济主体落在（n，1］区间。消费指数c由下式刻画：

$$C=[\int_0^1 c(z)^{(\theta-1)}dz]^{\theta/(\theta-1)} \tag{2}$$

这是一个CES函数，替代弹性θ>1，当θ→∞时，各种商品完全替代。相应的价格指数为：

$$P=[\int_0^1 p(z)^{1-\theta}dz]^{1/(1-\theta)} \tag{3}$$

对第z个经济主体所生产商品的需求为：

$$y(z)=c(z)=[\frac{p(z)}{P}]^{-\theta}C \tag{4}$$

（1）—（4）式是Redux模型对经济主体偏好的全部刻画。（1）式的一个特点是，除了消费以外，货币和闲暇进入了效用函数。到目前为止，货币进入效用函数（money in the utility function，MIU）（Sidrausiky，1967）和现金先行（cash in advance，CIA）（Clower，1967）仍是宏观经济模型引入货币的主要手段，Obstfeld和Rogoff（1996）讨论了利用CIA引入货币的情形。闲暇进入效用函数是RBC理论的精髓所在，经济主体的劳动就业决策被纳入模型，使得闲暇的跨期替代成为决定模型经济运行方式的主要机制之一。

（3）式和（4）式并不是任意设定的，而是从（2）式直接推导得来，具体方法是在（2）式的约束下最小化支出函数$\int p(z)c(z)dz$，p实际上是消费价格指数（CPI）。Corsetti和Pesenti（2005b）在其论文的附录中提供了推导过程的全部细节，他们的表述甚至比Obstfeld和Rogoff（1996）的教科书还要清晰和简明。这种设定是新凯恩斯主义不完全竞争理论的典型处理方法，最早至少可以追溯到Dixit和Stiglitz（1977）、Blanchard和Kiyotaki（1987）。这种设定引入了产品异质性，从而使得企业具有了一定程度的市场垄断力量，企业面临向下倾斜的产品需求曲线，成为价格决定者，而不是价格接受者。

在NOEM的发展过程中，形如（1）式的效用函数获得了广泛应用，很多研究仅仅根据需要修改方括号内相加三项的具体形式。这种设定的一个主要问题是消费和闲暇是加性可分的，在此情况下，当国家变得越来越富裕时，劳动供给会持续下降，最后收敛于劳动供给为零的状态。当市场部门有技术进步的长期趋势时，这个结果与平衡增长路径相悖（Lane，2001；Sarno，2001）。在传统 RBC 分析中，稳态增长很受重视。如果生产函数包含技术进步的长期趋势项，那就存在一个平衡增长路径，该路径会对效用函数的设定产生很大限制。例如，King 等人（1988；2002）在研究中就曾经提出过两类与平衡增长“兼容”的效用函数。作为 RBC 理论的中坚力量，Chari 等人在一系列研究中的效用函数设定非常具有启发意义。在开放经济模型中，Chari 等人（1997；2002）采用和（1）式类似的闲暇加性可分的效用函数。在封闭经济模型中，Chari 等人（2000）采用的效用函数形式如下：

$$U(C,l,M/P) = \frac{\{[aC^{v} + (1-a)(M/P)^{v}]^{r/v}(1-l)^{1-r}\}^{1-\sigma}}{1-\sigma} \tag{5}$$

其中，消费和货币持有量以 CES 形式出现，它们的组合与闲暇则是 Cobb－Douglass 形式。使用闲暇可分的效用函数，消费的边际效用就不包含劳动项，这使得模型更易于处理。但是，最重要的是闲暇可分效用函数可以使模型经济中的实际汇率具有较大波动，这和现实经济中实际汇率的特征相一致（Chari et al.，2002）。因此，实际汇率的较大波动和平衡增长路径的存在，使得开放经济模型中的效用函数设定面临两难，大多数研究都是舍弃平衡增长路径以符合实际汇率波动。

在 Redux 模型中，本国商品和外国商品对称地进入效用函数，因此，所有商品之间的替代弹性都是 θ，消费者对国内外商品的偏好没有任何差别。这显然与现实不符，从而成为 Redux 模型效用函数设定的另外一个重要问题。Corsetti 和 Pesenti（2001）、Obstfeld 和 Rogoff（2000a）把国内外产品的差别引入了模型。假设（1）式仍然成立，但是其中消费指数 C 的构成发生了变化，即（2）式由下面三个式子替换：

$$C = C_H^{r} C_F^{1-r} \quad 0 < r < 1 \tag{6}$$

$$C_H = \left[\int_0^1 c(h)^{(\theta-1)/\theta} dh\right]^{\theta/(\theta-1)} \tag{7}$$

$$C_F = [\int_0^1 c(f)^{(\theta-1)/\theta} df]^{\theta/(\theta-1)} \tag{8}$$

其中 C_H 表示由本国商品构成的商品束，C_F 表示由外国商品构成的商品束，（6）式意味着本国商品和外国商品之间具有单位替代弹性。（7）、（8）两式形式上与（2）式完全相同，（7）式是本国商品的消费指数，（8）式是国外商品的消费指数，显然，本国商品之间的替代弹性为 θ，外国商品之间的替代弹性也为 θ。同样，由（6）—（8）式可以推导出相应的价格指数：

$$P = \frac{1}{r^r (1-r)^{1-r}} P_H^r P_F^{1-r} \tag{9}$$

$$P_H = [\int_0^1 p(h)^{1-\theta} dh]^{1/(1-\theta)} \tag{10}$$

$$P_F = [\int_0^1 p(f)^{1-\theta} df]^{1/(1-\theta)} \tag{11}$$

其中 P、P_H 和 P_F 分别为总消费价格指数、本国商品消费价格指数和外国商品消费价格指数。另外，假设 $r=\frac{1}{2}$，由（6）—（8）式可以推出国内外商品的需求函数：

$$c(h) = [\frac{P(h)}{P_H}]^{-\theta} \frac{1}{2} (\frac{P_H}{P})^{-1} C \tag{12}$$

$$c(f) = [\frac{P(f)}{P_F}]^{-\theta} \frac{1}{2} (\frac{P_F}{P})^{-1} C \tag{13}$$

形如（1）式和（6）—（13）式的偏好设定在 NOEM 此后的研究中获得了广泛应用，成为该领域模型的“标准组件”。当然，有些研究可能会在上述框架的基础上做一些修正，引入一些其他因素，这在当前的宏观经济学研究中是司空见惯的。例如，Corsetti 和 Pesenti（2001）在效用函数中引入了政府提供的公共物品；Ganelli（2005）借用“Blanchard 模型”（Blanchard，1985）研究财政政策的作用，在模型中引入了居民死亡率，相关参数也就进入了效用函数；Obstfeld 和 Rogoff（2000a）以及 Cazoneri 等人（2005）在模型中引入了非贸易品（nontradeable goods），从而使得消费指数和价格水平的构成更为复杂。

三 技术（Technology）

在 Redux 模型中，技术的设定非常简单，Obstfeld 和 Rogoff

(1995a) 甚至都没有给出生产函数的具体形式，第 z 种产品的产量 $y(z)$ 作为劳动负效用的度量直接进入效用函数。① 假定劳动 l 导致的效用损失为 $-\Phi l$，则 (1) 式中的 $-\frac{k}{2}y(z)^2=-\Phi l$，易得生产函数形如 $y=(\frac{2\Phi}{k}^{1/2}i^{1/2})$。可见，Redux 模型的生产函数中没有资本，技术进步由固定参数 k 来刻画，k 的减小意味着生产技术的进步。

在后续研究中，为了引入劳动市场的不完全竞争，一些作者改变了技术的设定。Corsetti 和 Pesenti (2001) 以及 Obstfeld 和 Rogoff (2000a) 采用了下面的生产函数：

$$Y(i)=[\int_0^1 L(i,j)^{(\phi-1)/\phi}dj]^{\phi/(\phi-1)} \tag{14}$$

其中 Y 和 L 分别是产出和劳动，i 代表产出的种类，j 代表劳动投入的种类。(14) 式和 (2) 式完全同型，不过，含义却有很大区别。(2) 式本质上是一个效用函数，(14) 式则是一个生产函数。由 $j\in[0,1]$ 种劳动投入共同生产产品 i，劳动投入之间的替代弹性 $\phi>1$，当 $\phi\rightarrow\infty$ 时，各种劳动投入完全替代。根据同样的原理，相应的劳动投入价格指数（工资指数）为：

$$W=[\int_0^1 W(z)^{1-\phi}di]^{1/(1-\phi)} \tag{15}$$

对第 j 种劳动投入的需求为：

$$L(i,j)=[\frac{W(i)}{W}]^{-\phi}Y(j) \tag{16}$$

(14)—(16) 式的设定引入了劳动异质性，使得劳动者具有了一定程度的市场垄断力量。

Redux 式的简单设定和形如 (14)—(16) 式的设定是当前 NOEM 模型刻画技术的主要方法。当名义刚性通过价格引入时使用前者，当名义刚性通过工资引入时则使用后者。当然，在具体研究中会做适当的改进和修正。例如，因为在模型中引入了非贸易品，Obstfeld 和 Rogoff (2000a) 的技术设定中有可贸易品和非贸易品两个生产

① 在标准的 RBC 模型中，进入效用函数的是“闲暇”，闲暇时间和劳动时间之和等于常数。

函数；Corsetti 和 Pesenti（2005a）模型的生产函数形如 $y(h) = l(h)/\alpha$，其中，y 和 l 分别是产品 h 的产量和劳动投入，α 是技术冲击，在国内外有不同的取值；Kollmann（2001）在研究中同时引入了价格刚性和工资刚性，因此模型中的偏好和技术设定更加复杂，另外，他还在模型中引入了随机的外部技术冲击。

因为模型包含垄断竞争和名义刚性，为了方便求解，上述技术设定中都不含资本，这成为 NOEM 模型面临的一个重大问题（Lane，2001；Sarno，2001）。在新凯恩斯主义关于不完全竞争的研究中，技术设定一般都没有资本。假设生产函数为 $y = zl$，其中 y 是产出，z 和 l 分别是技术进步和劳动投入。企业利润为 $\pi = py - wl = (p - MC)\left(\frac{p}{P}\right)^{-\theta}C$，其中 w 和 MC 分别是工资和劳动的边际成本，第二个等式利用了生产函数和（4）式。企业选择自己产品的价格 p 来最大化利润，一阶条件整理后可得 $p = \frac{\theta}{\theta - 1}MC$，这就是成本加成定价。产品价格是边际成本和固定加成 $\frac{\theta}{\theta - 1}$ 的乘积，θ 反映了企业的垄断力，$\theta \to \infty$ 时有 $p = MC$，这就回到了完全竞争的情况。

上述设定清晰简明，与垄断竞争结合以后有很好的经济学含义。与新凯恩斯主义相反，没有资本的生产函数并不是 RBC 理论的风格。在 RBC 理论传统中，技术的设定艰深繁复，技术冲击、资本积累和资本建造时间（time to build）等因素在模型中扮演着重要角色。① 在开放经济研究中，缺失了资本的模型可能会漏掉许多重要机制。因此，如何在 NOEM 模型中引入资本，并使得模型具有良好的可处理性，是未来 NOEM 研究的一个重要方向。Chari 等人（2002）研究汇率问题的开放宏观经济模型有资本项，这和他们的 RBC 理论背景有很大关系。另外，他们还在模型中引入了中间产品，中间产品市场是垄断竞争的，最终产品市场则是完全竞争的。在最近的一项研究中，

① 可以参考 RBC 理论的两篇开创性文献：Kydland 和 Prescott（1982），Long 和 Plosser（1983）。

Corsetti 等人（2007）在模型经济中加入了上游企业和下游企业的互动，以此来分析最优货币政策和进口价格稳定性的问题。虽然模型经济的生产函数还是没有引入资本，但是，中间有另外一些值得关注的有趣设定。总的来说，NOEM 在技术设定方面还是显得有些单薄，在今后的发展中也许可以考虑更多利用 RBC 的理论资源。根据要处理问题的特点，NOEM 的技术设定还存在进行较大修正和改进的空间，一些经济学家也正在寻求这方面的突破。

四 名义刚性

名义刚性是新凯恩斯主义宏观经济学的核心内容，也是 NOEM 模型的关键组件。下面从三个方面讨论名义刚性的设定问题。

（一）菜单成本和交错价格（Menu Costs and Staggered Prices）

在 NOEM 模型中，名义刚性一般以两种方式引入。Obstfeld 和 Rogoff（1995a）假设企业提前一期设定价格，一期以后完全调整到长期均衡状态。这种设定可以简单看作新凯恩斯主义“菜单成本”（menu costs）理论（Mankiw，1985）的一个应用，即企业不能连续无成本地调整价格。这种设定下模型的求解过程比较简单。模型经济有两个均衡，长期均衡其实就是弹性价格下的均衡，短期均衡需要舍弃企业边际成本等于边际收益的条件，产量由产品需求函数直接决定。此后，有许多研究采用这种设定，比如 Obstfeld 和 Rogoff（2000a）、Corsetti 和 Pesenti（2001；2005a）以及 Cazoneri 等人（2005），等等。对于这种设定，Corsetti 和 Pesenti（2001）强调，模型经济中的外来冲击不能过大。因为，如果价格刚性来自固定的菜单成本，当外来冲击足够大，以致违反了企业的参与约束，即产品边际成本高于价格时，企业就会立刻调整价格。所以，这种设定需要假定外来冲击在一个确定的范围以内。

引入名义刚性的另一种方法是交错价格（staggered prices）。企业的价格调整同时一步到位与现实不符，因为价格水平会有一个较大的跳跃。交错价格调整意味着每个企业进行产品定价时，会把其他企业过去和将来可能的定价决策考虑在内。这样，每个企业的价格调整就不是同时进行的，而是相互交错、相互影响的；从总量上看，价格水平的变化就是连续的、平滑的。交错价格模型有很多版本（Taylor，1999），NOEM 的作者大多选择使用 Calvo 模型（Calvo，1983）。该模型假设每个企业调价机会的到来是随机的，大量企业之间的相互依赖意味着每期会有固定比例的企业调整价格，因此，价格水平是平滑的。近期的 NOEM 文献大多倾向于使用交错价格设定，比如 Chari 等人（2002）、G. Benigno 和 P. Benigno（2006）以及 Corsetti 等人（2007）。

Kollman（2001）对一个动态开放经济模型进行校准和模拟，据此来判别前定价格和交错价格调整的优劣。他发现，Calvo 式的交错价格设定在两个方面与现实经济符合得很好：首先，名义汇率和实际汇率有很高的相关性；其次，价格水平的变化是平滑的、连续的。同时，在产出和其他宏观经济变量的相关关系方面，Calvo 式的设定与现实经济符合得并不好。不过，总的来说，交错价格要优于前定价格。

（二）价格刚性和工资刚性（Price Rigidities and Wage Rigidities）

在讨论 NOEM 模型的技术设定时，我们已经提及通过价格或者工资引入名义刚性时在技术设定方面的区别，即通过价格引入名义刚性时使用类似 Redux 的简单设定，通过工资引入名义刚性时使用形如（14）—（16）式的设定。价格刚性和工资刚性看似有很大差别，但是许多作者都强调，在两种设定下模型的主要结论并没有重要变化（例如，Obstfeld & Rogoff，1996，Ch. 10）。唯一重要的差别是由于劳动市场和产品市场双重扭曲，因此在工资刚性情况下均衡产量更低。在 NOEM 的研究中，价格刚性和工资刚性都有大量的支持者，也有作者在研究中同时引入两种刚性，目前还没有提出能够明确支持某一种设定的有效经验证据。①

（三）生产者通货定价和当地通货定价（Producers Currency Pricing and Local Currency Pricing）

与封闭经济模型相比，开放经济模型中名义刚性的设定面临更多

① 虽然在 Redux 模型中使用了价格刚性，但是 Obstfeld 和 Rogoff（2000a）指出，工资刚性可能更贴近现实。

选择，这可以用两个相互关联的问题来概括：首先，可贸易品以何种货币定价？其次，企业在不同国家是否可以实施价格歧视？① NOEM文献在这两个问题上存有较大争议，可以称为“生产者通货定价（producers currency pricing，PCP）和当地通货定价（local currency pricing，LCP）之争”。② Obstfeld 和 Rogoff（1995a；1996；2000a）继承了 Mundell - Fleming 模型以来的传统设定，在模型中使用 PCP。Betts 和 Devereux（1996；2000）较早在 NOEM 模型中引入 LCP，此后，有许多研究沿着这一思路进行。

假设 P 代表可贸易品的价格，下标 H 和 F 分别表示本国和外国产品，没有上标表示以本国货币计价，有上标 * 表示以外国货币计价。据此，P_H 和 P_F 分别表示本国产品和外国产品的本币价格，P_H^* 和 P_F^* 分别表示本国产品和外国产品的外币价格。假设 ξ 代表汇率（单位外币的本币价格），则贸易条件 $TOP = P_F/\xi P_H^*$，表示出口产品的相对价格。当定价规则是 PCP 时，汇率 ξ 的变动会完全传递到产品价格上，导致 TOT 和 ξ 同向同比例变动。例如，当本币贬值时（ξ 上升），P_F 同比例上升（$P_H^* = \xi P_F^*$，外国产品以外币计价，短期价格刚性下 P_H^* 不变），P_F 同比例下降（$P_H^* = P_H/\xi$，本国产品以本币计价，短期价格刚性下 P_H 不变），最后结果是 TOT 同比例上升，本国贸易条件恶化。本币名义贬值使本国贸易条件恶化，本国出口产品的相对价格下降使世界总需求部分转向本国，有利于改善本国的经常账户，这就是通常所说的“支出转换效应”（expenditure - switching effects）。$P_F = \xi P_F^*$ 和 $P_H^* = P_H/\xi$ 成立意味着国际贸易没有摩擦，一价律成立。如果不考虑非贸易品，则购买力平价也成立，均衡实际汇率保持不变。

---

① 由于某些原因的存在，企业在本国和外国能够以不同价格销售同一产品，国际套利活动无法有效利用和消除这种价格差别。

② PCP 是开放宏观经济学的传统设定，它假设价格以销售者国家的货币预先确定，此时，没有预期到的名义汇率变动会导致出口产品价格的同比例变动，LOOP 总是成立。相反，在 LCP 假设下，价格以购买者国家的货币预先确定，没有预期到的名义汇率变动不会影响出口物品价格，经济在短期内会偏离 LOOP。相关论述很多，Duarte（2001）、Obstfeld（2002）、Engel（2002）以及 Ganelli 和 Lane（2003）提供了比较详尽的专门讨论。

因此，在 PCP 假设下，对 PPP 的偏离只能来自非贸易品和可贸易品的相对价格变化，而且，名义汇率变动会完全传递到产品价格上，即汇率传递率（exchange rate pass - through）$\partial p/\partial e=1$。[①] 然而，这两个结论与经验研究的结果相悖。许多经验研究表明，对 PPP 的偏离主要来自对 LOOP 的偏离，而不是来自非贸易品方面。另外，许多经验研究还表明，汇率传递率远小于 1，甚至要小于 0.5（Betts & Devereux，2000）。面对 PCP 设定的诸多缺陷，经济学家们开始在模型中引入 LCP。在 LCP 下，名义汇率变动不会影响出口商品在销售地的本币价格，因此，贸易条件会反向变动。例如，当本币贬值时（ξ 上升），P_F 不变（外国产品以本币计价），P_H^* 也不变（本国产品以外币计价），最后结果是 $TOT=P_F/\xi P_H^*$ 同比例下降，本国贸易条件好转。这和传统结论完全相反，汇率贬值的支出转换效应不复存在。在 LCP 下，P_F 和 P_H^* 在短期内具有刚性，$P_F=\xi P_F^*$ 和 $P_H^*=P_H/\xi$ 不再成立，经济在短期内偏离了 LOOP。对 LOOP 的偏离意味着同一种产品在不同国家按不同价格出售，除了企业是垄断竞争的，还要求市场是分割的（market segmentation），以使企业能够因市定价（pricing to market，PTM）。PTM - LCP 在许多方面表现良好，例如，它可以解释国际真实经济周期（international real business cycle）研究中的跨国消费相关系数过大、产出相关系数过小的问题（Backus et al.，1992；Betts & Devereux，2000）。但是，也有许多不利的经验证据。Obstfeld 和 Rogoff（2000a）提出了反对 PTM - LCP 的四个保留意见，最重要的是，名义汇率和贸易条件反向变动的预言不能得到经验支持。

总之，在开放经济中引入名义粘性，有两个相互对立的设定可供选择，即 LOOP - PCP 和 PTM - LCP。从经验研究的证据来看，二者都获得了部分支持，同时也都遭受了部分反对。相关研究十分活跃（例如，Corsetti et al.，2007；Devereux & Engle，2007），真理很可能位于二者中间的某个地方。

---

① 其中 p 表示购买者面对的进口产品的本币价格 P 的对数，即 $p=log(P)$，e 表示名义汇率 ξ 的对数，即 $e=log(\xi)$，则 $\partial p/\partial e=\lambda$ 表示汇率传递率。在 PCP 下，$\lambda=1$；在 LCP 下，$\lambda=0$（Ganelli & Lane，2003）。

第三节　关注的问题

目前，西方主流宏观经济学的标准研究路径是用理论框架来探讨论题（topics）、解决问题（issues）。如果研究结论和相关经验研究一致，那么理论框架就得到进一步的验证，人们对该问题的认识和理解也得以深化；如果研究结论和相关经验研究相悖，也并不一定意味着理论框架被驳倒，经济学家一般称这种情况为谜题（puzzles）或异例（anomaly），会寄望于后续的理论和经验研究进展能解决这些问题，达成理论和现实的和谐。

DSGE 模型和前述 NNS 方法是当前的主流理论框架，这种研究进路在方法论上的先导至少可以上溯到 Lucas（1977，1980）。在 2004 年诺贝尔经济学奖的获奖演说中，Kydland（2004）和 Prescott（2004）不约而同地提及 Lucas，Kydland 更是做了大段引用。如果说 Lucas 是整个理论框架的奠基人，那么他们就是主要的建设者和完成者。Prescott 在演说中展示了如何用 DSGE 模型解决问题，他列出的三个问题是：为什么日本失去了十年的增长？为什么在 TFP 恢复之后大萧条仍然持续？理论对股票市场价值做出了何种预测？他的演说很好地展示了现代主流宏观经济学的标准研究方法。因此，在讨论了 NOEM 的理论框架之后，这部分我们探讨在 NOEM 框架下，经济学家提出和解决了哪些重要问题。

开放经济宏观经济学研究的中心问题是各种实际和名义冲击的跨国传导机制，及其对经常账户、汇率和实体经济的影响。无论是以 Mundell - Fleming 模型为代表的传统凯恩斯主义刚性价格模型，还是假设完全竞争和弹性价格的新古典模型（包括 RBC 模型），都对上述问题进行过比较深入的分析和讨论。但是，由于传统凯恩斯主义模型缺乏坚实的微观基础，不能进行严格的福利分析，而平滑的新古典“理想世界”又抽象掉了过多的现实因素，这使得相关研究一直处在一个尴尬的状态（Obstfeld & Rogoff，1995a）。NOEM 的兴起使得上述状况有了彻底改观，经济学家们开始使用新的理论框架来考虑问题。

一 货币政策的跨国传导及其福利效应

开放经济宏观经济学的一个中心问题是各种冲击的跨国传导，这些冲击包括货币政策、财政政策、技术和价格加成（markup）等。货币政策在宏观经济研究中一直处在非常关键的地位，[①] 因此，我们要讨论的第一个问题是货币政策的跨国传导，这是开放宏观最重要，也是最基本的问题。

（一）货币冲击的国际传导机制

开放经济条件下，一国的货币政策除了通过国内渠道产生影响之外，还会通过各种国际渠道产生影响。理论家的一项根本任务就是理清各渠道之间的关系、阐明跨国传导机制。半个多世纪以来，Mundell－Fleming 模型（Mundell，1963；Fleming，1962）和此后的 Dornbusch 汇率超调（overshooting）模型（Dornbusch，1976）一直是探讨这个问题的理论基准，这两个模型是正统凯恩斯主义 IS－LM 模型在开放领域的成功扩展。新兴的 NOEM 研究在这个问题上进行了更深入的探索，其中最具代表性的是 Obstfeld 和 Rogoff（1995a）（简称 Redux 模型）、Corsetti 和 Pesenti（2001）（简称 Welfare 模型）的研究。下面分别考察这四个模型对货币政策国际传导机制的描述，以甄别 NOEM 在这个问题上的独特之处。

1. Mundell－Fleming 模型

货币供给出现在 LM 曲线方程的左端，扩张性货币政策向右移动曲线，因此它有两个初始效应[②]：降低本国利率，提高本国产出。低利率导致的资本外流使本币面临贬值压力。固定汇率下，为稳定汇率央行必须紧缩货币，LM 曲线移回原位，本国丧失货币政策独立性。浮动汇率下，本币贬值使得本国商品更具吸引力，IS 曲线右移，这进一步提高了本国的产出，并使利率上升到初始水平。

---

① Friedman（1968）总结了 20 世纪 20—60 年代关于货币政策的主流观点的演变，Goodfriend 和 King（1997）详细总结了 20 世纪 50—90 年代各学派对货币政策的作用和传导机制的研究。

② IS 曲线是负斜率的，向右下方倾斜。

模型不牵涉供给方面，同时还有两个关键的假设：价格固定、资本自由流动，这使得分析大大简化。另外，模型显示，资本自由流动、固定汇率和独立的货币政策三者不可兼得，这就是著名的“不可能三角”关系。

此后，经济学家对模型进行了各种改进和拓展，比如放松资本自由流动条件、引入随机因素、进行动态化等①，这当中最著名的就是Dornbusch的汇率超调模型。

2. 汇率超调模型

在保持资本自由流动假设的基础上，Dornbusch模型添加了两个关键假设：①商品市场的调整要慢于资本市场，即价格的变动要慢于利率和汇率；②当事人对汇率的理性预期，非抛补利率平价（uncovered interest rate parity）成立，即本国利率和国际利率之差等于汇率的预期变动。扩张性货币政策在初始阶段导致价格上涨压力和利率下降压力，价格调整缓慢，利率调整迅速完成。低利率导致本币贬值，同时，非抛补利率平价要求本币有升值预期，因此本币的初始贬值会超过长期均衡水平，这就是所谓汇率超调。适应货币冲击的利率和汇率的初始调整完成后，经济开始向长期均衡调整。在这个过程中，价格上涨、汇率升值、利率上升，最后利率回到国际利率水平，货币冲击的长期效应是价格上涨和汇率贬值。上述调整的一个重要前提是实际产出固定，如果产出会随着总需求发生变化，那么利率和汇率的初始调整会受到阻碍。汇率在长期仍然会贬值，但是不会有短期的超调，利率实际上有可能上升。

由于引入了新的关键假设，汇率超调模型拥有比Mundell－Fleming模型更丰富的内涵，对货币冲击传导机制的刻画也更加细致。不过，两个模型的主旨相当一致，都证明了汇率是货币政策影响国内总需求的关键渠道。

3. Redux模型

从建模风格上看，Redux模型与前两个模型存有巨大差异，这在

① 可以参考雅克布·A. 弗兰克尔等（2005）第三章、第四章，戴维·罗默（1999）第五章。

本章前面部分已经进行了充分说明。这使得模型可以考察更为复杂的问题，从而不但能厘清此前比较模糊的环节，而且能发现新的传导渠道。模型通过前定价格引入价格粘性，即本期价格在期初确定，到下期一次性调整到位。扩张性货币政策在当期有如下效应：①本币汇率迅速贬值至均衡水平，没有超调；②世界名义利率和实际利率都下降；③本国和外国商品价格均固定，但汇率贬值使进口品的本币价值上涨，导致价格水平上涨；④实际余额增加和利率下降都导致居民增加消费；⑤实际余额增加使得本国产出增加；⑥本国贸易条件恶化；⑦本国经常账户出现盈余。到第二期，包括价格在内的各变量调整到位，至长期均衡水平：①本国商品的相对价格上涨；②本国贸易条件改善，就业水平下降；③本国和外国的消费均有增加；④实际利率回到长期均衡水平，即时间偏好所确定的水平。显然，货币扩张即使在长期也是非中性的，会导致实际变量的永久性变化。

上述结果一定程度上取决于模型的特殊设定和参数估值，改变这些设定和估值会得到不同的结果。比如，区分贸易和非贸易部门的小国模型能产生汇率超调，本国货币扩张对外国产出的短期影响取决于货币需求消费弹性的大小，在单位弹性情况下净效应为负，否则方向不明。Redux 模型存在很多有吸引力的拓展方向，比如价格粘性以 Calvo 式的交错形式引入，引入收入税、两国商品替代弹性不同等其他扭曲，引入技术冲击等供给面冲击，等等。这些拓展会在某些方面改变货币冲击的传导过程，从而产生新的结果和新的问题。

4．Welfare 模型

与 Redux 模型非常相似，除了两个关键扩展和改进：①国家具有垄断力量，两国商品不能完全替代，垄断竞争的厂商形成内部扭曲，国家的垄断力量形成外部扭曲；②通过巧妙设定得到闭合解，不需要借助对数线性近似来求解模型，货币冲击不再限于小的边际量，从而大大增强了模型的分析能力。模型中的名义粘性通过前定工资合同引入，即本期的工资和价格在期初确定，到下期一次性调整到位。扩张性货币政策的当期效应在方向上和 Redux 模型相当一致，尽管在数量上可能存有不重要的差别。模型在长期均衡方面和 Redux 模型有重要差别，货币扩张在长期是中性的，只会导致名义变量的等比例上涨，实际变量在下一期都恢复到起初的均衡水平。然而，二者之间最重要的差别并不在此，而是其最终的福利含义，下面将会重点论及。

（二）货币政策的福利效应

封闭经济条件下，扩张性的货币政策至少在短期会有正的福利效应，这是宏观经济研究中的一个普遍共识。那么，在开放经济条件下情况又如何呢？

由于设定中没有效用函数，Mundell - Fleming 模型和汇率超调模型不能进行严格意义上的福利分析，只能通过产出变动情况进行粗略判断。关于开放条件下货币政策的福利含义，这两个模型的结论基本一致：①货币扩张有提高本国产出的作用，因此可以改善本国福利；②货币扩张导致本币贬值、外币升值，通过国际贸易渠道将国际需求吸引到本国，从而使外国产出下滑，是以邻为壑（beggar - thy - neighbor）的政策。

对外国来说，本国的货币扩张是一把“双刃剑”。首先，它有总需求扩张效应，通过提高全球的总需求刺激外国的生产；其次，它又有支出转换（expenditure switching）效应，通过提高外国商品的相对价格抑制外国的生产。因此，本国货币政策对外国福利的影响取决于二者的相对大小，需要在特定的理论框架下进行评估。Mundell - Fleming - Dornbusch 框架不能提供严格的评估，由于种种原因，经济学家在应用中倾向于忽视前者而强调后者，从而使“以邻为壑”的结论广为流传。Redux 模型可以对此进行严格评估。模型结果显示，总需求扩张效应要比支出转换效应重要，因此本国的货币扩张总体上可以增进外国的福利水平，这就向传统观点提出了挑战。Redux 模型的主要结论和封闭经济模型比较接近：无论货币扩张发生在哪个国家，都会提高全球各处的消费和福利。

开放条件下，货币扩张对本国也是一把“双刃剑”。首先，通过提高全球消费和外国商品相对价格，它可以刺激本国的产出，这是正的总需求外部性；其次，本国贸易条件恶化会降低本国居民的购买力，从而导致福利损失，这是负的贸易条件外部性。因为 Redux 模型假设国内外商品完全替代，没有贸易条件外部性，所以货币扩张总会增进本国福利。Welfare 模型引入两国商品的不完全替代，从而把负的贸易条件外部性纳入考虑。模型结果显示，当外国商品在本国消费指数中所占份额较大、本国厂商的垄断力量较弱时，贸易条件外部性要比总需求外部性大，本国的货币扩张不但不是以邻为壑，而且还会伤及自身（beggar - thyself）。Welfare 模型的主要结论是：开放条件下最大化本国福利的最优货币政策要比封闭条件下的更紧一些，而后者主要致力于弥合国内扭曲造成的产出缺口。

综观四个模型的货币政策国际传导机制，显然，越到后面变量越多、传导渠道越多、传导机制也越复杂。Mundell - Fleming 模型提供了最为简单明了的描述，Redux 模型和 Welfare 模型则似乎不但没有解决问题，还把问题弄得越来越复杂。不过，这种复杂显然是问题的讨论更加深入的一种表现。在这四个模型中，货币扩张都能至少在短期提高产出，但是机制却有很大差别。前两个模型需要引入一条正斜率的总供给曲线，这样总需求变动就会有实际产量效应。在后两个模型中，由于存在垄断竞争，均衡时价格过高、产量过低，货币扩张可以将产量推向完全竞争水平，从而减缓经济扭曲带来的非效率。在福利效应分析方面，Redux 模型和 Welfare 模型明显要比前两个模型严格，也考虑了更多的影响因素和作用渠道。

二　汇率动态（Exchange Rate Dynamics）

1973 年布雷顿森林体系崩溃之后，主要西方国家开始实行浮动汇率制。浮动汇率的支持者一般认为，在浮动汇率制下汇率水平会相对稳定。然而，事实否定了理论家的猜想。汇率制度转变之后，汇率出现了比固定汇率制度下大得多的波动。Dornbusch 总结了浮动汇率历程的三个显著特点：实际汇率的易变性、持久的背离和普遍的预测失误。① 汇率行为的这种剧烈变化一方面向经济主体提出了挑战，另

① 参见戴维·里维里恩、克里斯·米尔纳主编（2000）的论文集，其中第二章是由多恩布什撰写的《汇率经济学》。

一方面也吸引了经济学家的注意力，从而使相关理论研究的重点发生了转移。此前的研究大多关注给定汇率情况下国际收支的决定以及汇率调整对国际贸易的影响。此后很多研究逐步转向关注汇率水平的决定以及汇率在长期和短期的变动情况。

从长、短期不同频度考察经济变量的行为是宏观经济研究的传统做法。与封闭经济研究中的许多重要变量一样，汇率时间序列的行为也可以分解为长期趋势和短期波动。一般来说，汇率决定理论力图解释汇率的长期趋势行为，也就是汇率运动的收敛方向与长期的稳定和均衡水平；汇率动态理论则力图刻画汇率的短期波动行为，也就是汇率在中、高频度上的易变性（volatility）、持续性（persistence）和协动性（co - movement）等特征。人们总是喜欢用自己熟悉的方式思考问题，因此大多数经济学家倾向于在这样的图景下解释汇率运动：一些长期的基本因素决定了汇率的均衡水平，一些短期冲击会导致汇率发生偏离，但是长期因素将会持续发挥作用，从而把汇率拉回到均衡水平。

30 多年来，围绕汇率决定和汇率动态出现了很多理论和经验研究，但是理解和解释汇率的运动仍然是一个引人注目的未解之谜。经济学家们在不同主题下、从不同角度提出了相关问题。Rogoff（1996）详细论述了购买力平价之谜（the purchasing power parity puzzle）。众多经验研究大致确证了如下两个事实：第一，在短期，实际汇率具有非常大的易变性，购买力平价不能成立；第二，在长期，实际汇率确实有向购买力平价收敛的趋势，但是速度非常慢，半衰期大致在 4 年左右。对偏好和技术的实际冲击不足以解释如此之大的短期汇率波动，因此，解释第一个事实需要引入货币和金融市场冲击。由于需要借助名义粘性发挥作用，这些名义冲击在中长期大致是中性的。这意味着实际汇率应该有一个相对较快的收敛速度，这和第二个事实矛盾。这就是所谓购买力平价之谜，其本质是如何解释实际汇率在短期的易变性和持续性。保罗·克鲁格曼（2000）曾经指出：“对于 80 年代的浮动汇率，一个最令人困惑不解，因而也是最重要的方面是汇率的大幅波动对真实经济的任何方面都只有轻微的影响。”这就涉及宏观经济变量相互之间的协动性和因果关系，要解释汇率的运动，其关键在于厘清汇率和其他变量之间的协动规律和因果关系，找出影响汇率动态的各类冲击的传导渠道和传导机制。在国际宏观经济学六大谜题的讨论中，Obstfeld 和 Rogoff（2000b）把汇率无关之谜（exchange rate disconnect puzzle）放在了最后。他们认为，购买力平价之谜只是这个谜题的一个例子，其表现形式还有很多。比如，Meeze 和 Rogoff（1983）研究发现，即使是在事后基本面数据的支持下，标准的汇率理论模型在短期汇率预测中也并不好于简单的随机游走模型。到目前为止，国际宏观经济学家在汇率预测上仍然处境尴尬，因为理论模型的预测结果确实难以令人满意。在另一项研究中，Baxter 和 Stockman（1989）发现，在 1973 年主要发达国家转向浮动汇率后，名义汇率和实际汇率的波幅急剧增大，然而，其他主要基础宏观经济变量却没有发生任何明显的对应变化。确实，在长时段的经济周期特征事实研究中，很少有经济学家把 1973 年视作一个重要分野。总之，布雷顿森林体系崩溃之后，主要西方国家的短期汇率行为表现为巨大的易变性和较强的持续性，而且与其他主要实际变量缺乏明显的、有规律可循的协动关系。理解和解释汇率的这种独特行为，就成为这一时期汇率理论研究的重点。

对汇率行为的研究牵扯到很多研究传统和研究方法，因此，整个汇率理论显得纷繁而庞杂。比如，在汇率动态理论研究中有马歇尔传统和瓦尔拉斯传统，即局部均衡分析和一般均衡分析①；除了正统分析方法以外，一些“非主流”方法也在汇率理论中占有一席之地，例如，用实验经济学的方法探讨汇率决定，用混沌理论模拟汇率的动态特征，用技术分析方法进行汇率预测②，等等。比较正统的汇率理论模型可以从价格设定上进行分类，即灵活价格模型、固定价格模型和粘性价格模型；还可以从分析方法上分类，即弹性方法、资产方

① 参见迈克尔·宾斯托克《汇率动态》一文，这是戴维·里维里恩、克里斯·米尔纳主编（2000）论文集的第三章。

② 参见贾恩卡洛·甘道尔夫（2006）第 282 页和第 296—299 页以及李荣谦（2006）第 9 章第五节。

法、货币方法和资产组合平衡方法等。[①] 另外，在解释汇率不稳定性时还有一些显得比较“另类”的模型，比如消息（news）模型和预期自我实现的泡沫（bubble）模型。[②]

在如此众多的理论中，秉承凯恩斯主义基本精神的一个研究传统一直处在重要位置。这一传统大体上从 Mundell – Fleming 模型开始，到 Dornbusch 的汇率超调模型和此后的许多扩展模型，最后一直到如今的 NOEM 模型。在有关汇率短期波动的研究中，Dornbusch 的汇率超调模型是此后几乎所有研究的一个基本参照。Dornbusch（1976）建立模型的初衷之一，就是为当时已经非常明显的汇率大幅波动提供启发性的（suggestive）见解。他认为，由于存在价格粘性，产品市场的调整要慢于资产市场，这就导致汇率会对货币供给冲击反应过度，从而出现现实中观察到的汇率大幅波动。之所以声称自己的研究只是启发性的，而不是为汇率的大幅波动提供一个解释，是因为原初的汇率超调模型在理论和经验上都有待进一步雕琢。此后，有很多研究对汇率超调模型进行了拓展和完善，使其在各方面能有更佳表现。不过总的来说，汇率超调并没有在经验研究中获得决定性的支持。[③] 虽然汇率超调模型存有诸多不足，但是其基本思想却对后来的研究产生了很大影响，即货币冲击是汇率波动的根本原因，冲击的传导通过价格粘性实现。从这个意义上来说，该模型确实提供了启发性的见解。

汇率超调模型之后，相继有两大事件对短期汇率波动的研究产生了巨大影响：1980 年代 RBC 理论家创建 DSGE 框架，90 年代中期 NOEM 模型出现。对 RBC 理论家来讲，汇率波动只是他们试图解决的众多问题之一。在做了大量封闭经济的研究之后，他们的工作逐步拓展到开放领域，形成了所谓国际真实经济周期（IRBC）的研究分支（Backus et al.，1992，1995；Ambler et al.，2004）。这类模型既

① 参见劳伦斯・S. 科普兰（2002）和欧阳勋、黄仁德（1993）第十一章。

② 参见劳伦斯・S. 科普兰（2002）第 12 章和李荣谦（2006）第 9 章第四节。

③ 关于汇率超调模型，Obstfeld 和 Rogoff（1996）提供了一个非常好的表述（Chaper 9.2），在那里他们也讨论了此后对该模型的一些拓展和完善。

然致力于解释经济周期的国际方面，汇率波动就必须纳入视野。然而，对于另一派的理论家，即从 Mundell - Fleming 模型一路演进过来的上述传统来说，汇率波动始终是其关注的重点，只不过随着宏观经济学研究方法不断演变，他们也在不断尝试使用新方法来回答老问题。最后，这两个研究传统就在这个问题上出现了一定程度的融合，大家开始用相同的方法研究相同的问题。

这方面研究有两个显著特点：第一，继承了 Dornbusch 汇率超调模型的基本思想，重视货币和金融冲击以及名义粘性等各种不完全性；第二，在建模标准和经验检验上逐步向 RBC 靠拢，注重模型所产生时间序列和现实经济时间序列的各种统计性质的比较。Chari 等人（2002）的研究是典型的 RBC 风格，他们的模型比较成功地解释了汇率的易变性和持续性。然而，他们同时也指出，该模型在协动性方面表现不佳：模型显示实际汇率和两国消费的比率高度相关，但是现实经济时间序列并没有表现出同样的特征。前面提及的 Redux 模型和 Welfare 模型则都是典型的开放宏观传统研究。这个领域的研究仍然非常活跃。比如，Patureau（2007）指出，解释汇率和宏观经济基本面之间的鸿沟一直是国际经济学面临的一项挑战，在引入因市定价（Pricing - to - market，PTM）和有限参与（limited participation，LP）之后，这个问题可以得到比较满意的回答。Jung（2007）的研究发现，在用谱分析方法进行的经验检验中，NOEM 模型表现不佳。模型产生的时间序列不具有现实经济时间序列的驼峰状谱密度，在所有变量中汇率的表现尤其糟糕。总的来说，这方面的理论研究有了很大进展，不过在经验检验方面还没有得到足够的支持，需要进行更深入的研究。

三　汇率制度选择（Choice of Exchange Rate Regimes）

在开放经济的讨论中，汇率制度选择是一个重要的政策问题。固定汇率和浮动汇率之争由来已久，至今悬而未决。与许多政策争论不同，这一争论不能简单以激进对保守、国家干预对自由市场、凯恩斯主义对古典主义之类的阵营对垒来看待，因为在主要政策问题上处于同一阵营的经济学家往往在这一问题上意见存有分歧，而在主要政策问题上意见不一的经济学家在这一问题上又往往持相同主张，当然，其背后的理由则完全不同（克鲁格曼，2000）。同时，在这一问题上经济学家的主张也会发生根本性的转变，例如，克鲁格曼（2000）曾经谈道："在我职业生涯的大部分时间中，我相信自由的浮动汇率是我们所能获得的最好的体制。……我现在已经改变了主意。"另外，与许多政策争论不同，在这一争论中即使是受过专业训练的经济学家有时也会出现推理谬误。麦克勒姆（2001）强调了两类常见的谬误：第一，把浮动汇率和历史上的经济混乱无序相联系，以此为论据反对浮动汇率；第二，把浮动汇率和自由市场做类比，同时，把固定汇率和政府干预、行政控制做类比，在自由市场具有更高效率这一大命题下反对固定汇率。

现代开放宏观经济学关于汇率制度选择的探讨，大体可以追溯到 Friedman（1953）和 Mundell（1963）。Friedman 认为浮动汇率可以隔离外部冲击，从而使国内经济有一个相对稳定的发展环境。Mundell 则认为，由于存在资本的跨国流动，浮动汇率隔离外部冲击的效果大大减弱，因此，在考察汇率制度优劣时需要将更多因素纳入视野。虽然二人的研究结论不同，但是在他们的研究中，名义粘性都占有非常重要的地位。以此为标准，此后关于汇率制度选择的理论研究大致可以分为两类，一类遵循 Friedman 和 Mundell 传统采用粘性价格，一类则采用灵活价格。[①] 总的来说，随着国际货币体系的变迁和各国汇率制度的转变以及现代宏观经济分析方法和工具的创新，以 Friedman 和 Mundell 的研究为起点，这一领域出现了很多重要的理论和经验研究成果。

正如 Carmignani 等人（2008）所总结的，从布雷顿森林体系崩溃前后至今，经济学家和舆论在汇率制度选择上的主流观点历经嬗变：1960 年代末天真地热衷于浮动汇率，80 年代早期开始偏向固定

---

① Devereux 和 Engel（1998，1999）很好地梳理了相关研究的历史脉络，特别是提供了很多这两类后续研究的文献。另外，Mundell 在这一问题上的贡献体现在多篇论文中，这里只引了其中一篇。

汇率，90 年代早期转向二者之间的中间体制，而在亚洲金融危机后开始拥护“两极观点”（bipolar view），即或者采行不可更改的固定汇率（比如货币局制度、美元化），或者采行真正的浮动汇率。随后，Calvo 和 Reinhart（2002）题为《浮动恐惧》的研究又向“两极观点”提出挑战。通过对 39 个国家的汇率、外汇储备和利率行为的考察，他们发现，许多宣称实行浮动汇率制度的国家好像总是害怕浮动，而在实际经济运行中采取某种形式的盯住汇率。Obstfeld 和 Rogoff（1995b）在较早时候的一篇题为《固定汇率的幻想》的研究中曾经指出，现实中能坚持实行固定汇率制度的国家极少，固定汇率并不像政府宣布得那么“固定”。这两项著名研究和其他一些经验研究一起，向汇率制度选择的重要性提出质疑，即汇率制度选择无论在解释汇率行为方面还是在解释经济基本面方面似乎都无关紧要。这些研究最终又牵扯到汇率制度的定义和分类问题，许多研究发现，一国实际采行的（de facto）汇率制度与该国政府宣布的法理上的（de jure）汇率制度经常出现不一致。那些宣布盯住汇率的国家在实际经济运行过程中往往食言，反之，那些宣布汇率自由浮动的国家却似乎害怕浮动，往往通过干预措施使汇率波动局限在某个区间内。Klein 和 Shambaugh（2008）最近的研究提出了自己的汇率制度分类方法，同时也回顾了前几年出现的一些相关研究，他们的研究结果支持传统观点，即汇率制度选择是重要的。

总之，在开放宏观和国际金融的讨论中，汇率制度选择是最富争议的一个问题。经济学家们不但在理论研究上各持己见，而且在经验研究中也多有分歧。从近半个世纪汇率制度变迁所展现出的多样性和复杂性来看，亟须强有力的理论框架来帮助人们理解和解释现实问题。一些经济学家利用 NOEM 框架对这一问题进行了初步研究，由于名义粘性在模型中的核心地位，这些研究可以说是继承了 Friedman 和 Mundell 传统。

在一篇重要论文中，Obstfeld 和 Rogoff（1998）将不确定性引入模型，分析在粘性价格下风险不但影响资产价格和短期利率，而且影响生产者的定价决策，从而影响期望产出和国际贸易。他们明确指出，该模型可以精确量化不同汇率制度之间的福利折中，并且使之与国家规模相联系。Devereux 和 Engel（1998，1999）很快就利用这一方法研究了固定汇率和浮动汇率的福利性质。在他们的模型中，不确定性通过货币冲击引入。研究结果显示，汇率制度选择不仅影响消费和产出的方差，而且影响其均值。另外，最优汇率制度依赖于商品以生产者通货（PCP）还是以当地通货计价（LCP）。在传统的 PCP 设定下，浮动汇率和固定汇率之间存有替换关系。浮动汇率制下的汇率调整使得消费波动较小，但是汇率变动本身会导致消费的均值减小。在 LCP 设定下，浮动汇率总是优于固定汇率。Obstfeld 和 Rogoff（2000a）在随后的研究中比较了三种理论层面上的汇率体制的优劣，结果表明，最优浮动汇率制度要优于最优固定汇率制度，最优固定汇率制度要优于 McKinnon 倡导的“国际货币主义”制度。

虽然上述研究很大程度上只是粗略的原则性探讨，还不能为解决复杂的现实问题提供具体帮助，但是，这些研究已经提供了一套建设性的方法并为后续研究指明了方向。首先，通过将不确定性引入模型，这些研究强调了风险在分析中的重要位置；其次，这些研究已经完全从单纯关注经济主体在对外贸易和资本流动中的得失转入关注政府的最优国际货币政策设计，使得分析从微观经济效率的研究转向更为广泛的宏观经济稳定问题；再次，这些研究能真正从福利分析的角度比较不同汇率制度的优劣；最后，这些研究为比较不同类型冲击下不同汇率制度的优劣提供了一个理论框架，同时，还将一些类似在 PCP 和 LCP 之间进行选择的更现实的因素纳入视野。总之，诚如 Obstfeld 和 Rogoff（2000a）所言：“当然，我们的福利分析只是浅尝辄止，更复杂设定下的国际货币政策和最优政策规则等大量问题仍然悬而未决。然而，我们相信我们的方法对如何在这些领域取得进展具有指导意义。”

第四节 评介和结论

经济学研究的主要目的就是为人们理解和解释现实经济问题提供

好的理论框架，在现代经济学研究中，这一目的尤为突出。因此，本章从理论框架和所关注问题两个角度入手，对近年来兴起的新开放经济宏观经济学（NOEM）进行了全面综述。

从理论框架层面来看，NOEM 是 1990 年代出现的新新古典综合（NNS）框架的一个成功范例。NNS 整合了真实经济周期（RBC）理论和新凯恩斯主义宏观经济学两方面的理论资源，在动态随机一般均衡（DSGE）模型中引入不完全竞争和名义粘性，以此来重新审视各种名义和实际冲击的传导机制和福利效应。与传统框架相比，NNS 具有诸多优势，已经在现代宏观经济研究中获得广泛应用。

从所关注的问题层面来看，NOEM 探讨的主要还是开放宏观和国际金融领域的传统问题，比如本章重点涉及的货币政策的国际传导、汇率动态、汇率制度选择和货币政策的国际协调。与传统分析相比，NOEM 在这些问题上都提出了新的见解。这主要得益于在 NNS 框架下可以引入许多更现实的因素，同时，许多在传统分析中相互割裂的问题也可以综合在一个框架内进行讨论。

当然，整个 NOEM 研究也存有不足之处。首先，由于整个研究基于 DSGE 模型，因此也就无法避免许多对该模型的批评。比如屡遭诟病的"典型经济主体"（representative agent）假设（Kirman，1992）和模型的参数选择问题（Lane，2001）。其次，整个研究在经验检验方面尚嫌不足，一是相关研究较少，还没有深入展开，二是有些已有的研究并不支持理论模型的结论。最后，整个研究对实际经济决策和政策制定影响不大，还没有得到实际经济部门工作者的广泛认可和接受。这其实是当前处于前沿位置的整个主流宏观经济研究普遍面临的问题。正如 Krugman（1999）曾经谈到的，那些年轻经济学家在华盛顿和纽约呆过几年之后，都发现自己要回头求助于宏观经济学Ⅰ（在 MIT 指传统凯恩斯主义理论）。这些经济学家在学校学习的都是更高深的内容，往往以轻蔑的态度看待 IS－LM 之类的模型。

第二章　开放中的经济增长与政策选择

第一节　引言

2003年中国经济增长高达9.1%，经济进入“增长加速”的轨道，经济增长主要来自结构调整的累积效应及资金流程的变化（增长前沿课题组，2003）。同时，新的“开放”因素对经济的影响越来越突出，贸易摩擦、人民币汇率浮动预期，特别是外资流入极大影响到货币供给等问题，将“开放中的经济增长与政策选择”推到了理论和现实探讨的前沿。

开放是一国增长的关键因素之一。麦迪逊（1997）总结世界经济两百年的发展历史后认为，从长期看，四大因素决定了人均产出的持续高增长：技术进步、物质资本积累（技术进步蕴含其中）、人力资本积累及开放。从各国交替领先看，开放和加大物质与人力资本积累是赶超的关键。世界银行在《东亚奇迹》（1995）、《东亚奇迹的反思》（2003）中也指出，开放和积累是亚洲奇迹的根本。不过，开放也是有很高代价的，因为正是外部冲击（特别是金融冲击）导致了亚洲金融危机和危机后的低速增长及宏微观结构的调整。

关于开放与增长的讨论由来已久。早期对开放的理解更多地是指贸易开放；随着1980年代以来金融全球化的发展，金融开放越来越受重视。主流理论认为贸易开放的收益是相对确定的，但是，金融开放的收益却颇多争议。特别是亚洲金融危机的出现，导致学术界对金融开放进行重新反思。坚持推行金融自由化与金融开放的 IMF 最近也推出研究报告指出：经验数据并不支持金融开放对经济增长有稳定的促进作用。因此，现在的 IMF 似乎也不像以前那样急于在发展中国家推行资本账户自由化了（Prasad，Rogoff，Wei and Kose，2003）。此外，最新文献还表明，在金融发展处于中等水平的国家（中国接近这个阶段），金融开放会带来经济的不稳定（Aghion，Bacchetta and Banerjee，2004）。

国内对开放问题也进行了大量的实证研究，主要是从 FDI 和贸易对中国增长的贡献角度进行的分析，也有对中国过度的贸易依赖、高额外汇储备、汇率制度等方面的探讨。总的来说，实证研究集中于贸易开放，而对金融开放（如资本账户自由化等）影响的探讨，还局限于国际借鉴与规范研究。

从现有的国际经验和研究看，开放和高资本积累是增长的推动力，但这二者都可能产生负面影响。如高积累模式本身就有很强的政府动员资源的痕迹，高积累导致内需和外需的不平衡，经济结构发生扭曲。亚洲危机前后，很多学者集中从全要素生产率等角度对亚洲政府动员资源的高积累模式进行批判，而危机后的这几年亚洲国家的结构调整也正是沿着改善配置资源模式的方向在努力。

中国加入 WTO 后，开放的进程加速，也进入开放后易受冲击的阶段。在相对封闭的条件下，国家干预的“结构扭曲”在一定阶段可能会促进发展，但随着金融开放，扭曲的结构在大量外资频繁进出的情况下会被市场“强行矫正”。因此，如何充分利用外部资源加快中国的非农化进程，同时消除制度性扭曲，优化资源配置方式，减少外部冲击风险，促进经济增长将是本章探讨的主线。

第二节　贸易导向与经济增长

一　中国的贸易导向战略

二百年来全球经济快速发展和一体化，贸易被公认为是增长的引擎。当前全球的进出口总额已经占到了全球 GDP 的 40%。全球化的资源流动主导着经济发展。

各国因国情不同，所处的发展阶段不同，采用的贸易战略也有差异。进口替代与出口导向曾是最为流行的关于贸易战略的提法。进口替代战略的理由是：完全采用自由贸易学说，可能会导致发展中国家只能专业化于某些低端产业从而无法摆脱落后的局面。因此，需要实行进口替代战略（即只进口一些必需的、技术含量高的资本品或中间品，注重自主生产，以替代国外进口商品），培育国内市场，实现经济起飞与赶超。出口导向战略是基于出口有利于扩大外需、增加就业以及在国际竞争中提升产业结构等。在实践中，日本被认为是奉行进口替代战略成功的范例，而亚洲四小龙的崛起则被认为是出口导向战略的胜利。尽管这种区分有利于突出贸易特点，但却可能导致认识的片面化，将出口与进口“对立”起来。事实上，出口与进口的协同作用才是推动增长的关键。世界银行对以出口著称的东亚经济认真评估后的结论是：东亚经济奇迹是“贸易导向而不单是出口导向的增长”（世界银行，2003）。贸易导向虽然并不是一个有明确定义的战略思想（相对于进口替代与出口导向），但在实践中却较为普遍。尤其是对于大国而言，更有实际意义。

中国作为一个发展中大国，贸易导向的特征非常明显。经济增长与贸易增长高度相关，而与净出口相关度很低，只有个别年份，如1990 年和 1994 年，贸易顺差大量增加，净出口增长对 GDP 增长的贡献才比较大。事实上，如果仅从净出口对 GDP 的贡献来衡量出口战略，恐怕以开放而著称的韩国与新加坡也是不够成功的。因为这两国在其“腾飞”期间，基本上都是贸易逆差，也就是说净出口对 GDP 的贡献是负的。中国净出口对 GDP 的贡献不是很大，但很多学者又感到开放的贡献巨大，实质上这是中国贸易导向快速发展的结果，而不仅仅是进口或出口这样简单的单边问题。

1990 年代以前中国贸易基本上是逆差，产业结构不能适应快速变化的消费结构，导致大量进口消费品和相关的资本品。1994 年人民币大幅贬值后，J 效应明显，出口部门的竞争力显现，之后的出口退税政策则进一步激励了出口。另一方面，中国一直在税收政策上鼓励资本品进口，最明显的就是国内使用的是生产型增值税，投资品税收不能抵免，而进口设备则可抵扣；在开发区上给了外资“三减两免”等一系列优惠政策，极大地吸引外资进入，刺激了资本品部门的进口。可见，中国在政策上一直保持了贸易进出口方面的“双向激励”，而不是单纯的出口导向。

关于出口对经济增长的贡献论证较多（林毅夫、李永军，2002），特别是出口部门通过利用劳动力成本低的比较优势，一方面有利于出口部门的积累，另一方面促进了农村劳动力向现代工业部门的转移。但从进口角度看待要素投入质量改善的研究较少，近来的研究开始注意到这一方面，也在理论和实证上证明了进口对全要素生产率提高的贡献，这一结论与有关日本和韩国进出口效应的实证分析结论相同（沈利生等，2003；世界银行，2003）。中国作为一个大国，实质上从来也没有一个所谓同一的模式，进口替代和出口导向模式几乎是同时存在的，如广东主要体现为劳动密集型的出口导向，长三角地区基本是资本密集型的进口替代（卢荻，2003），通过进出口双向的贸易发展，极大促进了经济增长和配置效率的提高，对于非农就业的增加和全要素生产率的改善都起到非常明显的效果，贸易导向构成中国结构优化的增长路径。

二　贸易导向战略的可持续性

中国的贸易导向战略证明是成功的。中国农村的劳动力转移和生产率的提高都需要通过贸易导向进行拓展。不过，在贸易摩擦频频出现且有越演越烈之势的今天，贸易导向战略还能持续吗？这就涉及另外一个问题，即中国的贸易增长在全球贸易中到底处于一个什么样的位置。

首先，表 2 - 1 显示，中国当时还不到日本 20 世纪六七十年代在世界贸易中的地位。谈论中国的“威胁”有些为时过早。即使从增长速度而言，中国 1978—2002 年的出口增长率为 11.9%，也比韩国、日本以及新兴工业化国家和地区要慢（见表 2 - 3）。

表 2－1　　中国与日本占世界出口的份额（1953—2002）　　（%）

年份 国家	1953	1963	1973	1983	1993	2000	2002
日本	1.5	3.5	6.4	8	10	7.7	6.6
中国	1.2	1.3	1	1.2	2.5	4	5.1

资料来源：WTO，Direction of Trade Statistics and CEIC。

2002 年为作者计算。

其次，就中国占美国进口份额来看，中国也还没有非常“过分”，中国占美国进口额的 10.7%，日本占 10.4%，韩国占 3%（见表 2－2）。可见，即使到今天，日本占美国进口市场的份额还与中国基本持平。而如果回顾一下历史，日本占美国进口的份额是从 1960—1970 年代稳步上升，1986 年达到一个高峰，占 22%（也难怪 80 年代中期日美贸易摩擦那样严重）。而韩国在过去 35 年中，贸易增长的速度最快，不过，由于其规模较小（相对于中国与日本来说），因而占美国的市场并不大。即便如此，在 1980 年代末，韩国出口仍占到美国进口市场的 4.5%（Prasad and Rumbaugh，2003）。

表 2－2　　各国占美国进口的份额（2002）　　（%）

国家与地区	进口份额
北美	29.6
西欧	21.1
中国	10.7
日本	10.4
韩国	3.0
其他	25.2

资料来源：U. S. Census Bureau website。

再次，当国际社会在担心中国贸易增长的“外部性”时（一些人有意将这种“外部性”只理解为中国出口占国际市场越来越大的份额，挤占了他国的市场份额等，即理解成负的外部性)，显然还应该把中国贸易增长对全球贸易的贡献也考虑进来。数据显示，中国的进口从 1990 年的 534 亿美元增长到 2003 年的 4128 亿美元。中国从全球进口已经超过日本成为全球第三大贸易进口国，仅次于美国与德国。中国的进口比率（进口额占 GDP 的比重）已经由 1990 年的 15% 上升到 2003 年的 29%。这个比例很快会上升到 30%，这个数字远高于日本进口比率的 8% 与美国进口比率的 14%。如果考虑到中国贸易增长的这种正的外部性，显然，所谓的中国贸易增长所带来的问题应该没有那么严重。

最后，通过国际比较可以看出（见表 2-3），尽管中国的出口持续了 1/4 世纪的快速增长，但比起日本增长了 27 年、韩国增长了 35 年、马来西亚增长了 28 年、新兴工业化国家增长了 31 年，中国的出口快速增长显然还没有到一个极限，完全可以再持续一段时间，还有增长的空间。

表 2-3　　**出口增长的国际比较**

国家和地区	时期*	年数	增长率（%）
日本	1954—1981	27	14.2
韩国	1960—1995	35	21.5
马来西亚	1968—1996	28	10.2
中国	1978—2002	24	11.9
新兴工业化国家和地区**	1966—1997	31	13.1

资料来源：IMF，*Direction of Trade Statistics*。

* 时期是指从出口持续增长开始到 3 年移动平均出口增长率下降到 10% 以下。

** 新兴工业化国家和地区是指中国香港、韩国、新加坡和中国台湾。

上述分析表明：(1) 无论是占全球贸易的份额还是占美国进口市场的份额以及出口增长的速度，中国的贸易都不及当年的日本

（而要求解决贸易逆差、要求本币升值这些当年针对日本贸易的问题却提前抛给了中国），并且考虑到中国对于全球贸易的贡献，关于中国贸易增长所引起的问题不应该被过分强调。（2）出口增长的国际比较也暗示中国的贸易增长仍有潜力。（3）中国廉价劳动力的供给对于中国贸易的长期增长将是一个重要支持因素。

尽管如此，2003年中国贸易依存度高达60%，贸易的继续高增长难度越来越大，消除中国贸易导向中的“双向激励政策”等国家干预的扭曲结构政策已经到了时候；贸易增长应由关注贸易顺差转向贸易平衡，由关注贸易额转向提高生产率、促进国际竞争力持续的贸易导向战略转变。

第三节　存在劳动力转移条件下的资本形成

贸易导向的经济增长极大地促进了一国的储蓄和资本形成，表现在：（1）由于出口部门利用了传统部门的剩余劳动力，传统部门的储蓄增加；（2）外资的引入；（3）进口导致了资本品部门的生产率水平提高增加了储蓄。储蓄转化为投资，刺激增长，从而突破“贫困循环”，进入一个资本积累—增长—储蓄提高的良性循环中，传统的“双缺口”正在消失。但实质上，只要考虑到中国还存在着大量农村剩余劳动力需要转移、需要与资本结合，资本形成的缺口依然很大。

一　传统的双缺口模型与中国储蓄缺口的“消失”

发展经济学中有一个经典的理论，讲的是如何利用外资来发展本国经济。这个理论就是著名的双缺口模型。该模型最早由钱纳里和斯特劳共同提出（Chenery & Strout，1966）。双缺口模型基本上可以由下列的关系式简单地表示：

$$Y = C + I + (X - M)$$

$$I = Y - C - (X - M)$$

$$I = S + (M - X) \tag{1}$$

以上是国民收入恒等式的变换。其中 Y = 国内生产总值；C = 最终消费，I = 投资，X = 出口，M = 进口；S = 储蓄。

（1）式表示，国内投资受到 S 与（$M-X$）的限制，前者是储蓄（S）限制，后者是进口大于出口所形成的贸易限制或外汇限制。

为了进一步考察外资进入的影响，可以引入经常账户盈余 CA：

$$CA = (X - M) + NFI + NTRA \quad (2)$$

其中 NFI = 收益项目盈余（这包括外国直接投资收益汇出），$NTRA$ = 经常转移项目盈余。为了问题讨论的方便，我们忽略上式中的后两项，即忽略收益项目盈余与经常转移项目盈余。这一处理，不会影响基本结论。于是我们有：

$$CA = X - M \quad (3)$$

我们再引入资本账户（中国称资本与金融账户）KA。显然有：

$$CA + KA = \Delta FR \quad (4)$$

其中 ΔFR = 外汇储备变动。

根据（2）、（3）、（4）式，我们得到：

$$I - S = KA - \Delta FR \quad (5)$$

（5）式表示，储蓄缺口（$I-S$）可以由资本流入（$KA - \Delta FR$）来弥补。

接下来我们考察中国的外资引进，看是否符合上述的双缺口模型。

衡量是否存在储蓄缺口的一种最简单的方法就是对中国的储蓄率与投资率进行比较。这里：

投资率 = 固定成本形成总额/支出法 GDP；

储蓄率 =（支出法 GDP - 最终消费）/支出法 GDP

图 2 - 1 显示，从 1985 年到 2002 年，只有 5 个年份是投资率高于储蓄率，并且，1990 年代以前占 4 个年份。也就是说，在 90 年代以前，中国存在储蓄缺口，但 90 年代以后（除了 1993 年），储蓄缺口消失了。

进一步分析表明，1990 年代以前，储蓄缺口与外汇缺口同时存在，这是与双缺口模型非常相符的。即大量的投资超过储蓄，引致大量的进口，使得进口大于出口，出现经常账户赤字。图 2 - 1 中经常项目盈余与投资储蓄差几乎完全一致，这毫不奇怪。实际上可以由（1）式变换成 $I-S=M-X=-CA$ 这一恒等式直接得出来。图 2-1 中之所以还略有差异，只是由于我们对 *CA* 的假定（省去了收益项目盈余与经常转移项目盈余）及统计中的误差而已。

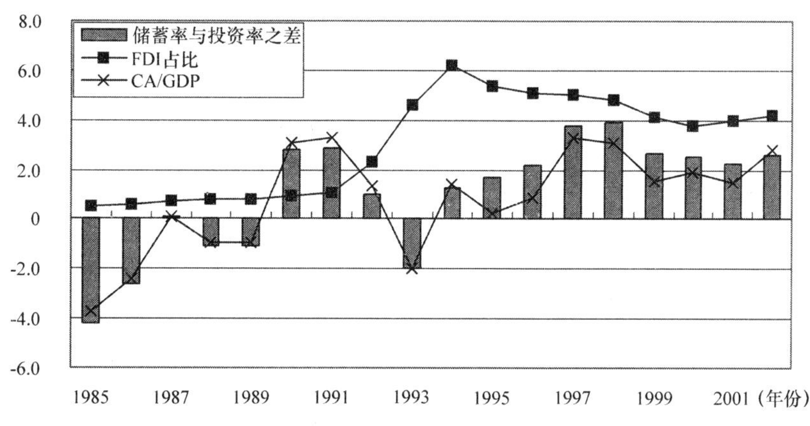

图 2-1　投资—储蓄缺口、经常项目盈余与 FDI

资料来源：《中国统计年鉴 2003》，国家外汇管理局。

以上的双缺口可以由外资的进入来弥补。不过，如果以外资流入量来衡量中国双缺口的存在或大小，只能是南辕北辙。因为在 1990 年代以前，外资的流入量并不大，FDI 占比不到 1%，但双缺口却是存在的。1992 年以后，FDI 大量涌入，一直超过 4%。而正是这个时候，中国的储蓄缺口却消失了。可见，试图用储蓄缺口来解释外资的流入，在中国这些年的发展中显然行不通。由于储蓄缺口的消失，中国引进外资的一个重要理由（基于双缺口模型通过外资引入弥补储蓄缺口）也随之消失了。一些学者也表达了同样的看法（宋国青，2003；Yasheng Huang，2001）。当然，即便没有储蓄缺口，中国仍有很多理由引进外资。只不过，这里需要提出的一个重要问题是，中国的储蓄缺口真的消失了吗？是不是我们考察问题的角度出了问题？

二　附加就业目标的双缺口模型与中国储蓄缺口的“出现”

传统的双缺口模型以 GDP（或 GNP）增长率为目标（6%—7%

的年增长率）（Chenery & Strout，1966），从而推导出储蓄缺口。这里并没有考虑就业问题。至少，在当时，就业目标远不如GDP目标重要（至少在那些国际组织专家看来是如此）。不过，就当前中国来讲，就业问题非常严峻，除了改革与结构调整引起的大量下岗职工，还有每年自然新增的劳动力以及必须要从土地上转移出来的大量农村剩余劳动力。

因此，我们决定在双缺口模型中加上就业目标（即在储蓄限制、外汇限制之外加上就业限制）。所谓就业目标限制可以理解为，为了实现目标就业水平，投资必须要达到一定的程度。由就业目标决定的潜在投资需求可能会超过储蓄，形成储蓄缺口。

为探讨投资与就业的关系，需要对生产技术作假定。这里假定生产技术为里昂惕夫生产技术[①]，即一定的产出要求资本与劳动力之间存在固定的比例，而资本与劳动力之间完全不存在替代关系（见图2－2）。

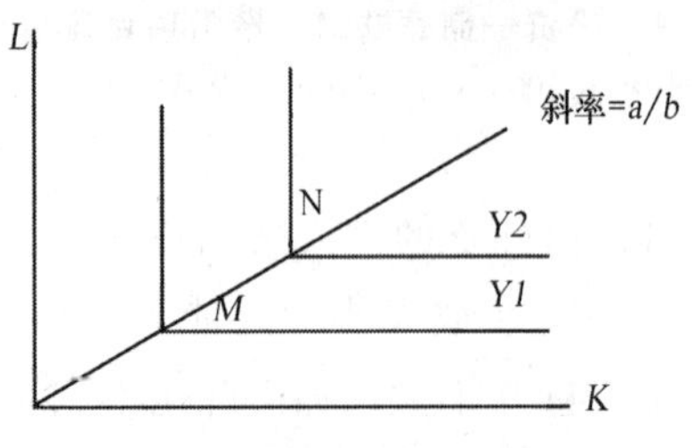

图2－2　里昂惕夫生产技术

图2－2显示，在里昂惕夫生产技术条件下，等产量曲线呈L形。显然，对生产者而言，其要素组合的最优点应该是L形等产量线的拐点（图中的M、N点）。因此，其产量扩展的路径是沿着 a/b 这样的固定比例进行的。

---

① 在一个完全竞争的、健全的要素市场，对资本与劳动的需求都可以得到满足，并且二者之间的替代也不存在技术上的问题。这种情况下假定Cobb－Douglas生产技术是合理的。但由于中国的要素市场不健全，存在大量剩余劳动力，对资本的需求并不能得到满足，期望通过劳动替代资本来吸收所有剩余劳动力是不现实的，这种情况下假定里昂惕夫生产技术较为符合中国国情。

在中国存在大量剩余劳动力的情况下，资本限制将占主导地位。实际上在国有企业改革之初，为了实现人人都有工作的稳定局面，曾经出现资本与超过固定比率的劳动相结合的情况，从而产生隐性失业。这些隐性失业的存在不仅不会增加产量（根据里昂惕夫生产技术的特性），甚至会减少产量。随着市场化改革的推进，这些隐性失业才转变为下岗职工及显性失业。我们假定隐性失业不再是当前中国经济中的典型情况，生产者更倾向于按最优比率来进行要素组合，于是，我们得到劳动与资本之间的一种简单关系 $aK = bL$，从而体现投资与就业创造之间的一种函数关系：

$$L = \frac{a}{b}K = \alpha K$$

于是有：

$$\dot{L} = \frac{a}{b}\dot{K}$$

$\dot{L}$ 表示新增就业岗位，也可以用实际劳动力需求 L^d 来表示。$\dot{K}$ 表示新增投资，也可以用 I 表示。从而有：

$$L^d = \frac{a}{b}I$$

$$I = \frac{b}{a}L^d = I(L^d) \qquad (6)$$

需要说明的是，尽管假定的是里昂惕夫生产技术，但劳动与资本之间的比率并不是一成不变的（这里放松了固定比率假定，但是仍然假定劳动与资本之间不存在强替代关系）。当 α 上升时，是劳动密集化，当 α 下降时，是资本密集化，其中 $\alpha > 0$。当出现资本密集化时，单位资本创造就业的能力在下降（可以参见图 2－4）。

将（6）式代入（5）式，得：

$$I(L^d) - S = KA - \Delta FR \qquad (7)$$

下面考虑加入就业目标限制的双缺口模型。这里考察的是城镇就业。中国每年的城镇劳动力供给量 L^s 基本上由三部分构成：下岗职工、新增适龄劳动力、农村剩余劳动力转移。于是：

$$L^s = L_x + L_n + L_r$$

其中，L_x^s = 下岗职工数量；

L_n = 新增适龄劳动力数量；

L_r = 农村剩余劳动力向城市的转移数量。

假定就业目标 $L^* = (1-\beta)L^s$，其中 β 为可接受的失业率水平。显然，$L^d \leqslant L^*$，并且，根据里昂惕夫生产技术的假定，可以推出：

$$I(L^d) \leqslant I(L^*) \tag{8}$$

这实际上是说，实现就业目标所需要的投资不会小于实际投资，而根据中国的情况，应该是远远大于实际投资。将（8）式引入（7）式，我们得到加入就业目标的双缺口模型：

$$I(L^d) = S + (KA - \Delta FR) \leqslant I(L^*) \tag{9}$$

如果（9）式中的就业目标限制起作用，则下面的等式成立：

$$S + (KA - \Delta FR) = I(L^*)$$

从而，新的储蓄缺口变成：

$$I(L^*) - S = KA - \Delta FR \tag{10}$$

下面来讨论，附加了就业限制，中国的储蓄缺口是否存在，也就是考察 $I(L^*)$ 与 S 的大小及变动趋势。

（一）中国的国民储蓄

中国的储蓄率一直都很高，自 1993 年以来，储蓄率平均超过 41%。尽管如此，考虑到其他因素对储蓄的消减，真实的储蓄率并没有这么高。

其一是银行坏账因素。由于坏账往往是事后统计出来的，在当年的 GDP 中并不能剔除，因此，真实的国民储蓄因为坏账因素（在中国这个因素绝对不能忽略）会打折扣。其二是未来老龄化的影响。中国目前的高储蓄率与特定的因素有关。一方面，改革所带来的不确定性一定程度上抑制了消费，促进了储蓄；另一方面，从人口统计学上的变化来看，中国正处在一个劳动年龄人口占总人口比重非常高的时期，年轻人会更多地储蓄，因而储蓄率高，而一旦进入老年化阶段，储蓄会下降。研究表明，劳动年龄人口比重在 2010 年前后达到其最高点之后将趋于下降，老年人口比重在 2010 年前后开始迅速提高（蔡昉等，2001）。这种人口统计学上的变化显然会引起储蓄率的下降。

（二）中国的就业与投资

为了实现就业目标，必须要有投资增长。一定的投资到底能够创造多少就业岗位呢？图 2－3 显示了 1978 年以来中国劳均资本存量的变化。劳均资本存量的上升从一个角度看是资本深化的表现，而另一个角度（如从就业角度）则表明每单位资本存量创造的就业在下降。

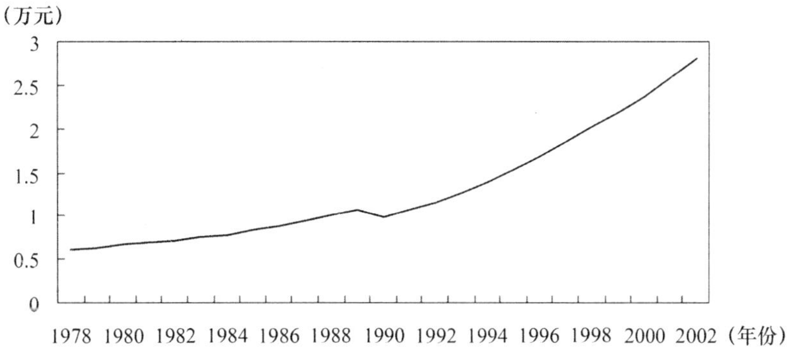

图 2－3　中国劳均资本存量（1978—2002）

资料来源：《中国统计年鉴》。

注：注：1978--1998 年资本存量数据来自张军（2002）；1999—2002 年数据为作者计算。①

不过，需要指出的是，图 2－3 中的劳动力数量是城乡劳动力之和。显然，农村劳动力所拥有的资本存量要比城市劳动力少得多。考虑到农民进城，每增加一单位城市劳动力，所需要的资本要更多。图 2－4 示意性地反映了这一情况：在 1970 年代末到 1990 年代初这 10 多年中，每年新增就业所需要的新增固定投资要明显低于 90 年代后至 21 世纪初的这 10 多年。换句话说，每单位新增固定资产投资创造就业的能力在下降。

① 资本存量计算方法为：当年资本存量＝上年资本存量（1990 年不变价）＋（本年固定资本形成—折旧）／固定资产投资价格指数。这里的折旧统一按 5% 折旧率计算。

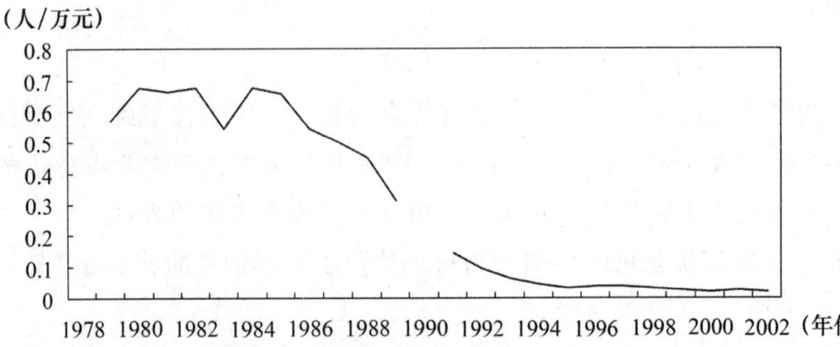

图 2-4 每年新增就业与新增固定资产投资的比例（1978—2002）

资料来源：《中国统计年鉴》各年。

注：固定资产投资按 1990 年不变价计算。

根据 2003 年的《中国统计年鉴》，1990 年的新增城镇就业为 2651 万元，这显然是由于 1990 年人口普查将以往漏报的人数包括进来的结果。另外，1990 年新增固定资产投资为负值。为分析的方便，这里把 1990 年的“异常点”设为缺失。

1990 年代以来投资创造就业能力的下降一定程度上可以归结为国有企业改革力度加大，原来处在潜在失业状态的国企职工纷纷下岗，导致原来国有企业吸纳就业的能力下降。另外，1998 年以来，政府加大基础设施投资，其就业带动效应较弱，从而也影响了就业创造。投资创造就业能力的下降也与 GDP 带动就业能力下降完全一致。据国家统计局测算，在 1980 年代，经济每增长 1 个百分点，可增加 240 万个就业岗位，但 1990 年代以来，只能增加 70 万个岗位，经济增长对就业的拉动作用明显下降。另据国际货币基金组织的研究，在控制了工资效应后，中国 GDP 的就业弹性，1978—1993 年是 0.52，而 1993—2000 年是 0.20。即 1993 年以前，GDP 每增长 1 个百分点，就业增加 0.52 个百分点，而 1993 年以后，GDP 每增长 1 个百分点，只能带动就业增加 0.2 个百分点（Brooks & Ran，2003）。

投资创造就业能力的下降意味着每新增一个单位的就业就需要追加更多单位的投资。那么，我们现在的就业缺口到底有多大呢？目前城市下岗职工人数为 1400 万人；每年新增适龄劳动力人口约 1000 万人。还有约 1.5 亿的农村富余劳动力需要转移。如果要在未来 20 年完成对 1.5 亿劳动力的转移（据统计，1982—2000 年的近 20 年中，从农村转移到城市的劳动力共达1.09亿人），那么每年需要转移750万人。而近几年每年创造的就业岗位只有800万个左右，就业缺口之大是可想而知的。

不仅如此，通过国际比较，更能感受到未来中国的就业压力。表2-4显示，中国不仅现在的劳动年龄人口占总人口比例在全球最高，而且，加上将来的适龄劳动人口数（不到15岁的人口），占到总人口的93%，这是除欠发达国家之外最高的。考虑到很多欠发达国家人均寿命较短，有一些不可比因素，可以认为中国的劳动力供应将是最为充裕的。如果再考虑到中国劳动力的总量规模，就业压力更是可想而知。

表2-4　**人口状况的国际比较**　（%）

国家和地区	不到15岁	15—65岁	超过65岁
中国	23	70	7
欠发达国家（除中国）	36	60	4
发达国家	18	67	15
东亚	22	70	8
美国	21	66	13
日本	17	67	16
西欧	14	66	18

资料来源：2002 World Population Data of the Population Reference Bureau。

正是由于中国的就业问题如此严峻，我们才考虑在双缺口模型中附加就业目标限制。理论上，面对如此巨大的就业缺口，投资增长率显然还需要上升。不过，单纯通过投资增加来扩大就业已经变得不现实，毕竟我们的投资率超过40%，已经非常高了。对比亚洲四小龙的发展经验，按不变价格计算的投资率（投资占GDP的比率），中国香港在1980年代初期超过40%，其后基本在30%上下波动；新加坡在1960年代的时候是10%，1980年达到39%，1984年则高达47%；

韩国 1950 年代的时候是 5%，1960 年代达到 20%，1991 年达到 40%，90 年代末回到 30% 左右；中国台湾 1950 年代的时候是 10%，1975 年达到 27%，后来又在 22% 左右徘徊（Young，1995）。

根据四小龙的经验（这也被看作是投资推动型的经济），投资率达到 40% 是个高限，因此，我们不能指望中国的投资率还有更大的上升空间（尽管不是没有）。但是，由于就业目标限制，要求投资率必须一直保持很高（甚至高过 40%）。[①] 再考虑到长远来看中国的储蓄率会下降，综合起来分析，中国潜在储蓄缺口一定存在。因此，依靠引进外资来弥补中国储蓄缺口仍是中国对外开放战略中不可缺少的一部分。

（三）中国的储蓄缺口与资源净流出

上述分析表明，尽管 1993 年以后，现实的储蓄缺口消失了，但潜在储蓄缺口却是存在的。为了真正实现对外部资源的利用，弥补储蓄缺口，国际收支平衡表需要发生怎样的变化呢？

考察中国的对外平衡，这些年不是资源净流入，相反是资源净流出。净资源的流出量根据（10）式可以由（$\Delta FR - KA$）来衡量。由于 $\Delta FR - KA = CA$，而这些年经常项目盈余 CA 一直是大于 0，或者说净出口一直大于 0，显然资源净流出大于 0。资源净流出总量就是累计外汇储备总量与累计资本项目盈余的差。

显然，如果考虑到潜在储蓄缺口，实现资源的净流入，经常账户应该小于 0，即 $\Delta FR - KA < 0$。使得该式成立有两条途径：一个是 ΔFR 下降，即外汇储备增加额下降；另一个是 KA 上升，即增加外资的引进（在中国，外资引进占资本账户盈余中的主要部分）。

根据有关研究，像中国这样持续双顺差的国家是很少的（宋国青，2003）。事实上，经常项目逆差、资本账户顺差，是很多国家（如韩国、新加坡）发展中的典型特征。唯其如此，才能实现利用外资弥补储蓄缺口的目的。

---

① 实际上仅有高的投资率还不够，还要有结构调整以及其他的有助于就业的措施。比如，大力发展劳动密集型产业、撤销不利于劳动力流动与就业的微观规制，等等。

由此看来，维持大量经常项目盈余及大量外汇储备的做法与利用外部资源背道而驰，合适的做法应该是：减少外贸顺差，保持经常账户平衡或略有逆差；同时减少外汇储备的增加量，甚至总的外汇储备水平可以下降（储备增加量为负）。这样的话，不仅可以做到利用外部资源，还可以减少持有大量外汇储备的成本。

以上从存在劳动力转移条件下的资本形成缺口论述了继续引进外资的必要性。这绝不排除外资在诸如技术、管理、制度等方面积极的溢出效应，只是对于中国而言，特别是在大量剩余劳动力需要与资本结合的情况下，应该更为重视外资在弥补储蓄缺口方面的贡献。

第四节　贸易和资本形成机制的扭曲与风险累积

贸易导向和高积累推动了中国经济的高速增长，但同时，由于贸易和资本形成机制上存在着政府干预的严重扭曲，也在增长过程中不断累积着“结构扭曲”的风险。面临进一步的开放，经济结构的扭曲最易受到外部冲击，这是东亚危机给人们最重要的启示之一。从国际经验看，中国当前的贸易依存度和投资率都处在了高点（见表2－5），通过政府政策双向刺激促进贸易增长以及政府动员资源大幅提高投资率的做法实际上已非常困难。

表2－5　**人均收入、资本形成、贸易依存度等宏观指标的国际比较**

国家及类型	人均国民总收入（美元）	以PPP衡量的人均国民总收入（美元）	农业（%）	工业（%）	服务业（%）	家庭消费（%）	资本形成（%）	贸易依存度（%）
中国	890	4260	15	52	33	48	39	60
中等收入国家	1850	5710	10	38	52	59	25	51
中下等收入国家	1240	5020	12	41	46	57	27	50

续表

国家及类型	人均国民总收入（美元）	以PPP衡量的人均国民总收入（美元）	农业（%）	工业（%）	服务业（%）	家庭消费（%）	资本形成（%）	贸易依存度（%）
中上等收入国家	4460	8730	7	35	59	62	22	52
东亚太平洋国家	900	4040	14	48	37	53	31	60
高收入国家	26710	27680	NA	NA	NA	61	17	38

资料来源：2003年世界发展报告。

注：国民总收入为2001年数据；农业、工业、服务业增加值占GDP的比例为2000年数据；其他均为2000年数据（中国贸易依存度为2003年数据）。

一　贸易和外资政策“双向激励”的扭曲

中国的开放一直沿着贸易和外资政策的双向激励推进：（1）进出口的双向激励极大刺激了贸易量，奠定了贸易导向的经济，贸易依存度快速提高，从1990年的30%上升到了2003年的60.3%。从大国的贸易依存度看，只有德国高达54%，日本仅为13%，中国目前的贸易依存度是相当高了。（2）引进外资的政策扭曲。各地在引进外资过程中竞相推出各项优惠政策，这样使得跨国公司进入中国后处于有利的竞争地位；同时，这些外资企业还享受了劳动力成本低（甚至是所谓的血汗工资）、汇率贬值和出口退税等政策，形成了国际竞争的比较优势。结果是，一方面我们用了大量的优惠政策（事实上就是某种政策扭曲）利用外资和鼓励出口挣取外汇，另一方面，又拿花了很大成本积累起来的外汇储备去购买收益率较低的美国国债，其中的得失在近年已经引起很大关注。从现有的争论看，大多涉及政策扭曲导致中国进出口和内外发展的不平衡问题，讨论政策扭曲的代价问题。

二　资本形成中的机制扭曲

如果从1990年代中期算，中国持续性的高投资率和资本回报率下降已经有十年了。其间的主要变化是城市化浪潮。1993、1994 年的城市化主要是由于“土地从无价变有价”引发的土地投机热潮，而 1998 年由国家积极财政政策推动的基础设施建设和低利率条件下的银行消费贷款引发的具有实质意义的城市化推进则是意义重大，正像我们计算的一样，全社会投资集中在了与城市化相关的基础设施和房地产开发上，而社会投资相应创造的增加值比则在持续下降。城市化的快速发展以及资金流程的相应变化，在一定程度上解释了持续的高投资率和低回报率问题（增长前沿课题组，2003）。然而这一模式具有不可持续性，特别是由政府来动员高投资的资本形成机制是难以持续的。

中国在资本形成机制上存在着明显的二元特征，一是以市场主导的资源配置；二是以政府为主导的配置资源方式。传统体制是政府集中配置资源，随着改革开放，市场配置资源能力虽越来越强，但政府的行业准入、税收、土地、财政等手段同样在很大程度上配置资源，政府始终具有极大地动员资源的能力。非国有资产占金融资产的比重、非国有企业短期贷款占金融机构全部短期贷款比重、利率管制等金融资源方面的市场化程度很低（北京师范大学经济与资源管理研究所，2003）。政府动员机制表现在：（1）银行中长期贷款中有 80% 多投入与城市化相关的基础设施、房地产（增长前沿课题组，2003），并引发资金投入高资本密集型的钢、电解铝、水泥等重工业中。这些投资行为并不能真实反映中国的资金稀缺状况。（2）外资在政府有关免税、土地补贴、地方财政返还等优惠政策下加速流入中国，中国再将外汇储备购买美国国债，效率损失严重。（3）股票市场一直坚持为国有企业解困，市场回报率低，成为政府融资的重要手段。（4）财政方面则是负债率不断提高，如果计算出口退税国家向银行的透支，赤字水平会很高，政府直接动员资源的能力在下降。

政府主导的资金、土地和财政税收扭曲了要素价格，偏离了中长期的可持续发展目标：（1）人为地压低了资金成本，导致资金过密倾向，影响了就业；（2）在外资引进上的地方政府过度竞争，导致了引进外资效率的损失；（3）土地要素价格的扭曲，城镇化过程的农地过分被占用，对农地补偿低，将农民变为了市民，但社保和就业体系没有建立，而财政却同时付出代价支持工业开发区的土地价格倒挂，土地要素被廉价使用。

三　风险积累和开放冲击

一国穷是因为它穷，穷一方面意味着低储蓄，从而缺少投资，另一方面意味着低收入，从而缺少购买力，这就是纳克斯所谓的“恶性贫困循环”陷阱。突破贫困陷阱必须提高储蓄和创造需求，政府在其中的作用是重大的。东亚模式特征之一就是政府主导型：(1) 政府通过“担保”降低了储蓄—投资的风险，大幅度提高了储蓄，并在政府主导下配置了资源；(2) 政府通过干预性政策，促进了出口，创造了需求，从而有效地突破了贫困。但政府的干预同样也累积了大量风险，银行坏账和财政生产性支出负担过重等问题，都是政府“担保”出来的风险；由于国家干预了要素价格，投资冲动很强，但效率提高慢。这些政府干预的风险承担机制在促进经济增长的同时造成了结构扭曲，并积累了宏观风险。在相对封闭的条件下，政府可能还有余地和能力来“自觉主动”地逐步化解扭曲带来的风险，但在金融开放条件下①，情况完全不同。金融开放以后，政府干预能力下降，国际投资者会通过广义的套利行为对扭曲结构进行“强行矫正”。

国际套利行为的产生是出于两个考虑：一是扭曲的要素价格与扭曲的结构提供了套利机会；二是由于政府在很大程度上承担了扭曲结构的风险，从而套利收益与风险不对称，外资可以在短期内只获取套利收益而不承担或少承担套利风险。不过，这并不意味着外国投资者不了解扭曲的结构会积累一国的宏观风险，只是，他们认定在短期内

---

① 中国由于加入 WTO，金融业的开放，QFII、ODII 及其他许多措施的出现，资本流动会比以前更为频繁，资本账户逐步开放也是势在必行。目前，在资本项目方面，中国已实行了部分可兑换。IMF 确定的 43 项资本项目交易，中国已完全可兑换的项目有 4 项；基本可兑换的有 8 项；有严格限制的项目有 16 项；完全禁止的项目有 15 项，主要是禁止外资购买人民币标的的证券资产。总体而言，中国资本项目的开放也达到较高水平。

国家宏观风险积累还没有达到一个临界点，即政府可以承担得起，因此可以继续进行套利。这些套利行为进一步加剧了国家宏观风险的暴露。外资时刻关注着这一宏观风险的积累过程，一旦感觉到政府将要“承担不起”这些宏观风险的时候，外资流向就会发生逆转从而导致危机。这就是亚洲危机所提供的案例。因此，在金融开放新阶段，努力消除结构扭曲、减少国家宏观风险是打击热钱套利、防止危机的重要手段。

第五节　承载开放新格局的政策组合

中国经济正进入从贸易开放到金融开放的新阶段。考虑到政策干预形成的扭曲结构在金融开放条件下易受冲击，承载开放新格局的政策组合就是要努力消除政府干预导致的“结构扭曲”，优化资源配置，降低宏观风险，减少外部冲击，保持经济的稳定和可持续发展。

一　结构扭曲的消减

消除前面提到的贸易与外资政策双向激励的政策扭曲：外贸方面适当削减各种激励，外资方面实行国民待遇；在资源动员上，要从以政府主导的资源动员方式向以市场为主导的资源动员方式转变，矫正政府主导资源配置中导致要素价格扭曲的各项政策。

固定汇率制度不可持续。原来的固定汇率制度是服务于贸易开放的（比如通过汇率贬值来刺激出口），现在要服务于金融开放，固定汇率制度就不适宜了。根据蒙代尔不可能定理，固定汇率、资本流动与货币政策的独立性只能三选二。在金融开放或者说资本流动条件下，只能在固定汇率与货币政策独立性之间进行取舍。由于中国作为一个发展中大国，必须保持货币政策的独立性，因此，原有的固定汇率制度就无法维持。从国际上看，汇率的市场化改革是必然的趋势，固定汇率制度已经从 1970 年的 84.8% 下降到了 2003 年的 46.6%，而浮动汇率制度则从 15.3% 提升到了 53.4%。因此，使原来的固定汇率制度朝着更为市场化的有管理的浮动汇率制度转变将是削减结构扭曲的重要内容。

二 宏观政策选择

从当前存在的“结构扭曲”看开放新阶段的宏观政策选择，首要目标就是降低经济运行中的风险。财政宏观负债和银行坏账问题是经济结构扭曲造成的宏观风险的反映，为了配合消除“结构扭曲”，降低宏观风险，减少外部冲击，保持经济的稳定和可持续发展，政策选择主要包括：（1）推行税收改革，统一内外资所得税，降低出口退税，调整生产型增值税向消费税过渡，才能有效地从依靠国债进行国家资源分配方式转向以减税为主的刺激微观供给的方式转变，同时也消除了税收对进出口双向激励的扭曲。（2）实行适度从紧的货币政策，控制通货膨胀，减少宏观风险。（3）通过银行股份制改革上市、资本市场改革等，降低金融的脆弱性。（4）存在劳动力转移条件下的资本形成缺口表明，长期而言，中国的问题仍然是供给问题，即需要运用各种资源（包括外部资源）、改善资源动员方式以利资本形成，吸纳大量剩余劳动力，促进非农就业。（5）在开放新阶段，要充分考虑中国经济增长及宏观政策的外部性，考虑这些因素的国际影响及国际反应。这种并非以邻为壑的做法，可以为中国增长创造更好的外部环境，这是经济全球化时代中国宏观政策需要考虑的新维度。

第三章　国际资本流动、经济扭曲与宏观稳定

第一节　导言

2004 年，中国经历了“有惊无险”的高增长。2004 年经济增长与以往最大的不同就是大量国际资本流入，外汇储备新增了 2000 多亿美元，扣除贸易顺差仍高达 1700 亿美元，资本流入越来越强。国际资本大规模流入导致的直接宏观后果就是：（1）货币发行量不是依据国内经济情形供给，而是被外汇占款压迫性加快发行。（2）投资的快速增长并不仅仅依赖于贷款规模。2004 年贷款额度只完成了计划的 90% 多，但前三季度投资增长分别高达 43%、28.6% 与 27.7%。投资高增长除了地方投资冲动外，外资是主要推动力之一：2004 年国有及国有控股投资增长 14.5%，远低于全国平均水平，而外商投资企业投资增长却达到 52.2%。（3）国际资本进入资产部门的也越来越多，中心区域的地产热背后就有大量国际资本的影子，外资对房地产价格的上升起了非常大的作用，波动的放大效应显现。2005 年，政府承诺汇率和资本流动管制的“市场化改革”，意味着开放的步伐将继续加快，国际资本流动及其对宏观稳定的冲击成为当前非常紧迫的理论和政策命题。

自亚洲金融危机以来，国际资本流动对一国经济冲击的文献剧增。这些文献主要从金融自由化与金融开放的角度探讨了资本流动加剧以后对于实体经济的影响。Glick 和 Hutchison（1999）考察了一个包含 90 个国家、时间跨度为 1975—1990 年的大样本。他们的研究表

明：新兴市场对国际资本流动的开放，加上自由化的金融结构，使得它们非常脆弱从而易于爆发双重危机（银行危机与货币危机同时出现）。

Demirgüç - Kunt 和 Detragiache（1998）考察了 53 个国家在 1980—1995 年的银行危机与金融自由化的经验关系。他们发现，如果存在一个非常强有力的制度环境（如遵从法制、低水平腐败，以及合约执行良好等），那么金融自由化对银行脆弱性的影响就是微弱的。这些结果表明：金融自由化的推进应该审慎，特别是在那些制度发展比如法制、合约执行、审慎的规制与监管都还未成熟的国家。

Williamson 和 Mahar（1998）考察了 34 个国家在 1973—1996 年推进自由化的经验。他们认为金融自由化有收益但也有导致危机的风险。金融自由化带来了金融深化以及投资配置效率的提高，但它未能促进储蓄的提高。自由化的缺点是这一过程会导致出现危机，对于大多数国家而言，资本账户自由化提高了这种可能性。因此，关键是如何设计一个自由化的方案以避免危机。

Hellman，Murdock 和 Stiglitz（2000）建议，开始应该有一个宏观经济稳定政策，然后完善银行的监管，最后才是资本账户自由化。这个结论与 Edwards（2001）很接近。他认为，在控制了其他变量（包括总投资）以后，·个资本账户更为开放的国家，比那些资本流动限制的国家表现要好。并且，资本账户开放对增长有积极影响只是在一国已经取得了一定程度的经济发展之后才会出现。这也支持了资本账户自由化要有一个最优顺序的观点。

Kaminsky 和 Schmukler（2002）指出，金融自由化会带来短痛，但长期来看是会带来收益。Tornell，Westermann 和 Martinez（2004）也指出，金融自由化会促进增长，但也会带来危机，即金融自由化与增长和危机都存在着正向关系。IMF 自己组织的一项名为《金融全球化对发展中国家的影响》的研究则表明，金融开放的好处并不确定（Prasad，Rogoff，Wei & Kose，2003）。Aghion 等人的研究认为，在金融发展处于中等水平的国家，金融开放，特别是大量组合证券投资的进入，会带来经济的不稳定（Aghion，Bacchetta & Banerjee，

2004）。

赵敏（2004）在分析大量资本流入问题时指出：从1990年代以来各国应对大量资本流入的情况看，成功的经验很少，而教训很多。其中一条是共通的，也是最重要的，即经济扭曲是引发资本大规模流入以及后来回流的根本原因。章奇等人（2003）也提到金融自由化与扭曲的关系。如果存在政府干预下的种种扭曲，那么金融自由化会更易引起脆弱性与危机。经济增长前沿课题组（2004）的研究也指出，在相对封闭的条件下，政府可能还有余地和能力来“自觉主动”地逐步化解扭曲带来的风险；但在金融开放条件下，政府干预能力下降，国际投资者会通过广义的套利行为对扭曲结构进行“强行矫正”，这种强行矫正带来的后果就是脆弱性与危机。

在经济全球化的背景下，国际资本流动不可避免。一方面，资本流入会带来经济的增长；另一方面，国际资本流入随着管制的放松，其流动性会越来越强，在有着较为严重经济扭曲的新兴市场国家，由于收益和风险都与政府有关，出现国家风险过大的评价后很容易出现“齐步走”（即大量流出），这将给一国带来严重冲击，亚洲金融危机国家就是前车之鉴。因此，分析国际资本流动对宏观稳定产生冲击的机制，以及考察经济扭曲如何放大这种冲击，将是本章所要探讨的主题。

第二节 国际资本流动格局与非FDI

一 引资格局：FDI与证券组合投资

就引资战略而言，中国采取的是欢迎FDI而谨慎引进证券组合投资的政策。因此，对于FDI有种种优惠，而对证券组合投资的进入则设置了重重障碍。正因为如此，改革开放30多年来，中国FDI引进取得了辉煌的成就，而证券组合投资的引进却是相对微不足道的（见图3-1）。以证券组合投资引进较多的年份如1997年、2000年、2003年与2004年来计，只有2004年超过100亿美元，其他年份均不到100亿美元；而近年来的FDI引进却多达500亿、600亿美元。

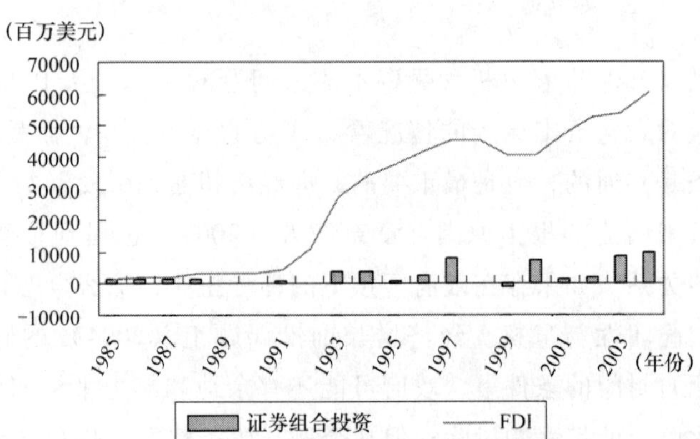

图 3－1　FDI 与证券组合投资流量比较

资料来源：国家外汇管理局《国际收支平衡表》；《中国统计年鉴》。

证券组合投资存量与 FDI 存量相比，也相去甚远。这里采用 IMF 关于中国证券组合投资存量的调查数据以及商务部关于中国直接投资存量的测算，可以得到图 3－2。根据 IMF 的统计，1997 年，中国的证券组合投资存量为 193.24 亿美元，2001 年达到 202.86 亿美元，2002 年基本持平，为 202.85 亿美元。而商务部的数据则表明（按年折旧率 10% 计算），1997 年、2001 年与 2002 年，中国吸收 FDI 的存量分别为 1371.7 亿美元、1585.05 亿美元与 1685.33 亿美元。这两组对比鲜明的数据，较好地刻画出中国欢迎 FDI 而相对排斥证券组合投资的引资偏好。

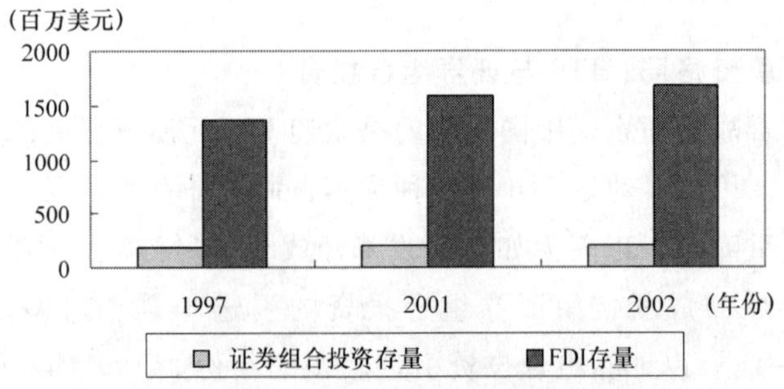

图 3－2　FDI 与证券组合投资存量比较

资料来源：IMF，Global Portfolio Investment Survey，2004；商务部。

仅就上述比较而言，证券组合投资似乎并不值得关注，这恐怕也是近些年来关于外资的研究主要集中于FDI的重要原因。不过，如果我们换一个角度，不是用证券组合投资而是从更为宽泛的非FDI指标来看，那么，国际资本流动问题就远不只是盯着FDI那么简单了。

二　国际收支平衡表中的非FDI资本流动

所谓"非FDI资本"，是指在国际收支平衡表中，储备变动额减去经常项目差额，再减去直接投资差额后的余额。该指标的最大特点是：（1）包括了上述的证券组合投资；（2）包括了误差与遗漏项，从而反映了官方控制之外的资本流动。通过非FDI，我们能更清楚地看出一国的资本流动（既有流入也有流出）。

图3-3显示，1990年代以来，中国一直存在着非FDI流出（也可以理解成资本外逃），而到亚洲金融危机期间，这种流出达到顶峰。1998年以后，非FDI流出逐步减少，到2003年发生逆转，是大量非FDI流入，这种非FDI流入的规模是自1980年代改革开放以来从未有过的，到2004年，非FDI流入额更是达到一个高峰。

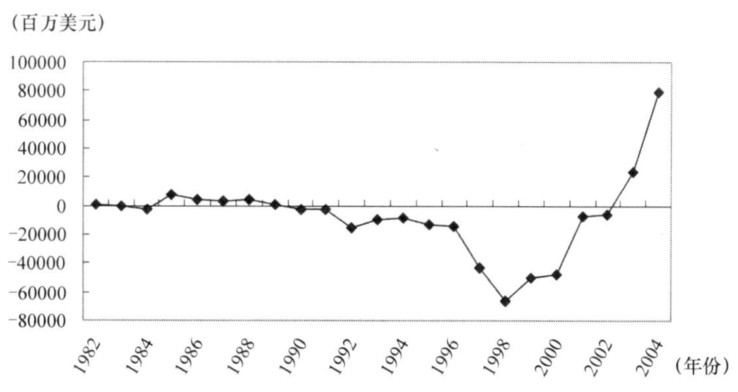

图3-3　非FDI资本流动

资料来源：国家外汇管理局。

事实上，如果考虑到经常项目中也可能存在资本流入的渠道，我们还可以考虑用这样一个指标，即储备变动减去贸易盈余、再减去FDI

的余额。如果采用这种统计，2004 年非 FDI 资金流入将超过 1000 亿美元，这就是为什么有人认为游资多达 1000 亿美元的原因。这个 1000 多亿美元，如果进一步细分的话（根据国际收支平衡表），主要由以下四个部分构成：（1）受人民币升值预期和本币利率相对较高的影响，企业结汇积极性提高，持汇和购汇意愿减弱，及时或者提前收汇甚至出口预收外汇并结汇，进口使用自有外汇或借用外汇对外支付，甚至延迟付汇，导致实际出口多结汇和少购汇合计约 320 亿美元。这在国际收支平衡表上反映为扩大资本净流入约 320 亿美元。（2）境外借款和外商直接投资资本金结汇合计约 470 亿美元，在国际收支平衡表上反映为扩大资本净流入约 470 亿美元。（3）个人向银行净卖出外汇约 400 亿美元，这在国际收支平衡表上反映为扩大资本净流入约 400 亿美元。（4）外汇储备资产收益相应扩大了资本净流入的规模。假设储备投资的收益率为 2 个百分点，就有 100 亿美元的资本净流入。

与 FDI 比较起来，非 FDI 资本最为重要的特征是它的“流动性”非常强。对投资者来讲，流动性强易于规避风险，但对于流入国来讲，受冲击的可能性增大。这就是为什么对待非 FDI，当局需要更为谨慎的原因。

三　未来资本流动格局

中国关于资本账户的全面开放，尽管一直没有一个时间表，但是，对资本流动渠道的逐步放宽却是有目共睹的（Prasad，Rumbough & Wang，2005）。

2001 年，中国放开了对为提前偿还本外币贷款、由外债转换的贷款和外债而购买外汇的限制。政府允许为在国外进行战略性项目投资而购买外汇。自费留学者（大学本科或以上）允许一次性购买相当于 2 万美元的外汇（以前的限制是 2000 美元），用以支付学费和学杂费（从 2005 年 1 月起，学费之外的学杂费限额将提高到 2 万美元）。

2002 年，中国开始实行合格境外机构投资者制度（QFII），允许非居民在国内股票市场投资（A 股），但须遵守某些限制规定。到目前为止，有 26 家 QFII 共获得 36.5 亿美元的投资额度。

2003 年，对于从中国金融机构取得外汇贷款的居民，偿还本金时不再要求向政府登记并获得政府核准。国内企业被允许在外汇账户中保留来自境外合同项目、境外货运和佣金、国际投标项目的外币收入。在某些省份和地区，对外投资的限额（美元等值）从 100 万美元增加到 300 万美元。居民不需要携带外币出境许可证（LCFCA）即可携带出境的外汇，最高限额（美元等值）从 2000 美元增加到 5000 美元，而需要经过外汇管理局核准的限额（美元等值）也从 4000 美元增加到 1 万美元。居民不用申报即可携带入境的外币最高限额（美元等值）从 2000 美元增加到 5000 美元。

2004 年，中国原则上批准全国社会保障基金（管理的资金大约为 170 亿美元）和国内保险公司将一小部分投资组合投资于境外。中国政府允许国际金融机构为境外用途在中国国内筹集人民币资金。中国允许跨国公司在华机构将外汇资金汇集在一起，以信托贷款形式在国内重新分配，或者向境外关联机构提供贷款。目前还允许移民境外的中国公民和获得遗产的非居民转移个人资产。

2005 年，为切实满足企业用汇需求，降低企业结售汇成本，国家外汇管理局决定调整经常项目外汇账户限额管理办法：（1）将超限额结汇期限由现行的 10 个工作日延长至 90 个工作日；（2）扩大按实际外汇收入 100% 核定经常项目外汇账户限额的企业范围。

以上分析表明，资本流动面临的（主要是针对非 FDI 的）障碍在逐步减少；与此同时，强调对直接投资实行国民待遇（比如统一内外资所得税），使得 FDI 的种种优惠逐步减少。单从这个意义上来说，相对以前，外资将更倾向于采用非 FDI 形式而不是直接投资的形式来中国，从而，非 FDI 资本流动规模的增大、流动性增强，将是中国未来需要应对的新的资本流动格局，也符合国际资本流动的新特征。

第三节　资本流动冲击、政策反应与经济扭曲

一　资本流动对宏观稳定的冲击

大量资本流动必然对国内经济与金融体系产生冲击，从而给宏观政策与经济稳定带来严峻挑战。图 3－4 用简单的示意图刻画出资本

流动对宏观稳定产生冲击的基本机制。

第一，资本流入引起经济过热。大量资本流入，会引起外汇储备增加从而外汇占款增加，在没有采取相应的对冲措施或者对冲不充分的情况下，这种外汇占款的增加必然引起基础货币增加，从而 M2 增加，国内需求增加，并最终引起通货膨胀与经济过热。

第二，资本流入引起脆弱性上升。大量资本流入，其一，会引起信贷限制的缓解，很多企业借着这个机会，大量借贷甚至是过度借贷，由此会产生信贷风险，即由过度借贷而造成的借款人违约风险上升。其二，由于大量资本流入会引起汇率升值，而汇率波动所引起的风险，就构成一种市场风险。其三，大量资本流入，容易产生流动性幻觉，导致银行进行短存长贷，从而引起期限不匹配。如果外资在特定冲击下流向发生逆转，就会导致流动性不足，产生流动性风险。上述由资本流入导致的信贷风险、市场风险以及流动性风险上升，最终会导致脆弱性上升，从而对宏观稳定产生负面冲击。

第三，随着经济过热以及脆弱性上升，经济总体风险在不断积累，到一定的时候，比如经常账户的急剧恶化导致出现国家对外支付能力不足情况下，外资会选择停止进入（sudden stops）甚至出逃，加上内资的外逃，形成大量资本流出，进一步恶化国际收支平衡，从而产生危机。

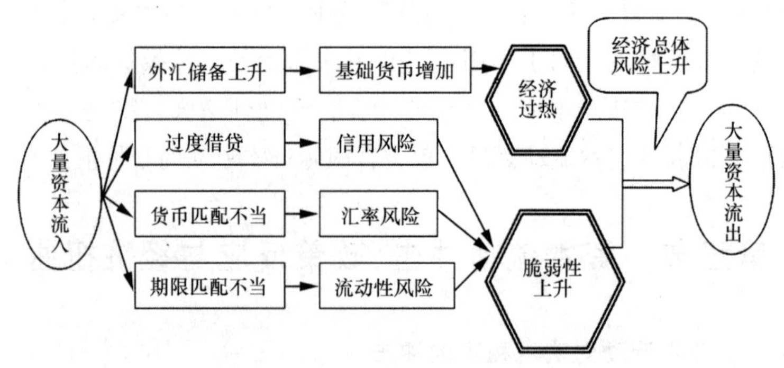

图 3－4　资本流动与宏观稳定

上述机制尽管是一种理论剖析，但其演绎的故事在亚洲危机国家以及拉美国家都曾经上演过。就中国而言，该机制也有助于分析资本流动冲击给我们带来的问题。

首先，外资流入引起经济过热的问题。2003 年下半年以来的这一轮过热犹在眼前。尽管很难说外资流入导致中国经济波动方式发生了根本改变，但显然，外资进入对经济过热的推动是非常显著的。

其次，资本流入对中国经济脆弱性的影响。就图 3－4 中的信用风险、汇率风险与流动性风险而言，前两类风险要格外引起我们的重视（流动性风险因为缺乏相应的数据，还不能有一个准确的估计）。（1）信贷风险。2004 年末中国外债余额 2286 亿美元，较 2003 年末增长 350 亿美元，增幅 17.6%，为多年来所未见。其中，短期外债增长更快，2004 年末占中国全部外债的比例已超过 45.6%，较 2003 年末提高 5.8 个百分点，高于国际公认的 40% 的警戒线。这恐怕已经构成某种程度上的"过度借贷"，需要密切关注。（2）汇率风险。中国现在实行的是实质上的固定汇率制，相当于对汇率风险进行了一种制度性担保。尽管银行也好，财政也好，以及私人投资者，看来可以因为这种制度性担保而避免汇率变动的风险，但事实上，这种风险不过是转嫁到由国家来承担而已。比如，我们现在拥有大量外汇储备，如果人民币升值，以美元形式存在的国外资产就会贬值，这就是汇率变动带来的市场风险。

再次，经济总体风险上升情况下的资本大量流出更应该警惕。中国现有的资本流出方式中值得关注的主要是 FDI 投资收益汇出。图 3－5 显示，自 1990 年代中后期以来，每年可以汇出的 FDI 投资收益均超过 100 亿美元。目前官方还缺乏 FDI 收益实际汇出的完整数据，但一些调查表明，每年投资收益汇出并不是很大，保守估计，不会超过当年收益的 10%。[①] 这一方面表明，当前的 FDI 投资收益汇出问题还不严重；另一方面，由于每年实际汇出的少，意味着实际留存可以汇出的 FDI 投资收益存量将是一个不小的数目。在有风吹草动引起大量资金外流的情况下，

① 国家外汇管理局江苏分局的一项调查表明，其利润留用总额远高于汇出总额。以 2000 年为例，外资利润存量为 45.4 亿美元，而当年汇出仅 4.4 亿美元，不到 10%。

FDI 投资收益同时汇出，出现“齐步走”，将会对国际收支平衡带来很大的冲击。此外，考虑到资本流出渠道的放宽（如鼓励对外直接投资与 QDII)，加上资本管制体系又不完善，这都为资本流出提供了方便，从而也就增大了外资“齐步走”冲击宏观稳定的可能。

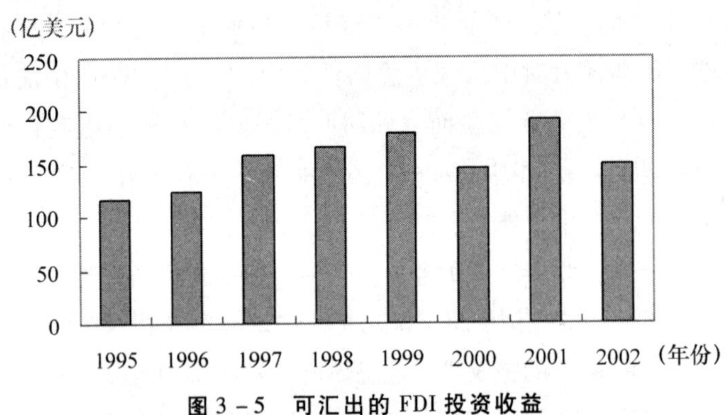

图 3－5　可汇出的 FDI 投资收益

资料来源：国家外汇管理局。

二　政策反应及其局限

面临资本流动对宏观稳定的不利冲击，政府往往要采取应对措施，通常是对冲和资本管制。[①]

（一）对冲及其可持续性

国际资本的大量流入会导致外汇储备上升，外汇占款下的人民币投放量被动增加，市场潜在通胀压力趋大，给经济持续稳定地增长带来隐患。央行针对这种情况一般采取对冲操作。这种对冲操作包括公开市场操作、提高存款准备金率以及限制再贴现与再贷款。就中国而言，随着外资的大量进入，由于后两种方式目前的操作空间都不是很大，央行主要采取发行中央银行票据的方式收缩商业银行过度流动性，缓解基础货币的过快增长。2004 年央行共开展 110 次人民币公

① 当然还包括鼓励资本流出、放宽外汇流出渠道，缓解大量资本流入带来的压力，这里不作详细分析。

开市场操作，净回笼基础货币 6690 亿元。其中，通过回购（正回购与逆回购）操作，净回笼基础货币 1840 亿元；剩下 4850 亿元的基础货币回笼主要是通过央行票据发行完成的。[①] 应该说，这种对冲方式起到了较好的效果，但长期来看，主要通过发行央行票据进行对冲的方式也有很多局限。

首先，对冲是不完全的。图 3 - 6 显示，由外资流入、外汇储备增加导致的基础货币增加，并不能通过央行票据完全对冲。

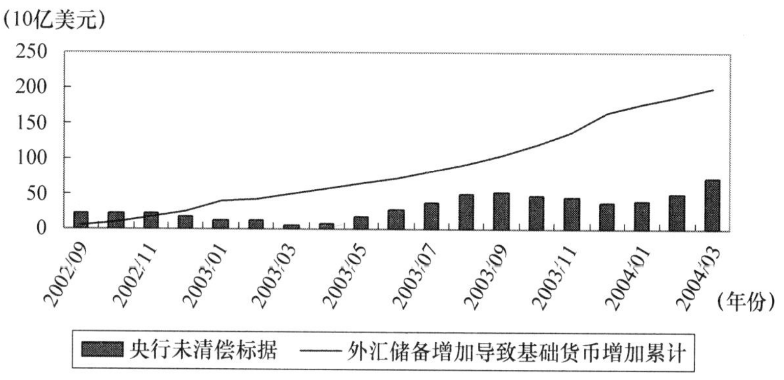

图 3 - 6　大量资本流入情况下央行的部分对冲

资料来源：中国人民银行。

其次，这种对冲在短期内是奏效的，但长期来看会有问题。(1) 对冲可能导致准财政赤字。如果央行支付的利率高于其外汇储备收益率，那么，就会出现赤字。尽管政府可以强制商业银行以低于市场利率的利率购买央行票据，但这样做的结果是会恶化商业银行的财务平衡表，从而导致银行危机。历史上智利和哥伦比亚在利用公开市场操作对冲国际资本流入时都曾遇到此问题。就中国而言，对冲引起的财务成本也是不能不考虑的。由于美元自 2001 年开始逐步走贬，我国外汇储备资产存在“缩水”的危险，而与此同时，央行票据需要支付利息，央行的负债成本在不断上升。而随着

① 2004 年央行票据发行量为 15072 亿元，年末央行票据余额为 9742 亿元。

票据累计发行额的不断提高，票据发行不仅要面对对冲外汇占款的压力，还要面临票据到期带来的压力及利息支出的压力。（2）对冲会引起紧缩，利率上升，从而会导致资本的进一步流入。其背后的逻辑是，对冲意味着商业银行以可贷资金购买央行票据，从而可贷资金减少，导致利率上升。而利率上升对于外资又是一个新的吸引因素，从而事与愿违。

由此看来，对冲操作的可持续性值得怀疑。

（二）资本管制的效果

面对大量资本流入的另一种方法就是采用资本管制，限制资本流入。但在实践中，资本管制远非滴水不漏，可以通过多种方式逃避资本管制。因此，资本管制只能在短期内起作用，长期来看，效果甚微。毕竟，资本转移的交易成本在降低，而要避开管制的激励在增强。有很多证据表明，资本管制的效力会随着时间的推移而削弱，在官方采取干预措施抵制强大汇率压力的情况下更是如此。1970 年代布雷顿森林体系崩溃之后日本的经历以及 1980 年代债务危机期间拉丁美洲国家的经历显示：当汇率受到强大的上升（下降）压力时，资本管制在限制资本流入（外流）方面基本上作用不大。图 3 – 3 描绘的非 FDI 资本流动，实际上就已经表明中国的资本管制效果远没有预想的那么好。

并且，资本管制会导致扭曲。有学者指出，资本管制并不是托宾所说的市场之轮下的沙子（sand）而是泥（mud），言外之意，资本管制阻碍了市场之轮的正常运转。或许是考虑到资本管制的效果有限及其产生的扭曲，近年来中国实际的资本管制强度①在下降（见图 3 – 7）。

① 以 1994 年为基年，考虑当时对资本项目的各类交易均有限制，而对 FDI 基本无限制，故直接投资计 1 分，证券投资和其他投资计 2 分。此后，开放度提高、管制强度降低为减，开放度降低、管制程度提高为加，一般调整计 0.5 分，重大调整计 1 分，从而得出管制强度得分（为直接投资、证券投资与其他投资得分的总和）。分值越高，管制强度越高。参见金荦（2004）。

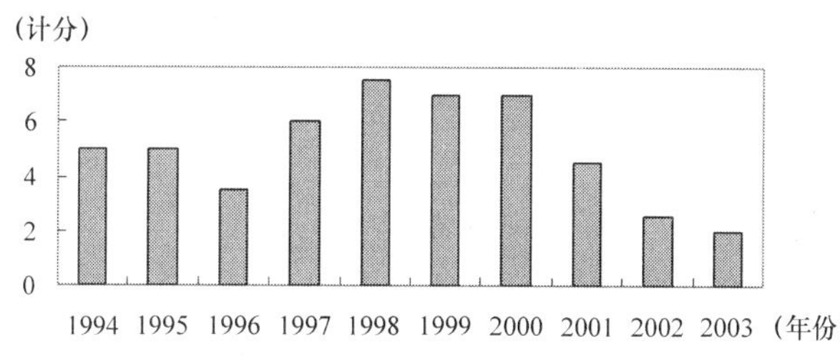

图 3－7　资本管制强度

资料来源：金荦（2004）。

三　国际资本流动背后的扭曲因素

影响国际资本流动的因素很多。就流入新兴市场经济国家的外资而言，至少有两大因素：增长因素与扭曲因素。一方面，新兴市场经济国家的高速经济增长，吸引外资来分享；另一方面新兴市场经济国家存在的扭曲也成为外资进入的诱因。高增长吸引外资没有争议，但扭曲因素如何吸引外资却是需要分析的。

经济扭曲是一个比较宽泛而非严谨的概念。笼统地说，凡是不利于合理配置资源的方方面面，都可以看作是扭曲。扭曲的产生，既和"先天不足"有关，也和政府干预有关。而政府干预往往是因"先天不足"而不得不为之。"先天不足"是指经济处在初级发展阶段，法制不完善、政策不透明、其他制度建设滞后等，存在这些扭曲是必然的。政府干预形成的扭曲，是指政府为了实现既定发展目标而对经济进行管制（比如资本管制，利率管制）、干预（信贷窗口指导，救市等）以及参与（比如国家直接参与建设投资等）所造成的。所有这些扭曲，就长期而言，都会积累大量风险。尽管一般情况下，经济扭曲可能会不利于外资流入（因为经济扭曲会被视为"投资环境不好"），但如果扭曲所导致的风险主要由国家来承担①，那么就会存在风险与收益不对称：一方面是高增长带来的高收益，另一方面是政府

---

① 国家承担风险出于两个方面的考虑：其一，这样做可以避免更大的损失。比如对某家银行进行救助，就可能会避免一场银行业危机甚至是金融业危机，世界各国大都如此。其二，在这些风险是因国家干预造成的时候，国家承担风险成了不可推卸的责任。比如让国有企业承担太多社会责任所造成的亏损，就会由国家来承担。中国就非常典型。

隐性担保导致的风险下降，这样的扭曲就成为外资流入的诱因。

中国经济中就存在着大量的扭曲，这些扭曲增强了资本流入的激励。比如：

（1）国家风险的外部性以及跨境合约履行有限，会导致利用外资的显性成本降低。即本来在利用外资中，“借债要还”，违约要付出代价。但由于这种跨境的合约不能完全履行，存在出了问题国家担着的情况，从而对地方或企业来说，利用外资所实际承担的成本就下降了。因这种扭曲的存在，资本流入的激励增强了。

（2）各种优惠政策，特别是对于外资的种种优惠政策，比如内外资所得税不一致以及地方政府引资竞争中所给予的其他优惠，都构成了经济中的扭曲。

（3）要素价格扭曲。比如资金、土地、劳动力价格，由于国家干预存在着要素价格偏低的扭曲。外资进入可以进行套利。

（4）市场不完善。国内银行体系和资本市场的不完善，缺乏对项目风险的测算和计价能力，使得一些高回报高收益的项目（特别是中小型的私营项目）无法在国内市场获得融资，而不得不迂回从境外获取融资。

（5）一些看起来难以持续的宏观政策也会导致扭曲。比如说，在资本流动得不到有效控制但又要保持货币政策独立性的情况下坚持固定汇率制，根据“三元悖论”，固定汇率制是不可持续的，从而产生扭曲。

理解经济扭曲对资本流动的含义，有两点非常关键。其一，经济扭曲所造成的隐性成本或风险主要由国家来承担；其二，存在国家担保风险的情况下，外资往往可以进行无（或小）风险套利（指广义的套利），从而导致大量外资流入。以固定汇率制为例。无论是亚洲危机期间大量外资流出赌人民币贬值，还是2004年大量外资流入赌人民币升值，都是由于中国承诺人民币币值的稳定，从而套利资金可以稳获其利。这是为什么呢？分析1997年的情况：大量资金流出，是既套利（当时美元利率高于人民币利率）又套汇（预期人民币贬值）。这个时候，如果中国政府挺不住了，人民币真的贬值，逃出的资本就获得双重套利；而如果人民币保持稳定，则可以实现套利（这是在资本管制并不是十分有效的情况下）。2004 年的时候，资金大量流入，也是套利（美元利率低于人民币利率）又套汇（预期人民币升值）。如果政府挺不住，人民币真的升值，则双重套利实现；如果人民币保持稳定，则实现套利。目前大量外资进入房地产，甚至是三重套利，除了前面提到的套利与套汇，还在套取房地产资产本身升值的利。一般而言，套利资金必须要为可能产生的巨大市场风险（利率变动、汇率变动以及资产价格变动）付出代价，但由于中国实行固定汇率制以及固定汇率制下利率调整的限度（根据三元悖论），市场风险主要由中国政府承担了，从而外资可以在市场上进行无（或小）风险的套利。

第四节　带“扭曲”因素的资本流动与宏观稳定模型

大量资本流动必然会对经济金融体系产生冲击（见前文的分析），一个“好的”体系与制度能够“化解”这种冲击，而经济扭曲的存在，则使得这种冲击被放大，从而导致整个经济的不稳定。上一节就资本流动对宏观稳定形成冲击的一般机制进行了理论概述，本节则是侧重模型分析，讨论存在经济扭曲情况下，资本流动是如何引起经济不稳定的。

在一个经济中，生产者一般会遇到两类限制，即信贷限制与资源限制。

其一，生产者的信贷限制。标准的经济学理论认为，在一个不完全的信贷市场上，由于信息不对称所产生的委托代理问题，生产者所能获得的贷款额往往与其财富或其现金流水平成正比。这个贷款比例或者说信贷乘数，可以用 μ 表示。这在另外一些地方，也被称作金融加速因子（Bernanke，Gertler & Gilchrist，1998）。

其二，生产者的资源限制。生产者不但受到金融方面的限制，还受到实际资源方面的限制。在考虑到开放经济的模型中，一般会作贸易品与非贸易品方面的区分。从而，生产函数中包括两类要素：一类是资本 K，另一类是一国特定的生产要素 z（可以理解为非贸易品）。尽管资本流入能够缓解资本（或信贷）限制，但不可能马上缓解这种国内所特有的要素的限制。由于资源限制的存在，大量资本流入引起信贷扩张、生产扩张的情况必然引起资源紧张，产生资源瓶颈，从而导致资源价格的上涨。

一 资本流动与宏观不稳定

根据前面的假设，一个初始财富为 W 的生产者，能够贷款 μW，从而可用于投资的资金量为 $I = (1+\mu)W$。

生产者用于生产的两要素为 K（资本）与 z（国内特定的要素或非贸易品）。为简便起见，假定采用里昂惕夫生产函数，即 $y = \min(\frac{K}{a}, z)$；特定要素 z 的价格为 p，则相应的资本投入 $K = I - pz$。

生产者的最优决策使得 $z = \frac{K}{a}$，从而 $I - pz = az$。

发展中国家初始财富较少（即 W 较小），在不存在资金流入情况下，由于信贷限制，资本投入不够，导致 $\frac{K}{a} < Z$，即国内的特定要素供给用不完，则 $p = 0$。这样，产出为：

$$y_t = \frac{K_t}{a} = \frac{1}{a}(1+\mu)W_t \text{。}$$

现在考虑，该国从封闭走向开放，开始有外部资金流入，导致信贷限制得到缓解，对国内特定要素 z 存在过量需求，$\frac{K}{a} \geqslant Z$，则 $p > 0$。于是 $y_t = Z$。

下面来讨论 W 的动态演化。W 在两个连续时期的动态演化由下列方程给出：

$$W_{t+1} = (1-\alpha)[e + y_t - r\mu W_t] \tag{1}$$

这里 e 表示外生收入，$y_t = \min(\frac{I}{a}, Z)$ 为 t 期产出，也等于生产者在这个时期的总收益。中括号里的表达式是生产者在 t 期末的净收益。α 为固定消费比例，从而储蓄比例为（$1-\alpha$）。

在没有外资流入从而存在特定要素供给过剩的情况下，$p_t=0$，根据（1）式作简单推导，可得：

$$W_{t+1}=(1-\alpha)\left[e+\left(\frac{1+\mu}{a}-r\mu\right)W_t\right] \tag{2}$$

这样 $dW_{t+1}/dW_t>0$，这表明，在没有资本流入情况下，通过贷款扩大生产，会导致第二期的财富会多于第一期的财富。

随着资本流入，根据前面的分析，信贷限制放松，投资扩张，对国内特定要素需求不断上升，最后导致出现要素瓶颈，即 $\frac{K}{a}\geqslant Z$，$p>0$。于是 $y_t=Z$，从而：

$$W_{t+1}=(1-\alpha)[e+Z-r\mu W_t] \tag{3}$$

由此得 $dW_{t+1}/dW_t<0$。这表明，随着资本流入，导致特定要素价格上升，会侵蚀利润，从而使第二期的财富少于第一期财富。

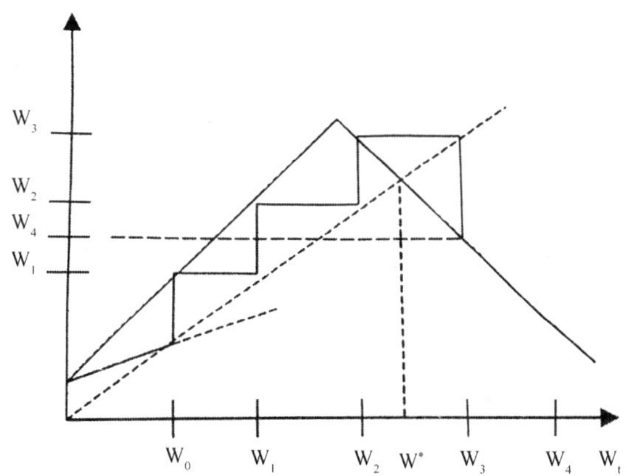

图 3-8　μ 为中等水平条件下的财富（或产出）波动

那么，从财富的增加转为财富的下降，这样的波动是如何实现的呢？或者说，引起这种动态演进的条件是什么呢？图 3-8 显示，出现长期波动的必要条件是，由（3）式表示的向右下倾斜的这段线的斜率小于 -1，也就是说：

$$-(1-\alpha)\mu r<-1\text{，或者，}\mu>\frac{1}{(1-\alpha)r}$$

这表明，出现波动的必要条件是μ要处于中等水平，既不是太小也不是太大。μ太小了，没有足够的投资推动特定的要素价格上升，也就不会产生此后的经济波动；而μ太大了，则意味着有足够的投资需求，从而保证特定要素价格一直为正，即使因资本流出引起μ的下降，也不会出现价格的崩溃。比如美国 S&L 危机就没有对其经济产生多大冲击。此外，在 1970 年代和 1980 年代，一些发达国家取消了资本管制，也没有引起经济的不稳定。原因就在于发达经济自身的μ非常大。

图 3－8 显示，从初始财富 w_0一直到 w_3，整个经济资本不断流入，但还未引起国内特定要素价格上涨。这个时候，由于财富效应，即本期的财富通过信贷乘数放大投资，引起下一期财富的增长。不过，当这个增长演进到 w_4的时候，资本的流入开始导致对于国内特定要素的过量需求，从而要素价格上涨。这会侵蚀生产利润，导致财富下降（即 $w_4<w_3$）。

图 3－8 刻画了μ为中等水平条件下财富的波动机制，由于初始财富与信贷乘数μ共同决定了投资水平和产出水平，从而财富的波动实际上也意味着产出的波动。

二　加入“扭曲”因素后的模型

上述分析是对 Aghion 等人模型思想的简化（Aghion，Bacchetta & Banerjee，2004），其中信贷乘数μ是一个关键。μ的大小直接决定了会不会产生波动。

不过，在上述模型中，μ是不变的，而事实上μ是可变的。导致μ变动的因素很多，经济扭曲就是影响μ的重要因子。因此，通过扭曲与μ的函数关系，我们就可以把扭曲因素纳入模型分析中。

在封闭条件下，信贷乘数μ可以看作一国资本市场发展水平或金融体系完善程度的一个衡量指标，也可以看作是金融体系不完善程度或扭曲程度的一个反映。μ的变化主要是受经济周期的影响。在经济处于繁荣阶段，企业的财务杠杆会扩大，银行也乐于扩张信贷，从而μ上升；反之，在经济由繁荣转萧条的时候，μ会下降，这是典型的信贷渠道所形成的放大因子μ。显然，μ具有顺周期的特点。由此，我们获得封闭条件下信贷乘数μ_d的表达式：

$$\mu_d = \mu_d(\lambda) = \lambda\bar{\mu} \tag{4}$$

λ为周期因子，可分成$\lambda \geqslant 1$和$1 > \lambda \geqslant 0$两种情况，前者是上升周期，后者是下降周期。$\bar{\mu}$为封闭条件下信贷乘数的平均水平，周期因素会导致信贷乘数围绕着$\bar{\mu}$上下波动。

在开放条件下，μ的变化主要受周期性因素与外资流入缓解信贷限制的双重影响。而外资流入则受经济扭曲的影响（根据上节分析）。于是由资本流入引起的信贷乘数变化可以表示成：

$$\mu_f = \mu_f[f(\tau),\lambda] = \lambda\mu_f[f(\tau)] \tag{5}$$

τ为经济扭曲程度，$f(\tau)$为受扭曲影响的外资流入量。

经济扭曲引起外资流入的变化需要作进一步分析。一方面，随着扭曲性增加，外资套利的空间扩大，引起资本流入增加；另一方面，扭曲性增加，表明经济体所积累的风险在增大，作为趋利避害的外资，会在扭曲达到一个临界值$\bar{\tau}$的时候，停止进入。这种情况，在发生危机的国家非常典型，即因扭曲导致风险累积到一定程度，外资流向会发生逆转。因此，外资流入与经济扭曲的函数关系就是：

$$f = \begin{cases} f(\tau), f'_\tau > 0, (\tau < \bar{\tau}) \\ 0 \qquad\qquad (\tau \geq \bar{\tau}) \end{cases}$$

由前面的分析，资本流入引起信贷乘数的变化，于是有：

$$\mu = \mu_d + \mu_f$$

根据（4）式、（5）式，可得：

$$\mu = \lambda_1\bar{\mu} + \lambda_2\mu_f(\tau)$$

$$\Rightarrow \begin{cases} \mu > \mu_f + \bar{\mu} \qquad (\lambda_1, \lambda_2 > 1, \tau < \bar{\tau}, \tau\uparrow) \\ 0 < \mu < \bar{\mu} \qquad (0 < \lambda_1, \lambda_2 < 1, \tau \geqslant \bar{\tau}, \tau\downarrow) \end{cases} \tag{6}$$

λ为参数，可以根据（6）式画出信贷乘数μ与扭曲程度τ之间的函数关系图（见图3－9，把它处理成线性完全是一种简化）。

图3－9表明，在经济扭曲达到临界点之前，外资流入会因为扭曲的增加而增加，从而引起信贷扩张，信贷乘数变大，远超过封闭条件下的平均信贷水平，经济处于上升周期。并且，根据前面的分析，这个时候，由信贷扩张到生产扩张引起对国内特定要素的需求上升，但还没有导致产生特定要素的瓶颈，从而这个上升周期可以持续。

但是，当经济扭曲达到临界点、风险积累到一定程度的时候，外资流向会发生逆转，于是，信贷乘数变小，经济处于下降周期。进一步分析发现，当外资停止流入甚至撤走外资的时候，这种下降周期可能会导致危机的出现，因为会出现需求的急剧下降、特定要素价格的崩溃、实际生产的萎缩，等等。这种危机的出现，是对原有经济扭曲的一种强行矫正，就如马克思强调频繁出现的经济危机是对资本主义生产方式的一种强行修正一样，外资的冲击（从大量流入到大量流出），也是对资本流入国存在的经济扭曲的一种"强行矫正"。于是我们在图3－9中看到，随着经济处于下降周期，经济扭曲在减少（横轴从右往左）。

现在结合图3－8与图3－9进行分析。图3－8是假定μ不变情况下，资本流动引起经济不稳定的机制；而图3－9则着重分析由扭曲所带来的μ的变化如何加剧了这种周期波动。

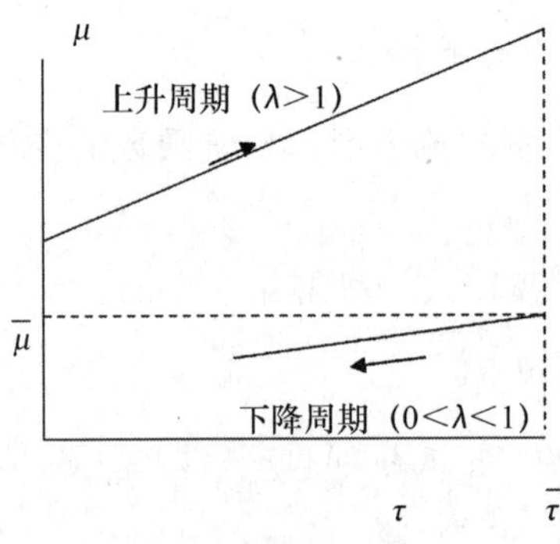

图3－9　经济扭曲τ、信贷乘数μ与宏观不稳定

第五节 结论与政策建议

本章针对大量非FDI流入的新的资本流动格局，分析了资本大量流入所引起的过热与脆弱性问题，并强调：如果政策反应不当（如亚洲危机国家，见García，2004），就会不断累积风险，并在一定情况下（如经常账户恶化）引起大量资本外流从而产生危机。这种由资本流动引起的宏观经济不稳定还会因为经济扭曲的存在而进一步加剧。因此，面对新的资本流动格局，政策当局需要抓紧做好以下的工作。

一 完善针对非FDI的监控体系

尽管在过去的20多年中，中国积累了丰富的应对FDI的经验，但在应对非FDI方面还没有作好准备。由于缺乏经验和监管体系不完善，我们在监控非FDI流动方面还不是非常有效。非FDI相对于直接投资有着更强的流动性，因此其蕴含的风险也就更大。所以，政策当局应加紧完善针对非FDI的监控体系，减弱非FDI大进大出对宏观稳定的冲击。

二 矫正经济扭曲

无论是理论阐述还是模型分析，我们都看到，经济扭曲的存在加剧了资本流动引致的不稳定性。我们当然不希望以亚洲金融危机的方式，由大量外资冲击导致对原有的经济结构与经济制度中存在的种种扭曲的“强行矫正”。因为强行矫正的结果就是要付出经济衰退甚至经济倒退很多年的代价。我们需要积极主动地通过推进改革的方式来矫正经济中的扭曲，一方面是完善微观治理结构，另一方面是完善宏观管理框架（孙涛，2004）。微观治理结构的完善主要是指国有经济。国有企业或银行可以通过股权多元化等方式促进治理结构的完善，从而增强其自身承担风险和抵抗风险的能力，减轻国家法律上或道义上的负担，也就一定程度上降低了国家风险。完善宏观管理框架就是要减少各类国家干预，这包括对要素价格的干预以及各种补贴或税收扭曲等。[①]

三　实现宏观调控模式转变

面对大量资本流入所采取的数量型控制方式，无论是对冲还是资本管制，基本上都可以称作是数量型调控。这种调控的局限在于对冲的可持续性存在问题，而资本管制的效果也差强人意，并且这种做法的结果可能是导致进一步的扭曲。因此，面对资本流动新格局，宏观调控模式应由数量型向价格型转变。这一转变的关键是：一方面要保持汇率的灵活性，另一方面推进利率市场化。汇率的灵活性是运用利率手段进行调控的前提，如果汇率是固定的，且存在资本流动，则货币政策独立性大打折扣，利率调控就成了一句空话；而利率市场化则是利率调控能够发挥作用的保证，如果利率没有市场化，意味着市场对资金风险的评价不准确，从而通过利率手段就难以真正达到调控资本流动的目的。

① 关于各类扭曲的矫正可参见经济增长前沿课题组（2004）。

第四章　中国经济周期的国际关联

第一节　引言与文献

次贷危机从震中华尔街传到欧洲及其他新兴市场经济体以及一国金融危机引发全球性衰退，这些都让我们感觉到“全球同此凉热”——全球化时代各经济体之间的周期有了进一步的关联。目前，世界经济体之间所谓脱钩还是趋同的问题尽管仍在争论之中，但那种完全遗世独立的发展很难再现了，而次贷危机带来的全球性冲击，更是应了“覆巢之下岂有完卵”之言。正是在这样一个大背景下，本章尝试着对下述问题进行探讨：中国经济周期与外部世界到底有什么样的关联？中国经济波动在多大程度上受到外部冲击的影响？中国的波动又在多大程度上对外部世界产生影响？一个众所周知的事实是，亚洲金融危机期间，中国经济表现出了与其他区域经济体的休戚相关。而在次贷危机影响下，考察中国与发达世界的关联就更有现实意义。因此，本章集中探讨中国经济波动与发达经济体的关联，从实证角度对中国与美国、日本、欧盟的经济共振进行解析。我们这种选择的现实依据是，一方面，从贸易关联上来看，中国进出口贸易的50%以上是和OECD国家发生的；另一方面，此次危机冲击下，发达经济体经济收缩对于中国经济增长造成巨大冲击。

1980年代以来，全球化进程的加速使得各经济体之间的周期关联发生了很大变化。关联变化一方面与经济体间金融、贸易的密切程度上升有关，另一方面也与新兴经济体的崛起有关，根据英国《经济学家》的购买力平价算法，目前，新兴经济体产出占世界总产出的比重约为50%，这些变化对于全球经济的周期关联研究都有着重要的含义。对于全球化背景下的国际经济关联，近年来，理论界一直存在更趋紧密还是更趋松散（甚至脱钩）的认识分歧：一种看法认为，全球化的发展使得跨境的经济关联越来越紧密，因此周期波动就会趋同，并且，贸易与金融流动更大程度的开放，也使得经济对于外部的冲击更加敏感，从而通过扩大冲击向他国外溢的传导渠道，加剧对于全球冲击的共振。另一种看法则指出，最近新兴市场经济国家经济增长强劲，特别是印度和中国，看来并未受到一些工业化国家经济放慢的影响，一些人甚至认为，新兴市场已经与工业化国家脱钩了，意味着这些国家的经济周期与工业化国家的周期关联不再有以前那么紧密了。那么，怎样从理论上看待这种观点分歧呢？理论分歧来自关联前提假设的不同。比如，金融关联的紧密会通过外部冲击的财富效应产生更大程度的周期共振，而贸易关联加剧会在需求面与供给面产生溢出效应，从而导致更高程度的产出波动关联。在标准的随机动态周期模型中，贸易与金融关联的增强，一般会导致国家间投资关联的减弱，因为国家间资本与经常账户交易限制的减少，会导致更多的“资源转移”，资本与其他资源能够更快地从一个经济体转到另一个有着更有利的技术冲击经济体（Backus, Kehoe & Kydland, 1995; Heathcote & Perri, 2002）。由于资源转移所形成的生产更加专业化，并且如果遭遇到的冲击主要是部门层次的冲击，那么各经济体之间的产出共振会减弱（Baxter & Kouparitsas, 2005）。

作为正在崛起的新兴经济力量，中国的发展引起国际关注。近年来，如何评估中国经济在世界经济格局中的作用逐渐成为研究热点，中国经济周期波动的国际关联问题走入研究者视野。

（一）中国与世界

Alan Heap（2005）认为，继19世纪末期至20世纪初期和1945—1975年两个超级周期（Super Cycle）之后，目前世界经济正在经历第三个超级周期；如果说前两个周期的动力分别来源于美国经济的增长和战后欧洲、日本经济规模的迅速扩张，那么第三个周期的动力则来源于中国的工业化、城市化所引致的资源密集型经济的高速增长，中国经济增长在世界经济周期的形成上起着重要作用。Fidrmuc 等人（2008）运用 1992—2006 年季度 GDP 数据，对中国与 OECD 国家经济动态关联的性质进行了分析，结论认为：总体看来尽管中国/OECD 国家经济相关程度较小，但很多国家与中国经济波动短期相关的事实仍然存在，而且，与中国贸易、金融紧密相关的国家周期波动呈现出较之于其他国家更大的相似性，中国经济波动的国际影响显著存在。稍早时期的一项研究中，通过对 1987—2000 年季度宏观变量序列的统计分析，秦宛顺等（2002）的结论是中美经济周期之间存在弱相关关系。任志祥和宋玉华（2004）认为，随着中国参与世界经济程度的加深，中国经济与世界经济的关联日渐显现。

（二）中国与亚洲

从双边贸易角度出发，Teng 和 Wai 对印度、中国与东盟 5 个创始国之间经济周期的协同性进行了研究，她们发现，产业内贸易使得印度、中国与东盟 5 国经济周期的协同性增强；Genberg（2006）的研究显示，1990 年以后，中国香港地区与中国内地经济周期的协同性稳步增强，实际 GDP 相关系数在 2000—2005 年为 0.46，GDP 周期相关系数 2000—2002 年为 0.92，香港地区物价波动的 30% 以上可以由内地相关变量的冲击解释。

关于中国经济周期的国际关联问题，我们认为有必要联系中国经济发展阶段进行考察。上述中国经济周期国际关联的实证分析，一般是就长时间序列进行总体评估，这种做法的一个值得商榷之处在于，21 世纪，尤其是中国加入 WTO 以来，中国经济增长表现出比以往更为强劲和稳定的发展态势，并且，1990 年代中国经济发展经历的大热大冷，国内和区域性因素影响较大，因此，将中国经济周期国际关联问题进行分段考察，有助于揭示周期关联的阶段差异性。与已有文献比较起来，我们的幸运之处在于，可以运用此次金融危机中中国经济发展状况来佐证分析结论。在充分吸取现有文献的基础上，针对本章问题，我们从以下几个部分逐次展开论证：第二节是中国 GDP 周期国际关联描述性分析，对于关联给出特征性说明；第三节是本章实证分析的方法和数据应用说明；第四节是中国 GDP 周期国际关联度的估算，围绕经济周期波动的“世界性公共因子”进行，计算过程中体现了我们对中国经济发展阶段特征的基本认识；第五节是一个尝试性分析，我们试图基于中国经济国际关联的特殊性，进一步对“国际贸易和公共因子”进行解析；第六节是关联与脱钩，结合次贷危机中中国经济的表现，为实证分析结论的可接受性提供佐证；第七节是结论，是我们关于中国经济周期关联的一些思考和建议。

第二节　中国 GDP 周期国际关联描述

1993—1996 年中国宏观调控实现软着陆后，经济逐步步入平稳快速增长的快车道。随着通缩阴影的淡化及 WTO 的加入，进入 21 世纪以来，中国经济更是进入一个“高增长、低通胀”的黄金时期。从 1995—2010 年季度 GDP 增长状况来看，如图 4 - 1 所示，10 多年的经济可以大致划分为四个阶段：1996 年第 1 季度—2001 年第 3 季度 GDP 波动向下的阶段，2001 年第 4 季度—2007 年第 3 季度 GDP 波动向上的阶段，2007 年第 4 季度—2009 年第 2 季度 GDP 波动向下的阶段，以及 2009 年第 2 季度以来的向上波动阶段。第一阶段季度 GDP 波动向下的趋势，主要归因于该阶段经济软着陆政策和亚洲金融危机的影响；第二阶段季度 GDP 波动向上的趋势，主要归因于该阶段活跃的国内投资和相对宽松的国际经济环境；第三阶段波动向下的趋势，主要是受前一阶段国内“双防”政策滞后效应及 2007 年下半年以来全球蔓延的金融危机的冲击；第四阶段的向上波动趋势，主要得益于次贷危机冲击势头的遏制。

在开放和经济全球化的背景下，中国经济波动是国内因素和国际因素双重叠加的结果。更为重要的是，随着中国对世界经济融入程度的加深，国际经济波动越来越成为国内经济波动的重要影响因素。关于这一点，我们可以从中国宏观经济变量的国际协同趋势上得到直观印象。图 4 - 1 是中国（CHN）与欧盟（EUU）、美国（USA）、日本

（JPN）三大经济体季度 GDP 周期波动状况（去均值）的比较，从中可以看出，1996 年第 1 季度— 2010 年第 3 季度，欧盟、美国、日本三大经济体——尤其是欧盟与美国——的 GDP 周期呈现出显著一致性，并且，2001 年之后，三大经济体季度 GDP 周期波动的协同性更为紧密。2001 年之前，中国与欧盟、美国的季度 GDP 周期协同趋势较弱，2001 年之后开始变得显著；相对于欧盟、美国来说，虽然 2001 年之前的日本/中国季度 GDP 周期协同趋势较强，但是较之于 2001 年之后的协同度稍低。总之，中国与三大经济体季度 GDP 周期关联趋势的事实是，加入 WTO 以来，中国经济波动的国际关联性增强了。

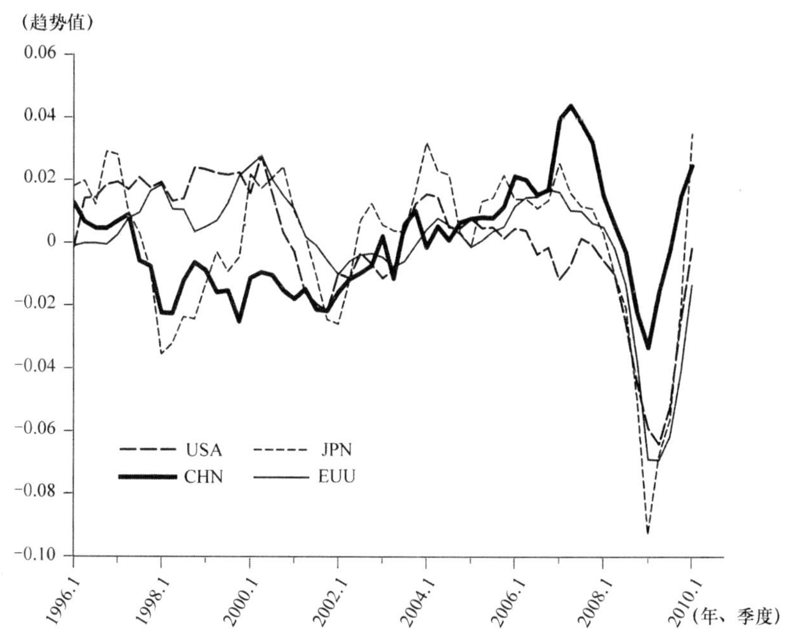

图 4－1　1996 年第 1 季度至 2010 年第 1 季度中国与三大经济体 GDP 周期波动状况（去均值）的比较

数据来源：《中经网统计数据库》《OECD 数据库》；纵轴为去均值 GDP 波动趋势标度，横轴为季度标示。

相关性分析可以为上述直观印象提供初步证据。表 4－1 报告了中国与三大经济体季度 GDP、固定资产投资、居民消费的相关系数，统计结果描述如下：（1）总体来看，1996 年第 1 季度— 2010 年第 1 季度，中国经济波动与三大经济体的协同性较低甚至负相关。从季度 GDP 关联状况看，除日本外，中国与欧盟、美国均为弱相关，t 统计量不显著。产生这种现象的原因，根据图 4－1 提供的直观印象，可能是由于我们没有将相关性中的时间因素进行分离。（2）以 2002 年为界，将 1996 年第 1 季度— 2010 年第 1 季度分离为 1996 年第 1 季度—2001 年第 4 季度和 2002 年第 1 季度—2010 年第 1 季度两个亚期，中国与三大经济体经济协同性问题将容易解释。从季度 GDP 关联状况看，2002 年以来，中国与三大经济体季度 GDP 周期波动呈现显著一致的关联，相关系数均在 0.50 以上，相关显著性有明显提高。

表 4－1　**中国与外国/地区季度 GDP 周期波动的相关系数**

	中国/美国	中国/日本	中国/欧盟
1996 年第 1 季度—2010 年第 1 季度	0.11（0.79）	0.55（4.88）	0.20（1.52）
1996 年第 1 季度—2001 年第 4 季度	0.24（1.17）	0.60（3.55）	－0.37（－1.88）
2002 年第 1 季度—2010 年第 1 季度	0.50（3.18）	0.65（4.77）	0.62（4.38）

注：括号中数字为 t 统计量。

2008 年国际金融危机在世界范围的蔓延为我们观察和度量中国经济与世界经济的关联提供了一个难得的机会。下面重点分析 1996—2010 年第 1 季度中国与美国、日本、欧盟 GDP、消费、投资各变量的联系，采用多变量随机动态因子模型分析国际经济周期协同联动的公共因子；在中国经济周期国际关联程度讨论的基础上，我们还将进一步度量贸易变量对中国经济周期和公共因子的影响。

第三节　方法和数据

寻找多变量共性一直是统计学和经济学的关注重心，为此发展出诸多方法。传统因子分析法在不可观测公共因子的提取方面因其简捷性得到广泛应用，但是，由于这种方法缺乏统计理论基础，因此，一些替代性的因子分析方法同样引起研究者关注。比如，Stock 和 Watson（1989，1993）采用卡尔曼滤波法抽取不可观测的公共因子，但如果模型变量太多，这种方法在应用中可能会受到计算能力的限制。贝叶斯统计理论的发展，为多变量共同度研究开辟了新的路径，随着计量工具的发展，水平因子分析模型、贝叶斯动态线性模型等广泛应用贝叶斯统计推断方法的模型，在经济文献中逐步引起重视。采用蒙特卡洛模拟和吉布斯抽样方法，将贝叶斯动态线性模型用于动态因子分析，从单因子动态模型发展到多因子动态模型，是近年来经济学文献展开的一项技术性探索。Otrok 等人（1998）应用吉布斯抽样方法估算了美国衣阿华州非农就业、制造业周平均工时、制造业平均小时工资中西部地区制造业指数的动态单因子模型，Kose 等人（2003）采用吉布斯抽样方法估算了 60 个国家 GDP、消费和投资的动态三因子模型，Kose 等人（2008）采用类似方法分析了 G7 国家在布雷顿森林体系时代、石油冲击时代和全球化时代三个时期的公共因子，认为全球化时代公共因子的作用加强了。国内郭庆旺等（2005）采用类似于 Kose（2003）的方法分析了中国各省区经济增长的公共因子、地区因素和特殊因素。

从目前状况看，无论是在经济增长的总体国际影响层面，还是在发达经济体对于发展中国家的局部影响层面，美国、欧盟、日本三大经济体仍然充当着国际经济的主导力量。1990 年代以来，随着经济国际化程度的加深，中国与三大经济体之间的相互依赖性越来越强。鉴于这种认识，在中国经济周期国际关联分析中，为简化起见，我们自然将中国与三大经济体的关联作为关注核心。记 $z_{i,t}$ 为不同国家 i 和时期 t 的宏观经济变量（GDP、消费和投资），f_t 为世界公共因子，则动态单因子模型可以表示为：

$$z_{i,t} = a_i + b_i f_t + \varepsilon_{i,t} \tag{1}$$

其中，$E\varepsilon_{i,t}\varepsilon_{j,(t-s)} = 0$ （$i \neq j$），且假定各因子和残差 ε_{it} 服从 p_i 阶自回归过程：

$$\varepsilon_{i,t} = \phi_{i,1}\varepsilon_{i,t-1} + \phi_{i,2}\varepsilon_{i,t-2} + \cdots\cdots + \phi_{i,pi}\varepsilon_{i,t-pi} + u_{i,t} \tag{2}$$

其中 $Eu_{i,t}\mathrm{u}_{j,(t-s)} = \begin{cases} \sigma_i^2, \ i=j, \ s-0, \\ 0, \ i \neq j, \ s \neq 0, \ u_{it} \sim N\ (0, \ \sigma_i^2) \end{cases}$

公共因子服从下述模型 ：

$$f_t = \varphi_1 f_{t-1} + \varphi_2 f_{t-2} + \cdots\cdots + \varphi_q f_{t-q} + v_t \tag{3}$$

$$Ev_t v_{(t-s)} = \begin{cases} \sigma_f^2, \ s=0, \\ 0, \ s \neq 0, \ v_t \sim N\ (0, \ \sigma_f^2) \end{cases}$$

本章中，我们采用上述单因子模型对中国/国外宏观经济变量的关联性进行估计和比较，目的是寻找经济周期协同的公共因子。文中外国/地区数据来源于 OECD 数据库和中经网统计数据库，选择的季度宏观经济数据序列都是季节调整的不变价序列（VIXOBSA. 2000. S1）。在获得中国季度宏观实际经济变量序列时，我们采用如下方法：（1）季度实际 GDP 序列的估算。我们根据年度 GDP 定基比指数（1978 = 100）和按可比价计算的季度累计 GDP 增长率估算季度 GDP 数据的实际值。首先对年度 GDP 定基比指数利用二次函数插值法，得到单季的 GDP 指数；然后选定 1994 年第 1 季度为基期，根据 1994 年 4 个季度的单季 GDP 得到 1994 年各季度累计值，再用公布的季度累计 GDP 增长率还原得到各个季度的实际 GDP 累计值指数；最后将实际 GDP 累计指数值还原为各个季度的实际 GDP 指数。根据名义 GDP 累计值计算出名义 GDP 季度数，用 X11 进行季节调整后，计算出季度 GDP 缩减指数。年度 GDP 定基比指数（1978 = 100）、名义 GDP 累计值和实际 GDP 季度累计增长率均来自中经数据库。（2）季度实际固定资产投资和居民消费序列的估算。鉴于数据的可获性，我们把城镇季度固定资产投资实际值序列作为全社会固定资产投资实际值序列的代理变量，居民消费的代理变量是社会消费品零售总额。与季度 GDP 实际值序列的估算相类似，根据月度固定资产投资完成额累计值，估算出历年季度固定资产投资单季完成额，用 X11 进行季节调整后，选定 1994 年第 1 季度 = 100，再用上面得到的季度 GDP 缩减指数缩减得到季度固定资产投资指数。将月度社会消费品零售总额加总为季度数，用 X11 对社会消费品零售总额季度数据进行季节调整，然后用 CPI 定基比（1994 年第 1 季度 = 100）缩减得到消费品零售指数。月度固定资产投资完成额累计值、月度社会消费品零售总额来自中经数据库。（3）进出口贸易数据季度数据的估算。与季度 GDP、居民消费和固定资产投资序列的获得方法相似，我们利用月度累计估算季度进出口贸易额和外资使用，然后用季度 GDP 缩减指数折实，得出实际数值序列。

第四节　中国 GDP 周期的国际关联度：实证与比较

根据前文方法描述，中国经济周期国际关联度测算的一个便捷方法是依据中国与国外宏观经济变量观测指标，运用因素提取方法追踪潜在公共因子和特殊因素变量，最后通过观察因素方差对观测指标方差的百分比贡献，求得中国经济周期波动的国际随机冲击程度。本节我们将利用（1）式—（3）式和上述数据，采用吉布斯抽样方法，通过 GAUSS9.0 程序实现数值计算，分析美国、日本、中国和欧盟四个国家（区域）宏观经济变量（GDP、居民消费、固定资产投资）的公共因子。具体初始假设包括：假设公共因子和随机项滞后 2 期，因子负荷的先验分布为 N（0，1），自回归多项式的先验分布参数为 N（0，Σ），其中 $\Sigma = \begin{pmatrix} 1 & 0 \\ 0 & 0.5 \end{pmatrix}$，方程（1）中残差的方差 σ_i 的先验分布为伽玛反函数 $gamma^{-1}$（6，0.001）。通过 12000 次吉布斯抽样，舍弃前 2000 次得到各参数模拟结果，对模拟数据均值进行分析。

一　样本时间段的划分

中国在改革开放过程中，参与经济全球化过程是渐进有序的，

2001 年底加入 WTO 是一个标志性事件。加入 WTO 前后，中国经济的国际关联存在很大差异。由于 OECD 数据库中欧盟的起始数据是 1996 年第 1 季度，因此我们分析的样本起始时间点也是 1996 年第 1 季度。我们首先选择 1996 年第 1 季度至 2010 年第 1 季度为样本，抽取公共因子。依据（1）式将图 4－2 列出了公共因子（乘以因子负荷）与中国 GDP（扣除常数项）的趋势变化。世界性公共因子（common factor）与中国 GDP（CHN GDP）的关联呈现两阶段差异，即 1996 年第 1 季度至 2001 年第 4 季度和 2002 年第 1 季度至 2010 年第 1 季度的差异。在前一个时期中，两者的变化并不一致；但 2002—2010 年，两者出现了共同趋势。如果计算两者的相关系数（见表 4－2），可以发现，1996—2010 年中国的 GDP、投资与公共因子的相关性很低，相关性不显著，而且消费和投资与公共因子是负相关的。但这并不能表明中国经济与世界经济周期完全不相关。如果对中国 GDP 与公共因子进行简单回归，并进行间断点检验（参见本章附录），可以发现，2001 年第 4 季度是一个显著的间断点。这一间断点正好与中国加入 WTO 的时间吻合。下面的分析中，我们把样本时间划分为 1996 年第 1 季度至 2001 年第 4 季度（1996Q1∶2001Q4）和 2002 年第 1 季度至 2010 年第 1 季度（2002Q1∶2010Q1）两个时间段，以提供中国经济的国际关联性的对比。

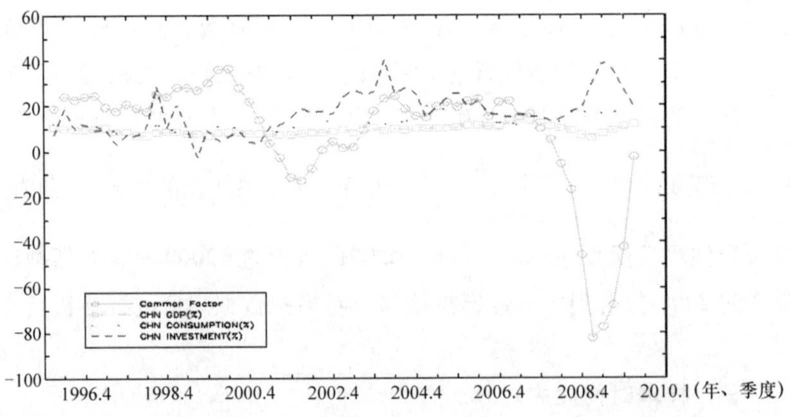

图 4－2　中国 GDP、消费、投资与世界公共因子变动趋势

表 4 - 2　　各国（地区）GDP、消费、投资与公共因子的相关系数（1996Q1—2010Q1）

	Y	C	I
美国	0.93（18.67）	0.85（11.99）	0.91（16.02）
日本	0.77（8.91）	0.49（4.14）	0.75（8.54）
中国	0.25（1.88）	-0.47（-3.91）	-0.50（-4.34）
欧盟	0.95（22.2）	0.90（15.72）	0.92（17.4）

注：括号中为 t 统计量。

二　2002 年第 1 季度至 2010 年第 1 季度 GDP 与随机公共因子的直观趋势

应用前述方法，分析 2002 年第 1 季度至 2010 年第 1 季度的数据，提取的公共因子见图 4 - 3（a）-（d）。

图 4 - 3（a）-（d）为我们提供了欧盟（EUU）、美国（US）、日本（JPN）、中国（CHN）经济波动公共因子与各自季度 GDP 增长率趋势的对比（图中的 GDP 各序列都扣除了固定常数项，公共因子都附加了各国的因子负荷）。四张图像给予我们的总体认识是，公共因子在各国的作用基本捕捉到了 GDP 增长的实际趋势，即图像中虚线（GDP）与实线（common factor）的趋势一致性；对于各个国家而言，公共因子基本捕捉到了季度 GDP 周期上升/下降的拐点。关于这一点，我们可以从世界正在经历的本次金融危机中得到印象。从实际季度 GDP 序列来看，2007 年第 3 季度后，各国 GDP 增长均呈现出持续下降态势；2009 年下半年至 2010 年第 1 季度，各国经济回升。分地区来看：（1）欧盟在此次金融危机中 GDP 的趋势与公共因子的趋

势高度吻合；（2）美国在2009年第2季度GDP增长率见底，此后的恢复优于公共因子；（3）日本GDP在2009年第1季度即见底，此后的恢复也优于公共因子；（4）最突出的是中国GDP在2010年第1季度见底，并出现强势恢复，至2010年第1季度GDP同比增长率超过公共因子大约2.2个百分点（如图4-3）。

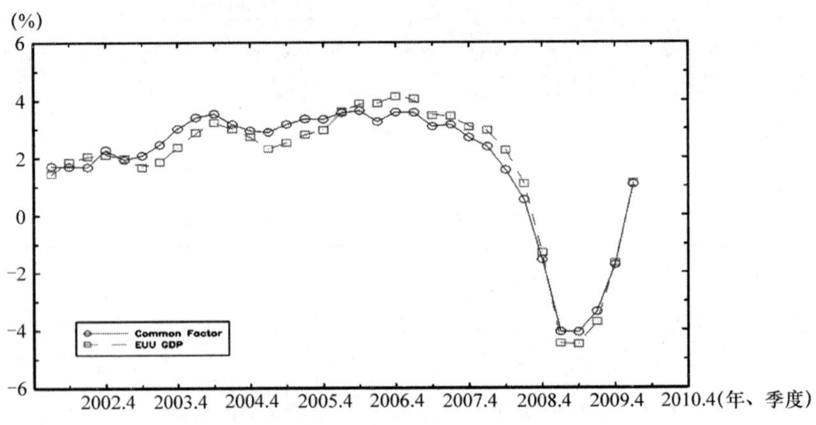

图4-3（a） 欧盟GDP周期与公共因子

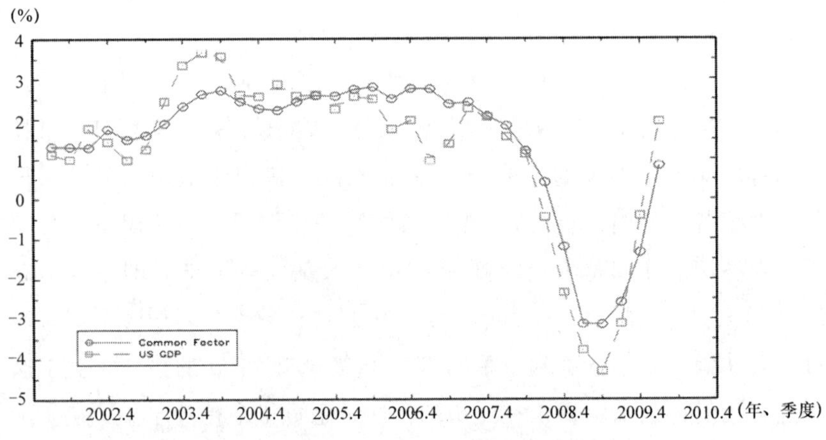

图4-3（b） 美国GDP周期与公共因子

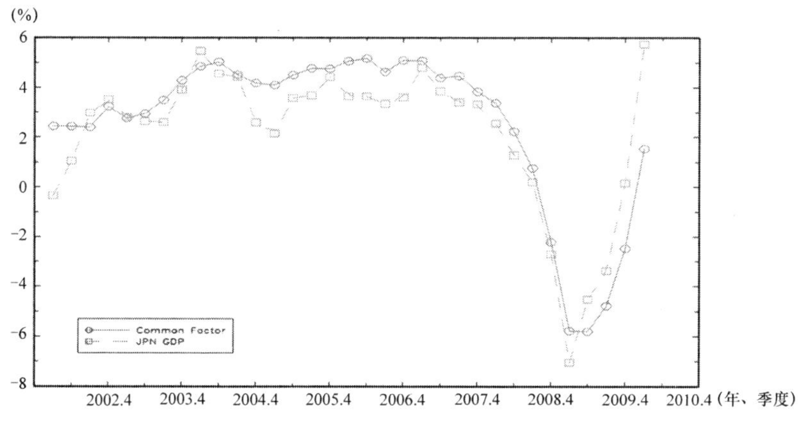

图 4-3 (c)　日本 GDP 周期与公共因子

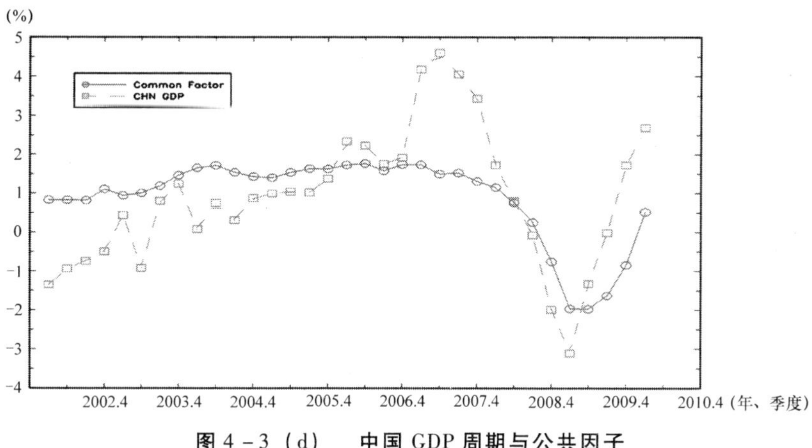

图 4-3 (d)　中国 GDP 周期与公共因子

注：(a)—(d) 中的 GDP 各序列都扣除了固定常数项，公共因子都附加了各国的因子负荷。

三　因素方差贡献

根据模型计算的模拟结果，采用（4）式和（5）式可以分别计算出公共因子对各国宏观变量——GDP、固定资产投资、居民消费的方差贡献（S_i）以及本国特殊因素的方差贡献（$100-S_i$）。

$$\mathrm{var}(z_{i,t}) = b_i^2 \mathrm{var}(f_i) = \mathrm{var}(\varepsilon_{i,t}) \qquad (4)$$

$$S_i = b_i^2 \mathrm{var}(f_i) / \mathrm{var}(z_{i,t}) \times 100\% \qquad (5)$$

计算结果参见表4－3，表中变量代号Y、I、C分别对应于GDP、固定资产投资、居民消费。为得到更直观的印象，我们还列出了各变量与公共因子的相关系数（见表4－4），以观察公共因子之于各国各宏观变量的相关性或重要程度。

表4－3　　**GDP、固定资产投资和消费波动的公共因子和特殊因素影响分析**

		世界公共因子方差贡献（%）		特殊因素方差贡献（%）	
		1996Q1—2001Q4	2002Q1—2010Q1	1996Q1—2001Q4	2002Q1—2010Q1
美国	Y	58.4	86.8	41.6	13.2
	C	46.4	74.2	53.6	25.8
	I	53.0	81.2	47.0	18.8
日本	Y	5.8	81.2	94.2	18.8
	C	4.5	50.6	95.5	49.4
	I	3.1	81.8	96.9	18.2
中国	Y	5.0	32.0	95.0	68.0
	C	2.4	15.7	97.6	84.3
	I	1.0	20.5	99.0	79.5
欧盟	Y	27.9	95.1	72.1	4.9
	C	24.6	92.8	75.4	7.2
	I	43.8	88.8	56.2	11.2

表4－4　　**各变量与公共因子的相关系数**

	Y		C		I	
	1996Q1—2001Q4	2002Q1—2010Q1	1996Q1—2001Q4	2002Q1—2010Q1	1996Q1—2001Q4	2002Q1—2010Q1
美国	0.907	0.941	0.801	0.870	0.864	0.909
日本	0.217	0.911	－0.173	0.721	0.065	0.913
中国	0.186	0.573	0.065	－0.395	－0.048	－0.453
欧盟	0.618	0.983	0.576	0.971	0.778	0.950

（一）GDP 周期的国际关联

从经济周期国际关联角度看，我们似乎可以做出中国现阶段深度融入国际经济的判断。按照我们划分的样本区间，1996 年第 1 季度—2001 年第 4 季度这个时期，公共因子对美国、欧盟 GDP、消费和投资波动的方差贡献较大，高于其对日本、中国相应变量的贡献水平。这一时期，日本正在经历泡沫经济破灭之后“失去的十年”之痛，加上 1998 年受到金融危机打击，经济增长乏力，平均季度 GDP 同比增长率仅为 0.8%，而同期美国和欧盟平均季度 GDP 同比增长率分别为 3.5% 和 2.7%，可以认为日本在这一时期似乎与世界主导力量“脱钩”。中国在这一时期虽然平均季度 GDP 同比增长率保持 8.6% 的水平，但经济受到世界公共因子的影响还比较小，公共因子只能解释中国 GDP 周期波动的 3%。2002 年第 1 季度—2010 年第 1 季度这个时期，国际金融危机强化了公共因子对各地区的主要经济变量的影响。公共因子对不同地区和国家 GDP、消费和投资波动的方差贡献均有较大程度上升。中国季度 GDP 周期波动的 32% 能够由随机公共因子的冲击解释，剩余的 68% 归因于国内特殊因素，因此，国际经济因素对于中国的影响是显著的。表 4－4 中公共因子与 GDP 的相关系数提供了类似的结果。中国加入 WTO 以前，公共因子与中国 GDP 相关系数为 0.186，入世以后，相关系数转变为 0.57，相关性程度与美国、日本、欧盟已经基本匹配。

（二）固定资产投资和居民消费波动的国际关联

公共因子对于固定资产投资和居民消费的冲击在各国表现出了较大差异。从投资波动方面看，公共因子对中国固定资产投资的方差贡献从入世前的 1.0% 上升到入世后的 20.5%，同期日本从 3.1% 上升到 81.8%，美国从 53.0% 上升到 81.2%，欧盟从 43.8% 上升到 88.8%。消费波动方面，公共因子对中国消费的方差贡献从入世前的 2.4% 上升为 15.7%，同期日本从 4.5% 上升到 50.6%，美国从 46.4% 上升到 74.2%，欧盟从 24.6% 上升到 92.8%。总体上公共因子对中国消费和固定资产投资的方差贡献水平远远低于世界发达国家和地区。从表4－4的相关系数来看，入世以后公共因子的外部冲击与中国居民消费和固定资产投资的相关性为负数。

（三）计量分析揭示的问题和我们的认识

与现有文献比较起来，本章的一个有趣发现在于，若按照中国加入WTO前后进行阶段性区分，那么，2002年以来，中国GDP周期表现出了与发达经济体的强共振，但是投资和消费依然为国内特殊因素左右。从原则上看，按照支出法计算的GDP，由投资、消费和净出口构成，那么，就国际关联而言，中国GDP周期国际关联程度为何表现出了与投资和消费显著的差异呢？可能的解释之一是数据口径问题。中国尚未建立健全支出法统计的季度数据，我们只能根据社会消费品零售额和城镇固定资产投资作为消费和投资的代理变量，我们采用的消费数据和固定资产投资数据口径，小于GDP支出法统计口径，指标口径的缩小，可能导致消费和固定资产投资对外部公共因子的反应缩小 。关于消费品零售额和全社会固定资产投资总额与支出法统计口径的消费和投资之间的差异，许宪春（2009）作了比较详细的说明，其中高估和低估的因素都有，但他并没有给出具体的按照支出法统计口径的民间消费和投资的季度时间序列。我们所用的消费（社会消费品零售序列）和投资（城镇固定资产投资序列）与其他发达国家（地区）的私人消费和投资数据不可比，这是一种缺憾。从消费、投资和净出口占GDP（经季节调整后的名义值之比）的比重来看（图4－4），根据我们的数据，城镇固定资产投资、全社会商品零售总额和净出口之和占GDP的比重在2001—2002年低于70%，2003年第二季度至2008年第2季度为65%—97%，2008年第3季度至2010年第1季度为80%—114%。2002年以前消费数据和固定资产投资数据口径偏窄可能低估了公共因子对于投资和消费的影响。但是，考虑到本章公共因子及其影响估计是运用宏观变量同比增长率进行的，这种影响似乎不会很大。

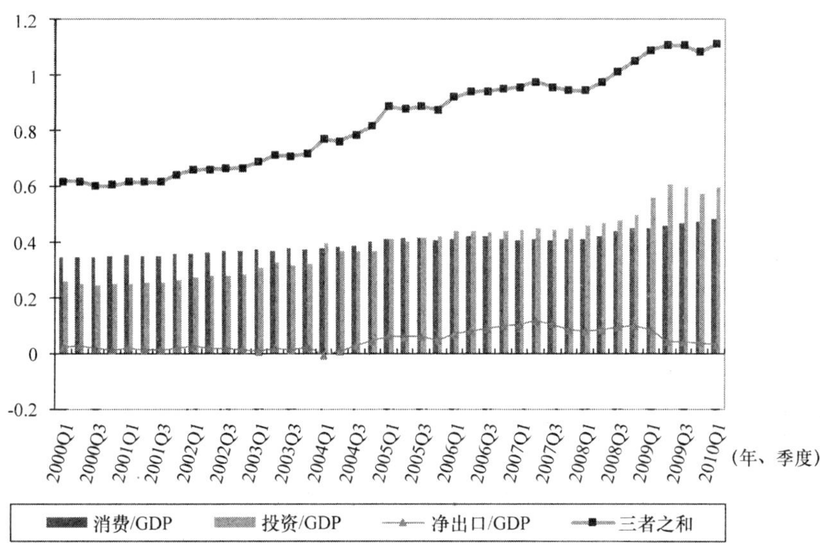

图 4－4　2000 年第 1 季度—2010 年第 1 季度中国消费、投资、净出口占 GDP 比重（经季节调整后的名义值之比）

资料来源：CEIC 数据库。

可能的解释之二是中国的消费和投资行为存在特殊性。比如中国社会保障制度落后，消费信贷欠发达产生流动性约束等制度性因素使消费水平偏低，高储蓄倾向隔离了外部公共因子对消费的冲击；另外，中国的投资存在比较严重的扭曲行为（课题组，2003，2005），使中国的投资与外部公共因子的直接联系降低。从这些中国特色的因素来看，外部公共因子与中国居民消费和投资的微弱相关程度正好是长期以来中国投资、消费比例失调在国际经济关联中的反映。从中国现阶段投资体制和消费行为看，这种原因似乎较为合理。

可能的解释之三是中国进出口贸易的发展在某种程度上弥补了消费和投资对公共因子的反应不足。采用国际清算银行（BIS）的人民币实际汇率指数（折算为 1994 年第 1 季度 = 100）来计算中国商品净出口和进出口总值占 GDP 实际值的比重，可以发现：（1）加入世贸以后，2002 年第 1 季度至 2006 年第 3 季度，进出口总值占 GDP 的比重持续上升；（2）2002 年第 1 季度以后，按实际值计算的进出口总值比重大于按名义值计算的比重（见图4－5），两者的差距逐步扩大；（3）2005年以后，按实际值计算的净出口比重也大于按名义值计算的比重，这表明中国经济的实际对外依赖程度可能比通常按照名义值计算估算的还要大。在接下来的分析中，我们将对这个最直接的国际关联传导因素进行分析，尝试着打开公共因子。

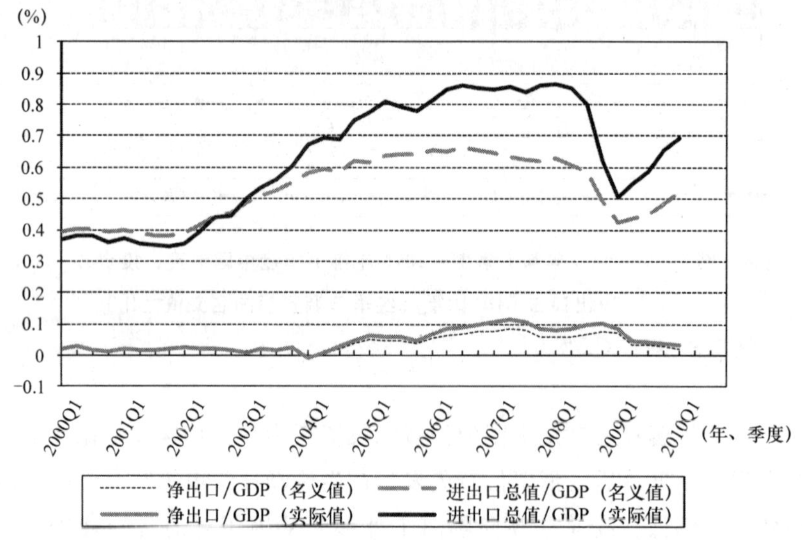

图4－5　2001年第1季度—2010年第1季度中国进出口规模占GDP比重

第五节　国际贸易和公共因子

公共因子是从众多的经济序列中抽取的代表共同趋势的抽象因子，其背后的经济含义可以包含许多内容。比如Crucini，Kose和Otrok（2008）认为石油价格、生产率、贸易条件是影响G7各国经济周期公共因子的经济变量。2007年次贷危机以后，金融危机在世界范围蔓延，并通过国际贸易、FDI、资产价格、信贷等金融渠道以及实体经济的需求萎缩冲击各国经济，导致绝大多数经济体增长率出现下滑的共同趋势，源于次贷危机的一系列连锁反应及世界各国采取的危机管理政策，将成为此后相当长时间内决定公共因子的主要变量。

中国 GDP 周期波动公共因子（即公共因子与中国 GDP 因子负荷乘积）的估算，不仅为中国经济周期协同性分析提供了数据支持，而且也为我们将要进行的协同机制讨论提供了前提。对于影响经济周期的公共因子，我们进一步的认识是：这种公共因子可能是诸如国际贸易、国际金融等因素作用的结果，基于这种认识，为了使得公共因子分析具象化，下文将提供一个以国际贸易为决定因素的尝试性分析结果。将中国 GDP 周期波动的公共因子记为 chinafactor，欧盟、美国、日本三大经济体和中国各自的进出口贸易总额同比增长率分别记为 EUU、USA、JPAN、CHN，则四者关系可以直观表示如图 4－6。简单的统计相关分析表明，2002 年第 1 季度—2010 年第 1 季度，周期波动公共因子 chinafactor 与进出口贸易增长率 EUU、USA、JPAN、CHN 的相关系数分别为 0.96、0.93、0.90、0.74，在下面的分析中，我们引入 VAR 模型来对 EUU、USA、JPAN、CHN 的影响进行分析。

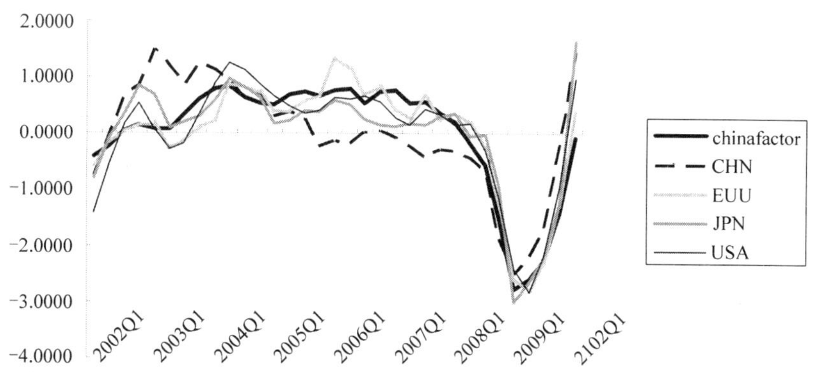

图 4－6　中国 GDP 周期波动公共因子与欧盟、美国、日本及中国进出口贸易增长的关系（去均值）

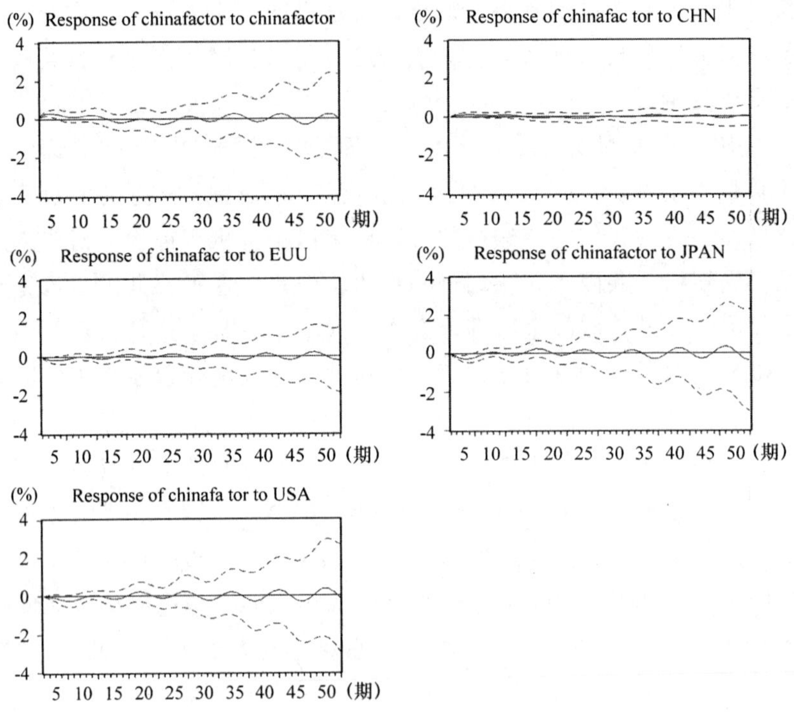

图 4-7 中国 GDP 周期波动公共因子对欧盟、美国、日本及中国进出口贸易波动的冲击响应（变量去均值）

去均值的 chinafactor、EUU、USA、JPAN、CHN 序列稳定性检验表明（无截距项和趋势项），5 个序列均是 I（0）过程，根据 AIC、SC 准则，VAR 模型的最优滞后阶数取 2，模型设定中，chinafactor、EUU、USA、JPAN、CHN 均作为内生变量纳入。图 4-7 是 chinafactor 对于自身及 EUU、USA、JPAN、CHN 序列变化冲击的反应趋势，从图中可以看出，面对来自各个变量的冲击，公共因子呈现出某种程度的不稳定性，而且，各经济体贸易的相互关联具有放大这种冲击的效应。表 4-5 中，我们列出了自 2007 年第 1 季度（第 21 期）至 2010 年第 1 季度（第 33 期）的变量方差贡献，统计结果显示：（1）从中国 GDP 周期公共因子的角度看，欧盟、美国、日本三大经济体和中国的进出口贸易增长率向量——即 EUU、USA、JPAN、CHN——方差分别解释了中国 GDP 周期公共因子方差的大约 10%、25%、24% 和 6%，合计为 65%，来自自身的波动解释了剩下的约 35%。（2）结合表 4－3，我们对进出口贸易之于中国 GDP 波动的描述是：贸易增长变动对于国内 GDP 波动的冲击程度分别为 3.2%、8%、7.7% 和 1.9%，合计为 20.8%；公共因子中贸易因素之外的其他因素解释了中国 GDP 周期波动的 11.2%，这四者加总起来为 32%，即为中国 GDP 周期国际协同程度，剩下的 68% 是国内 GDP 周期波动的特殊因素，关于这一点，我们在前文因素分析中已经做出了分析。（3）数据模拟揭示的一个有意思的现象是，从近年来中国融入世界经济的状况来看，贸易及其他因素的波动对于国内经济周期波动的随机冲击同样重要。因此，在中国经济日益融入世界经济体系的过程中，大国经济的波动——经由贸易和金融等渠道——将在一定程度上引致国内经济的波动。

表 4－5　**欧盟、美国、日本及中国进出口贸易波动的影响——方差分解**　单位：%

时期	chinafactor	CHN	EUU	JPAN	USA
21	40.5	7.0	9.2	22.9	20.4
22	41.4	7.0	9.6	22.8	19.1
23	40.3	7.1	10.2	23.7	18.7
24	38.8	7.0	10.2	23.6	20.3
25	38.4	6.8	9.9	23.0	21.9
26	37.9	6.6	10.1	24.0	21.4
27	36.5	6.4	10.5	25.8	20.9
28	35.3	6.1	10.3	26.0	22.3
29	35.1	6.0	10.0	25.3	23.7
30	34.8	5.9	10.3	25.6	23.4
31	34.1	5.8	10.5	26.3	23.4
32	34.6	5.6	10.1	25.5	24.2
33	35.8	5.4	10.0	24.8	23.9

变量排序：chinafactor，CHN，EUU，JPAN，USA。

第六节　关联与脱钩：进一步的分析

实证结果对于中国经济周期国际关联问题给出了一个量化解释，包括周期公共随机冲击及其作用于中国经济的渠道。对于中国经济国际关联共同度的问题，本章给出了一个不同于现有文献的重要结论，即2002年以来，中国呈现出与发达国家/地区经济周期波动显著的关联度。结论差异的主要原因，在于我们把样本考察期间以2002年为界分为两个部分，如果不做这样的区分，我们的观察与现有文献的分析基本一致，正如图4－1和表4－1中国与外国/地区1995—2006年季度GDP波形趋势和相关系数所揭示的那样。就中国经济周期波动的历史经验来看，进入21世纪以来，中国GDP周期波动的国际关联确呈现出与前期不同的态势，因此，立足于这种经验观察之上的时段划分是合理的，而我们由此对于2002年之后中国经济周期国际关联的考察也是成立的。

统计分析一个启发性的结果是，中国与发达经济体面对随机冲击时迥然相异的投资、消费反应模式。就固定资产投资而言，发达经济体面对随机冲击具有相似的反应，但是公共因子之于中国固定资产投资波动和消费的解释力较弱，国内宏观经济环境这个特殊因素解释的解释力很强，即国内固定资产投资和消费对于国际经济波动冲击具有很强的“免疫性”。虑及发达国家与中国微观投资结构及制度环境的差异性，这个结论的自然延伸是，中国政府主导型投资模式和国内特殊的消费环境在投资、消费波动中起决定性作用。

因此，存在两种力量左右着中国经济与世界经济的联动，一种是日益扩大的对外贸易和国际金融联系，这种力量具有使中国经济波动“收敛于”世界经济波动的倾向；另一种是国内特殊的投资和消费模式，这种力量具有使中国经济波动“脱钩于”世界经济波动的倾向，两种力量的均衡形成了目前国内经济与国际经济的协同状况。

但是，从入世后中国经济的表现来看，“收敛”倾向似乎更为明显。关于这一点，我们运用2001年以来发生的两个典型经济事件进行说明。事件之一是2001年美国IT泡沫，从表4－6可以看出，2001年OECD主要国家和欧盟的季度GDP增长均出现大幅下滑，其间，中国季度GDP也未出现显著的提振倾向，直到2002年之后才进入高速轨道。事件之二是2007年以来迅速蔓延的美国次贷危机的影响，与2002—2006年相对景气时期的增长状况比较起来，2007—2009年，OECD主要国家的季度GDP增长均出现大幅下滑，中国经济增长在2008—2009年也出现明显下滑态势。表4－7提供了金融危机和IT泡沫破灭期间中国外资引进、固定资产投资、出口变动状况的对比，与2002—2006年中国经济高速增长时期的各变量表现相比照，此次金融危机对于外资引进、出口增长的抑制作用比较明显。

表4－6　金融危机和IT泡沫破灭期间中国与外国/地区季度GDP波动对比——季度同比增长

（%）

年、季度 \ 增长率均值 \ 国家地区	欧盟	日本	美国	德国	法国	英国	中国*
1999Q1—2000Q4	3.5	1.4	4.5	2.7	3.6	3.7	8.0
2001Q1—2001Q4（美国IT泡沫破灭期间）	2.0	0.2	1.1	1.4	1.8	2.5	8.3
2002Q1—2006Q4	2.1	1.7	2.7	1.0	1.8	2.6	10.6
2007Q1—2007Q4	2.9	2.3	2.1	2.6	2.3	2.6	11.4
2008Q1—2008Q4	0.6	－1.2	0.5	1.0	0.1	0.6	9.6
2009Q1—2009Q4	－4.2	－5.2	－2.4	－4.9	－2.5	－4.9	8.7
2010Q1	0.5	4.2	2.4	1.5	1.2	－0.2	11.9

数据来源：中经网统计数据库。

表 4 - 7　　金融危机和 IT 泡沫破灭期间中国外资引进、固定资产投资、出口变动对比　　（%）

年、季度	美、日、欧盟三大经济体外资占全国实际利用外资比重	出口		全社会固定资产投资	
		外资出口比重	出口增长	外资比重	全社会固定资产投资增长
1999—2000	29.8	46.7	*	10.7	7.7
2001	27.7	50.1	6.8	10.5	13.0
2002—2006	22.2	56.3	29.6	7.5	24.1
2007	12.0	57.1	25.7	4.6	24.8
2008	10.7	55.4	17.2	3.8	25.9
2009	10.3**	55.9	-16	2.8	30.1
2010Q1—2010Q2	—	54.7	35.2	3.1	25.0

注：* 1997 年、1998 年、1999 年、2000 年的出口增长速度分别为 21%、0.5%、6.1%、27.8%；** 欧盟外资使用为根据英德法三国的估计。

数据来源：《中国投资指南》、《中国黄金海岸年鉴》、《中国统计摘要 2008》。

2008 年 9 月以来，次贷危机蔓延背景下中国宏观经济数据的表现，可以作为本章计量结果合理性的一些直观性佐证材料。从 GDP 增长速度来看，2008 年第 3、4 季度以及 2009 年分别为 9.9%、9.0% 和 8.7%，与这种下滑趋势相伴随的是，从 2008 年第 3 季度开始，中国进、出口贸易出现持续快速下降趋势，自 2009 年第 1 季度转为负增长（图 4 - 8）。与 GDP 增长速度持续下滑形成鲜明对照的是，中国固定资产投资表现出了强劲的增长态势，2008 年参见图 4 - 8 累计增长速度分别为 27.6% 和 26.1%，2009 年为 30.1%。消费方面，2009 年社会消费品零售总额同比增长速度维持在 15.5%，低于 2008 年 22.7% 的水平，但是，考虑到 2008 年较高的物价上涨率以及2009年的通缩趋势，2009年社会消费品零售总额增速基本与上年持平。全球经济衰退背景下国内投资和消费的上升，显然得益于2008年末政府出台的经济刺激计划，扩大内需十项政策的逐步落实，不仅支撑起投资高企的平台，而且在很大程度上屏蔽了整体经济不景气下消费需求进一步萎缩的风险，一定程度上抵消了外需冲击的负面影响。从2010年第1季度开始，中国季度GDP增速回升，第1、2季度GDP累计增速分别为11.9%、11.1%，这种状况与进出口贸易的转暖、消费需求的持续提高以及固定资产投资增速的维持紧密相关。

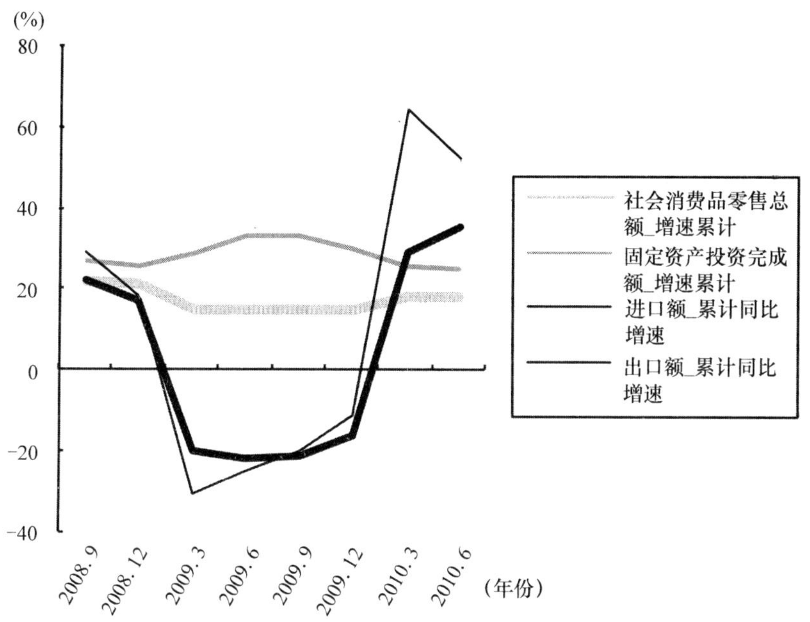

图4-8　2008年9月—2010年6月中国宏观经济指标表现

数据来源：中经网统计数据库。

第七节　结论

基于实证分析，我们的观点综述如下：存在两种力量左右着中国经济与世界经济的联动，一种是日益扩大的对外贸易和国际金融联系，这种力量具有使中国经济波动“收敛于”世界经济波动的倾向；一种是国内特殊的投资和消费模式，这种力量具有使中国经济波动“脱钩于”世界经济波动的倾向，两种力量的相互作用形成了目前国内经济与国际经济的协同状况。但是，从中国入世之后 GDP 国际关联的特征来看，“收敛性”力量更强一些。计量分析进一步表明，中国 GDP 波动的三成左右可以由世界性公共因子来解释。

由此，可以引申出以下三方面的政策含义。

（1）中国应对危机仍有较大的能动性。中国经济的局部“脱钩倾向”体现了中国在特殊的发展阶段和发展模式下，中国政府宏观政策的特殊作用。在此次危机中，中国政府采取的强力措施取得了短期效果，特别是投资与消费增长很大程度上抵消了出口的下滑，这表明世界性公共因子对中国消费和投资的冲击仍处于很低的水平，从而体现出中国政府应对危机所体现出的较大能动性。不过，这种政府能动作用的可持续性值得关注。

（2）中国经济全面复苏还有赖于外部环境的改善。在经济全球化背景下，中国经济增长和宏观波动与世界经济的“收敛性”倾向表明中国经济对外部经济的依赖程度很高，中国经济的进一步发展离不开世界经济的大舞台。而当前次贷危机仍在继续深化发展，也将会通过所谓“世界性公共因子”对中国经济的回升产生抑制作用。因此，我们认为，中国经济要实现全面复苏还有赖于外部环境的改善。

（3）中国经济的增长模式亟待改变。全球化对中国经济增长、消费和投资的影响值得反思。如果全球化仅仅是使中国 GDP 受到世界公共因子更大的外部冲击，而消费和投资并没有出现同等数量级的影响，说明中国经济增长产生了超常的福利外溢，中国消费者并没有从世界经济增长中分享到足够多的福利改善。从改善投资、消费结构、改善民生的角度出发，中国经济的增长模式亟待改变。

附录　中国 GDP 与公共因子简单回归方程的间断点检验

Chow Breakpoint Test：2001Q4			
Null Hypothesis：No breaks at specified breakpoints			
Varying regressors：All equation variables			
Equation Sample：1996Q1 2010Q1			
F - statistic	25.66015	Prob. F（2，48）	0.0000
Log likelihood ratio	37.81175	Prob. Chi - Square（2）	0.0000
Wald Statistic	51.32030	Prob. Chi - Square（2）	0.0000

第五章　外部冲击与中国的通货膨胀

第一节　引言

国内的通货膨胀与美国的次贷危机，是2008年中国经济增长所面临的两大最主要的不确定性。国内通胀方面，形势颇为严峻。2007年下半年，物价上涨率突破5%，11月达到6.9%，创11年来新高；2008年1月和2月，物价上涨率更是高达7.1%和8.7%。通货膨胀有愈演愈烈之势。与此同时，国际上一些大的经济体也面临物价水平的快速上升。引起国内通货膨胀的原因是多方面的，但强调"输入性"的观点颇为抢眼（樊纲，2008）。特别地，国内结构性物价上涨与全球结构性物价上涨的呼应，使得这一论断更有说服力。随着中国更大程度上融入全球化的进程，中国与外部世界的关联越来越紧密。无论是前一阶段中国"输出通缩"论，还是近期的中国"输出通胀"论，以及将出现"输入性"软着陆的提法，都是对这种相互关联的印证。

除国内通胀外，美国次贷危机对中国经济的影响不容忽视：（1）对实体经济的影响。次贷危机导致美国经济下滑，全球经济放缓，这无疑会制约中国自身的增长。（2）对资本流动的影响。次贷危机影响全球资本流动格局，使得大量资本在国际市场上东奔西突，一会儿流向美国救市，一会儿又涌向发展中国家来淘金，这种大进大出的局面，将会加剧中国的经济金融波动。（3）对通货膨胀的影响。一方面，次贷危机加剧了美元贬值，进而全球通胀。美元贬值原本是美国解决大量贸易逆差以及全球失衡的一个重要措施，符合美国经济自身调整的需要。但由于次贷危机的影响，人们对于不断贬值的美元更加没有信心，从而加剧美元贬值。而美元的大幅贬值，进一步推动了全球初级品价格上升，引致全球通胀。另一方面，为应对次贷危机，美国政府采取财政扩张、注资以及减息等举措，增大了未来全球通胀的压力。但考虑到次贷危机可能引起全球经济衰退，这对通胀又是一种向下的压力。总体而言，次贷危机对通胀的净影响还不是非常明晰。

无论是“输入性”通胀还是次贷危机的影响均表明，“脱钩论”（decoupling）只是一厢情愿。Citigroup（2008）最近的一项研究指出：美国 GDP 增长率每下降 1 个百分点，会导致新兴市场经济 GDP 增长率下降 0. 34 个百分点；美国 GDP 增长率低于其潜在增长率 1 个百分点，将会导致新兴市场经济 GDP 增长率低于其潜在增长率 0. 54 个百分点。从这个角度，密切关注美国及全球的增长态势，对把握中国的增长与通胀有着非常重要的意义。本章正是在这样的背景下探讨外部冲击对国内通货膨胀的影响。

近年来，国内不少文献从不同角度分析了外部冲击对国内通胀的影响。刘强（2005）从理论角度分析了两部门模型的油价冲击；另有些研究采用 AR 模型分析了国际油价对国内 CPI、PPI、GDP 以及投资等变量的影响（何念如、朱闰龙，2006）；还有些研究检验了汇率的传递效应（封北麟，2006；陈六傅、刘厚俊，2007；毕玉江、朱钟棣，2006），认为中国汇率传递效应很弱。这些研究仅仅考察了外部冲击的某些方面，本章则希望综合分析各类外部冲击对国内通胀的影响。文章结构安排如下：第二节　全球化与通货膨胀：文献综述；第三节　外部冲击影响中国通货膨胀的机制与特征化事实；第四节　计量分析，分别采用扩展的菲利普斯曲线模型和向量自回归模型，综合考察外部冲击对国内通货膨胀的影响；第五节　结论与政策建议。

第二节　全球化与通货膨胀：文献综述

自 1980 年代以来，经济全球化获得了快速发展。国际贸易方面，1980—2005 年，扣除通货膨胀因素，世界贸易增长了 5 倍，贸易总额占世界 GDP 的比重从 36% 上升到 55%。1990 年代以后，东欧新兴市场国家和亚洲发展中国家加入经济全球化行列，经济全球化速度加快。国际金融方面，1990—2004 年，跨境交易的金融资产规模占全球 GDP 的比重从 58% 提高到 131%，增长超过一倍；对于所有新兴市场国家，FDI 占总负债的比重从 17% 上升至 38%，证券投资占总负债的比重从 2% 提高到 11%（IMF，2007a）。

与此同时，全球的通胀水平也从 1980—1984 年的 14.5%，下降到 2005—2006 年的 3.8%（Rogoff，2006）。大量文献表明，全球化是过去 1/4 世纪发达国家和新兴市场国家通货膨胀率降低的关键因素之一（IMF，2006；Borio & Filardo，2007）。

全球化影响通货膨胀的渠道主要包括以下几项。

（1）为防止资本流动对经济产生负作用，全球化可能促使各国中央银行更加偏好低通胀目标，以促进经济平稳增长（Tytell and Wei，2004）。

（2）贸易规模扩大通过加剧产品市场和劳动力市场竞争，来自低成本经济体的进口制造品会对国内价格产生向下的压力。

（3）全球化竞争导致劳动生产率提高、总供给增加，有利于形成低通胀、平稳增长的态势。

（4）由于劳务外包，特别发达国家向发展中国家的外包，导致劳动力工资水平的下降。

（5）随着金融开放程度提高，资本流动规模扩大，巨大的贸易赤字和国内缺口可以通过资本和金融账户弥补，经济全球化导致通货膨胀对国内产出缺口的敏感性下降。在控制了产出缺口、货币政策可信度增加、工资粘性等因素后，开放指数（除石油外的贸易规模/GDP）可以解释价格对产出缺口敏感性下降的一半；同时，通货膨胀对进口价格下降的敏感性为 0.1，进口价格对通货膨胀存在短期影响。对于新兴市场国家，开放程度提高对降低通货膨胀率也有较高的解释能力（IMF，2006）。

（6）周期性因素，比如新兴市场经济体对能源和原材料的周期性需求上升，导致能源和初级产品价格上涨，但对于发达国家而言，由于进口能源和初级产品占全部进口产品的比重以及食品消费占全部消费的比重较低，能源和初级产品价格高涨对发达国家的 CPI 并未产生显著影响。

不过，对于全球化如何影响通货膨胀，并不是一边倒的观点（即全球化降低了通货膨胀水平），而是存在大量争论。

Rogoff（2004，2006）强调，在短期中，菲利普斯曲线变得更陡峭了。全球化竞争导致对价格的变化更为敏感。这样，陡峭的菲利普斯曲线就使得意料之外的通胀所带来的短期产出效应减弱了，从而货币当局偏离其通货膨胀目标（比如说进行货币扩张）的动力也随之减弱。不过，大量经验分析认为（Roberts，2006），菲利普斯曲线不是变陡峭了而是变平缓了。

Mankiw（2007）认为，讨论全球化对价格水平的作用，就要分析全球化对企业定价与企业调价这二者的影响。企业定价取决于边际成本与加成（markup）。一般来说，企业的意愿价格（desired price）随着产出增长而提高；随着产出扩张，企业收益递减。而且，当工人工时延长，工作的边际负效用上升，实际工资上升，从而对边际成本与意愿价格产生向上的压力。现在还很难说全球化能够改变劳动供给曲线的斜率或收益递减的速度。成本加成方面，显然，全球化使得市场竞争更为激烈，加成幅度减小，也就是说定价权下降，企业需求曲线变得更有弹性了。但要理解当前的价格动态变化，平均加成水平比起加成对于经济周期的敏感性而言就变得没那么重要了。现在还很难认定，全球化经济中的意愿价格对经济周期的敏感性会低于其在封闭经济中的反应。另一个重要的方面是全球化是否改变了企业调价的速率。为什么有些企业调价慢呢？有菜单成本，还有其他摩擦。由于全球化加剧了竞争，从而妨碍价格调整的摩擦减少了，这样价格调整对于经济周期就会更为敏感而不是相反。这再一次表明，理论给出的结论与经验是相反的。

Woodford（2007）指出，最近人们担心，全球化会削弱货币政策对通货膨胀的控制能力，这主要是出于三个方面的考虑：首先，流动性升水[①]成为全球流动性的函数而不是一国央行流动性供给的函数

① 投资者应所持资产的流动性不同，要求不同水平的额外补偿。

（新 LM 曲线）；其次，实际利率依赖于全球投资与消费的差额而不是一国投资与消费的差额（新 IS 曲线）；再次，通货膨胀压力取决于全球产出缺口而非一国的产出缺口（新 AS 曲线）。但 Woodford 通过分析金融市场、最终产品市场及要素市场的全球一体化对货币传导机制的影响后发现，即便是更为彻底的全球化（即超过当前的全球一体化程度），也不可能使一国央行对于通货膨胀的动态失去控制。不过，Woodford 主要是基本模型分析，还未能提供足够的经验证据。

Taylor（2008）认为，尽管许多人都说全球化导致了通货膨胀率的下降，但这可能是一种误导。因为，无论是汇率传递（pass - through）的减弱、更为平缓的菲利普斯曲线，还是过去 1/4 世纪的反通货膨胀，都可以用全球化来解释。但这使得有关货币政策框架的讨论陷入混乱。根据泰勒的说法，没有全球化，货币政策也能在以上这些方面起作用。

尽管全球化对通货膨胀的影响有不少争论，但有一点是肯定的，即一国的通货膨胀如果不考虑全球化的影响，更具体地说，如果不考虑外部冲击，将是非常片面的。这也是本章探讨外部冲击影响中国通货膨胀的重要理论背景。

第三节　外部冲击影响中国通货膨胀的机制与特征化事实

引起国内物价上涨的因素是多重的，外部冲击不过是其中之一罢了。

首先，（全球）流动性过多是造成物价上涨的重要因素。尽管流动性过多在前一段时间主要是造成了资产价格的飙升，但近期，随着资产价格出现大幅波动，过多的流动性对于实体经济的冲击也是不容忽视的。通货膨胀最终是一种货币现象，过多流动性的积累必然会成为未来通货膨胀的隐患。

其次，要素价格重估引起的成本推动压力。工业化、城镇化发展到一定阶段，各类要素成本都会上升，这是很多国家在发展过程中都会经历的一个过程。在完全市场化的条件下，要素成本的上升是一个自然的过程，但在中国，由于要素领域仍然存在一定的价格管制，因此，这种管制积累到一定程度会有一个爆发。比如我们现在所面临的土地成本的上升、资源能源价格的上升、环保成本的上升、劳动力成本的上升（新《劳动合同法》的实施将会带来更为深远的影响）等。另外，由于人民币汇率的重估引起外资大量流入，人民币标准计价的资产价格大幅上扬，这些也推动了对于要素价格的重估，特别是土地与房地产价格的重估，这反过来也推动了要素成本的上升（张平、王红淼，2007）。

再次，全球范围内初级品价格的上涨对中国通胀的影响。生物能源的需求导致粮食需求的上升，是近年来国际粮价上涨的重要动力；而美元的大幅贬值、低利率以及投机等因素所造成的全球大宗商品价格的上涨，也使得全球初级品价格一味地处于高位。这些无疑都对中国的通货膨胀起了推波助澜的作用。

此外，还有其他一些“中国特色”因素引发的通胀：比如猪的蓝耳病，农民种植粮食、饲养生猪的直接成本上升（比如农资、饲料价格的上涨）和机会成本的上升（这些年农民工工资的上升使人们会更多地选择外出打工而不是务农）以及冰雪灾害、农产品自身的周期性因素等，这里不拟作全面分析。本章的重点是想回答，中国的通货膨胀多大程度上是外部冲击的结果。其实，无论是流动性过多、要素价格重估，还是初级品价格上涨，都与开放因素或外部冲击有着紧密的关联。

下面将从全球流动性的转化、国际大宗商品价格的传导、人民币汇率升值的紧缩效应、国际利率的影响以及价格扭曲效应为外部冲击所放大等方面进行分析。

一　全球流动性的转化

流动性过多是全球性问题。尽管目前次贷危机引起了欧美发达经济体暂时的流动性短缺，但全球流动性过多的局面并未得到根本改变。导致全球流动性过多的因素很多：（1）各主要货币当局长期实施的宽松货币政策；（2）储蓄过剩，即全球储蓄大于投资，如 Bernanke（2005）认为新兴市场经济国家与石油输出国积累了大量的贸易顺差，引起全球储蓄过剩；（3）优质资产短缺（Caballero，2006；

Rajan，2006）。由于新兴市场经济国家金融市场的不发达，特别是由于公司治理不佳及产权保护不利导致的支撑债券发行的优质抵押资产不足。除石油等稀缺产品外，只有发达国家特别是美国才能发行可供全球投资者接受的优质资产。这样，就会形成全球过多资金追逐较少优质资产的局面，呈现流动性过剩。

全球流动性过剩，会形成过多的国际资本在国际市场上东奔西突，特别是会有大量资金进入中国，引起大量外资（包括游资）流入。大量流入的资本加上中国的大量贸易顺差，积累了巨额外汇储备。由于汇率弹性的不足，形成基础货币投放中外汇占款的大量增加，再加上央行对冲的不完全，从而将这种全球流动性转化为国内市场上的流动性。2001 年 1 月—2007 年 12 月，外汇占款与基础货币的比重从 39.3% 上升到 113.4%，上升了 2.89 倍。为控制基础货币过快增长，央行通过发行债券、票据等各种手段进行对冲，同期外汇占款占基础货币与央行发行债券之和的比重从 39.3% 上升到 84.7%。通过对冲，基础货币的增幅远远低于外汇占款的增幅，但 2007 年基础货币增长明显加快（图 5－1）。基础货币的增加通过货币乘数作用可传递至货币供应量 M1 和 M2，最终对物价产生影响。

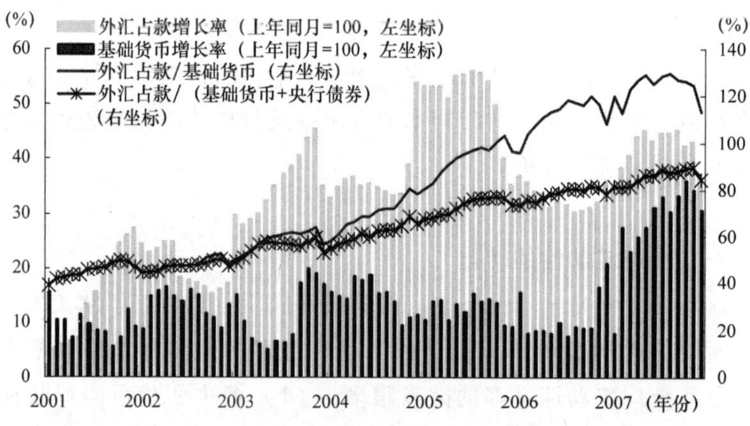

图 5－1　中国国外资产与基础货币增长

资料来源：中国人民银行。

二　国际大宗商品价格的传导

由于中国融入世界经济的规模庞大，2002 年以来中国经济高速增长，对进口的能源、金属等原材料需求大幅增加，国际市场的能源和原材料价格也大幅上涨。2001 年 12 月—2008 年 1 月，能源价格指数上涨 3.5 倍多，原油现货价格上涨 3.9 倍；非能源商品上涨 1 倍，其中金属上涨 2 倍多，农业初级产品和食品分别上涨 31.74% 和 98.19%。

中国绝大多数下游商品价格已放开，上游产品特别是能源等基础产品，大部分由国家控制，国内油价低于国际同类产品价格，但国内和国际油价之间存在联动机制，从图 5 - 2 可以看出，中国 PPI 中的石油天然气价格滞后于国际能源价格，但变化趋势高度一致。图 5 - 3 表明，国际食品价格指数波动幅度较大，中国 CPI 食品价格指数也滞后于国际食品价格指数。

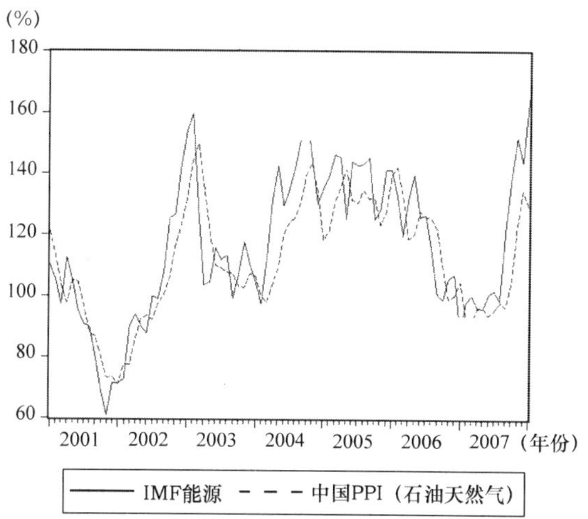

图 5 - 2　中国 PPI（石油天然气）与国际能源价格

资料来源：CEIC，. IFS。

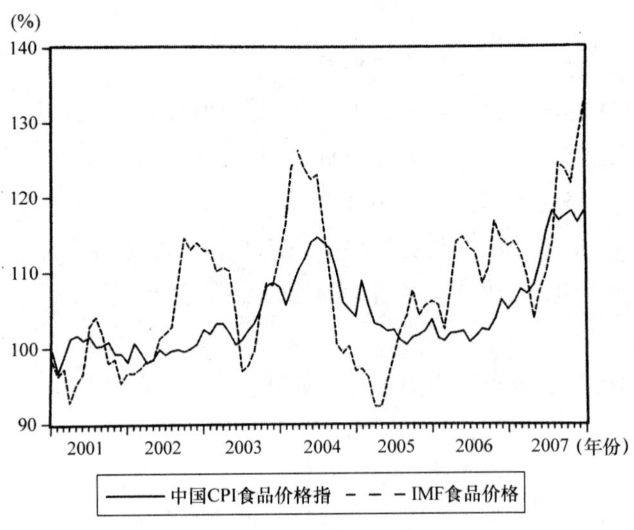

图 5-3 中国 CPI（食品）与国际食品价格

资料来源：CEIC，IFS。

我们计算了中国 PPI 和原材料燃动力购进价格指数与国际商品价格指数（滞后 1 个月）的相关系数，发现国内的价格指数与国际的价格指数高度相关。PPI 中的石油天然气价格指数和燃动力购进价格指数与 IMF 能源价格指数相关系数分别为 0.96 和 0.93，有色金属购进价格指数与 IMF 金属价格相关系数高达 0.97；中国 PPI 食品价格指数与国际食品价格指数相关系数稍低，为 0.65。综合来看，中国 PPI 与 IMF 所有商品价格指数的相关系数也高度相关（相关系数为 0.86）（见表 5-1）。

表 5-1 **中国 PPI 指数与 IMF 商品指数（滞后 1 个月）的相关性（2001 年 1 月至 2008 年 1 月）**

	IMF 能源指数	IMF 食品指数	IMF 金属指数	IMF 所有商品指数
PPI	0.82	0.44	0.61	0.86
PPI（石油天然气）	0.96	0.20	0.36	0.92

续表

	IMF 能源指数	IMF 食品指数	IMF 金属指数	IMF 所有商品指数
PPI（食品）	0.12	0.65	0.22	0.21
原材料燃动力购进价格指数	0.78	0.40	0.62	0.82
黑色金属购进价格指数	0.42	0.39	0.21	0.42
燃动力购进价格指数	0.93	0.15	0.44	0.91
有色金属购进价格指数	0.41	0.39	0.97	0.59

数据来源：CEIC，IMF，笔者计算。

全球能源价格和初级产品价格上升，对中国 CPI 的影响包括两轮冲击：（1）成本推动的直接传导渠道。进口能源价格和初级产品价格上涨首先造成原材料燃料动力购进价格指数上涨，其次造成工业品出厂价格指数上涨，最终影响居民消费价格指数。（2）收入效应。受价格上涨影响，居民在收入效应的作用下可能减少支出，或者选择其他的替代方式消费，从而部分抵消首轮冲击。这两个方面的综合影响如何，需要通过实证分析才能确定。

三　人民币汇率升值的紧缩效应

自 2005 年 7 月汇改以来，汇率重估导致人民币对世界主要货币的名义汇率有升有降。2005 年 7 月—2008 年 1 月，人民币对美元累计升值 12.7%，对日元升值 8.66%，对英镑升值 1.03%，对欧元、加元、澳元、新加坡元、瑞士法郎以及北欧的一些货币均是贬值，比较突出的是对欧元和加元分别贬值 7.45% 和 6.58%。通过贸易加权和通货膨胀调整后，名义有效汇率变化不大，实际有效汇率出现升值（图 5－4）。

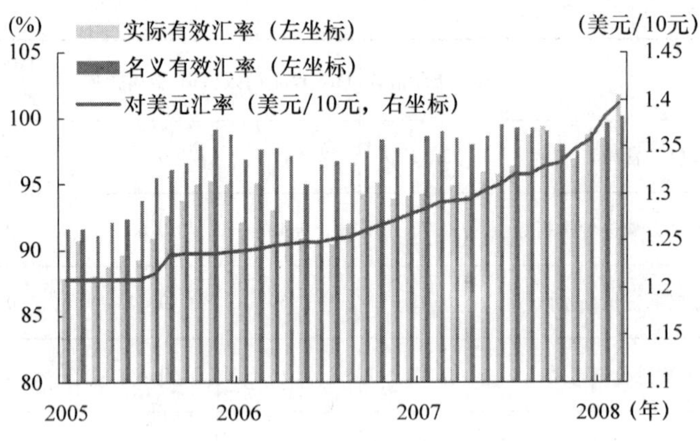

图 5-4 人民币名义汇率和有效汇率

资料来源：实际有效汇率来自 BIS，其他来自 CEIC。

一方面，汇率升值使得输入性通胀降低。由于进口的初级原材料多数以美元计价，人民币对美元升值能部分抵消初级产品价格上涨对国内通货膨胀的直接冲击。以进口原油为例，汇改前，人民币汇率基本稳定，换算成人民币的油价与美元标价的油价波动趋势一致，进口商承接了国际油价波动；汇改后，特别是 2007 年 11 月国际油价突破 90 美元后，人民币升值速度加快，原油的人民币价格趋势偏离其美元价格，人民币升值抑制国内物价上涨的作用加强（图 5-5）。具体而言，2008 年 1 月国际油价比 2005 年 7 月累计上涨 58.5%，人民币对美元累计升值 12%，用人民币计价的 WTI 大致上涨了 39.48%。有关人民币汇率传递效应（Pass-through）的实证研究表明，人民币汇率对中国进口价格和 CPI 的影响程度非常低，汇率的价格传递效应在不同的通货膨胀环境中存在显著差异，低通货膨胀时期，汇率对进口价格的传递效应增加，但对消费者价格传递效应则减小了（封北麟，2006；陈六傅、刘厚俊，2007；毕玉江、朱钟棣，2006）。

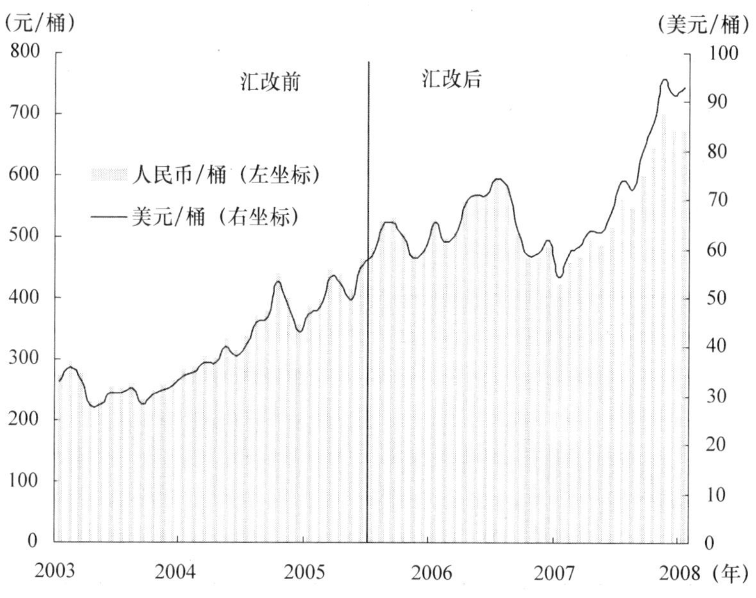

图 5－5　原油的美元价格和人民币价格比较（WTI）

数据来源：IMF，CEIC，笔者计算。

另一方面，汇率升值导致出口减少、进口增加，从而贸易顺差下降，净出口对 GDP 的贡献下降，对经济产生紧缩作用。不过，在实际有效汇率小幅升值的情况下，中国贸易顺差并没有出现大幅萎缩，表明通过这一渠道的紧缩作用暂不明显。实证研究表明（Shi，2006），人民币实际有效汇率升值对经济有紧缩作用，但考虑到国际金融方面的关联（如升值引起资本流入，不完全对冲情况下导致货币扩张），这种紧缩作用在递减。

四　国际利率的影响

由于中国实行的是缺乏弹性的汇率制度，因此在某种程度上就相当于将货币政策“外包”给美联储（王庆，2008）。当中国所处的周期阶段与美国一致时，这种外包无伤大雅，但如果刚好相反，就会出现问题。比如，中国面临物价上涨过快，加息声音不断；而美国面临次贷危机，不断减息，这对国内通货膨胀无异于火上浇油。并且，美国的低利率也将是未来全球通胀之源。

图5－6显示，联邦基金利率与中国固定资产投资增长率及中国滞后一年的通货膨胀率趋势完全相反，表明中国的周期波动包括物价深受美国联邦基金利率的影响。从这个角度，不能忽视国际利率因素对国内通胀的作用。

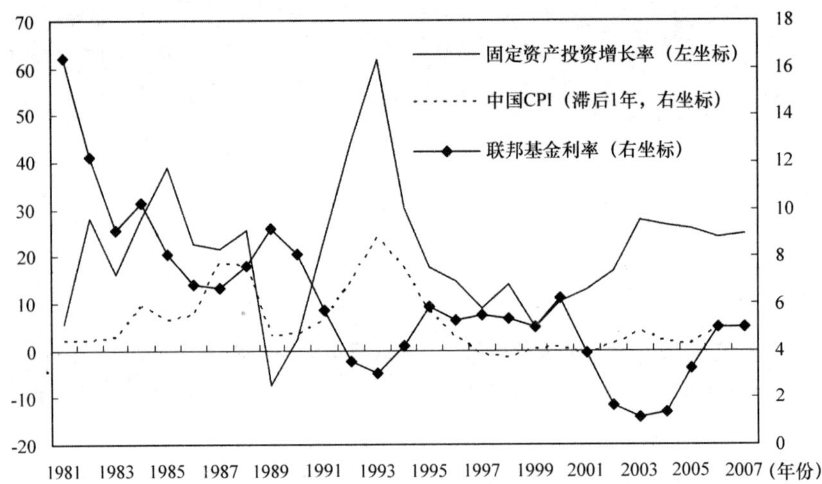

图5－6　联邦基金利率与中国的投资及通货膨胀率

资料来源：国家统计局，CEIC。

五　价格扭曲效应为外部冲击所放大

发展中国家为实现赶超往往会压低要素价格，实施低价工业化战略（增长前沿课题组，2003）。但这种扭曲，一方面，带来宏观效率损失，是不可持续的；另一方面，在开放条件下，这种扭曲也会放大外部冲击的效应，加剧宏观经济波动（增长前沿课题组，2004和2005）。

就目前中国的状况而言，要素价格扭曲关系尚未理顺，同时，又面临新的价格管制，必然加剧原有的扭曲。价格管制的效应，要么导致囤积居奇，要么导致减产，这些都会引起供给减少，从而加剧供求关系紧张，进一步推动通货膨胀。一个典型的案例是资源价格的控制使得供求矛盾进一步恶化：国内投资需求上涨，导致资源能源价格上涨，由于政府控制价格，使得其他国家资源能源价格提高而中国价格不变，中国竞争力提高，对中国产品需求增大，国内企业利润上升，对投资者吸引力加大，投资进一步增长，对资源能源的世界需求进一步扩大，资源能源价格进一步上涨，国内外资源能源价格形成倒挂（典型的是原油价格）……如此循环往复。而国际上资源能源价格越上涨，国内的调价压力就越大；这是一种正反馈，最终会导致价格管制难以持续。

因此，要格外重视外部冲击对价格扭曲的放大作用。特别是，在全球化时代，过度压低的、扭曲的价格体系在某种程度上是对全球进行补贴。这非但不能真正减缓国内成本推动压力，相反会推动国内（投资）需求的进一步上升，加剧经济过热，从而增大通货膨胀压力。特别是，扭曲的价格使得粗放的增长方式得以持续，从而经济高速增长，而持续的高增长会不断积累通胀压力。从简单的菲利普斯曲线方程（张晓晶，2008）可以看出，随着经济增长速度的提高，通货膨胀率也会越来越高。在过去的五年中，中国的经济增长率一直维持了两位数的增长，平均增长率为10.6%。如果以表5-2中潜在增长率为9.4%（稳态通胀率为5%）来衡量，那么，过去五年中国经济一直在潜在增长率之上（1~2个百分点）运行，这无疑积累了通货膨胀压力，从而出现通胀的爆发也就不意外了。令一些学者们感到惊讶的不是出现通胀，而是何以现在才出现通胀。

表5-2　**不同稳态通货膨胀率水平下的GDP增长率**①　（%）

通货膨胀率	0	1	2	3	4	5	6	7	8	9	10
GDP增长率	7.38	7.78	8.18	8.59	8.99	9.39	9.80	10.20	10.60	11.01	11.41

资料来源：张晓晶（2008）。

① 对2007年的数据作了调整（GDP增长率为11.4%，通胀率为4.8%），结果与张晓晶（2008）略有出入。

第四节　计量分析

以上对各类外部冲击影响通货膨胀的渠道进行了分析。下面分别采用扩展的菲利普斯曲线模型与 VAR 模型对此作经验考察。

一　扩展的菲利普斯曲线

菲利普斯曲线是研究通货膨胀的经典模型。由于考察问题的视角不同，菲利普斯曲线也有很多变形。如 Gordon（1990，1997）的“三角模型”就把通货膨胀归结为通胀惯性、需求拉动和供给冲击三个因素。国内也有大量研究通过菲利普斯曲线模型估算通货膨胀的动态特征（刘树成，1997；王少平等，2001；曾利飞等，2006；徐建刚等，2006）。本章借鉴 Gordon 的“三角模型”，得到扩展的菲利普斯曲线：

$$\pi_t = c + \alpha(L)\pi_{t-1} + \beta(L)D_t + \gamma(L)x_t + \varepsilon_t \qquad (1)$$

其中，c 为常数项，π_t 表示通货膨胀率，D_t 表示经济增长率缺口，X_t 表示其他的控制变量，如国际油价、粮食价格和产量等供给冲击变量，也可加入标志制度变化的虚拟变量。α（L），β（L），γ（L）分别表示各变量的滞后系数。

（1）式中的经济增长率缺口 D_t 等丁实际经济增长率减去潜在经济增长率。关于潜在经济增长率，有很多计算方法，但结果各异，从而得出的经济增长率缺口也就不确定。为了回避这种不确定性，我们直接用 GDP 增长率替代 D_t，由于（1）式是线性的，因此所有关于潜在增长率的不确定性都被转移到常数项 c 和误差项 ε_t 中。

根据前面特征化事实的分析，外部冲击因素被概括为油价、国际食品价格、汇率重估以及流动性增加①，这些变量可以加入向量 X_t 中。

模型变量包括：通货膨胀率（CPI）、实际 GDP 增长率（GDPGTH）、真实油价（OILR）、真实食品价格指数（FOODR）、人民币实际有效汇率（REER）、货币供应量（M1）。模型采用季度数据

① 国际利率放到 VAR 分析中，价格扭曲因素未能直接进入模型。

（数据来源参见本章附录附表 1）。首先对 IMF 原油价格指数、国际食品价格指数和货币供应量进行季节调整，然后对 IMF 原油价格指数和食品价格指数用美国的实际有效汇率调整得到真实油价和真实食品价格指数，这样得到的价格指数一方面消除了美元汇率化的影响，另一方面也剔除了美国通货膨胀与美国主要贸易国通货膨胀相对变化的影响。在此基础上，分别计算出各变量的同比增长率和环比增长率，在这些变量的代号后加“_ TH”表示对应变量的同比增长率，在变量代号前加“DL”表示环比增长率。各变量都通过单位根检验（见本章附录附表 2）。

首先计算只包含 CPI 滞后项的自回归 AR（2）模型，反映了物价滞后因素的影响；其次是加入 GDP 增长率的基准模型，反映了三角模型中物价滞后因素和经济增长率对物价的影响。为了说明外部冲击的作用，我们计算了只包含 CPI 滞后因子和外部冲击因子的“外部冲击模型”以及包括 CPI 滞后因子、GDP 增长率和外部冲击的“混合扩展模型”。对于“外部冲击模型”和“混合扩展模型”，首先计算包含外部冲击滞后 4 阶因子的方程，删去不显著的变量，最后得到估算结果。由于方程包含了被解释变量的滞后项，D. W. 值并不能完全反映残差自相关情况，我们计算了残差自相关 LM 检验概率值（计算结果见表 5－3）。

从 CPI 自回归 AR（2）模型来看，拟合度已经很高，校正的 R^2 达到 0. 9691，残差自相关的 LM 检验也不能拒绝残差无自相关的零假设，可以认为，AR（2）模型已经具有相当高的效率。添加 GDP 增长率的基准模型，校正的 R^2 可以提高 0. 005，残差自相关 LM 检验的 F 概率值提高 0. 54。

在外部冲击模型中，结果就相当于在 AR（2）模型的基础上增加外部冲击变量。油价、国际食品价格和实际有效汇率三个外部冲击变量均是显著的，校正的 R^2 比基准模型提高 0. 0067，虽然残差自相关 LM 检验的 F 概率值了降低 0. 23，但并不能拒绝残差无自相关的零假设。这一结果至少说明外部冲击因素对国内 CPI 的影响具有统计显著性。

在基准模型和外部冲击模型的基础上，把油价、国际食品价格和实际有效汇率三个外部冲击因子的同比增长率替换为环比增长率①，再增加流动性指标 M1 同比增长率，得到混合扩展模型。结果表明，三个外部冲击因子和流动性指标对国内 CPI 的系数仍是显著的，校正 R^2 比基准模型提高 0.0057，自相关 LM 检验的 F 概率值提高 0.016。另外，在“外部冲击模型”和“混合扩展模型”中，油价和国际食品价格的影响系数均为正，表明油价上涨和国际食品价格上涨导致 CPI 上涨；流动性指标 M1 的影响系数为正，符合经济学理论；实际有效汇率的影响系数为正，表明短期内实际有效汇率对 CPI 不能起到紧缩作用。

表 5－3　**菲利普斯曲线估算结果**

样本区间：1995Q1—2007Q4，总共 52 个样本点

变量名称	变量符号	AR（2）模型	基准模型	外部冲击模型	混合扩展模型
截距项	C	0.002 （1.488）	－0.028 （－2.970***）	0.006 （0.446）	－0.026 （2.419**）
通胀率滞后一期	CPI（－1）	1.139 （10.485***）	1.021 （9.617***）	0.850 （8.504***）	0.911 （9.164***）
通胀率滞后二期	CPI（－2）	－0.285 （－2.941**）	－0.211 （－2.300**）	－0.081 （－0.944）	－0.146 （－1.729*）
经济增长率	GDPGTH		0.341 （3.220***）		0.217 （1.877**）
真实油价同比增长率	OILR_TH			0.0057 （1.689*）	
真实油价环比增长率	DLOILR（－1）				0.020 （2.033**）
真实国际食品价格同比增长率	FOODR_TH			0.050 （5.295***）	
真实国际食品价格环比增长率	DLFOODR（－2）				0.0868 （3.272***）
实际有效汇率同比增长率	REER_TH			0.06 （2.393**）	
实际有效汇率环比增长率	DLREER（－2）				0.131 （2.359**）
M1 同比增长率	M1_TH（－1）				0.051 （1.897*）

① 我们尝试了同比增长率的回归模型，发现同比增长率的外部冲击的统计显著性下降。

续表

样本区间：1995Q1—2007Q4，总共52个样本点					
变量名称	变量符号	AR（2）模型	基准模型	外部冲击模型	混合扩展模型
判定系数 R^2		0.9703	0.9756	0.9827	0.9826
校正的 R^2		0.9691	0.9741	0.9808	0.9798
D. W. 统计量		1.95	2.037	2.10	2.024
LM 检验概率[b]		0.401	0.941	0.71	0.957

注：a. * 、** 和*** 分别表示各系数的 t－统计量在1％、5％和10％水平上显著。

b. LM 检验概率报告了滞后2期拉格朗日乘子检验的 F 概率值，零假设为残差无自相关。

扩展菲利普斯曲线模型的估算结果显示，通货膨胀率本身的滞后因素是影响短期通货膨胀的主要因素①，而经济增长速度的影响也不可小觑。由于基准模型的校正的 R^2 已经很高，虽然外部冲击模型和混合扩展模型对于提高方程的判定系数效率不高，但外部冲击因素对CPI的短期影响在统计上是显著的，而且能改善残差自相关。

二　VAR 分析

需要注意的是，菲利普斯曲线的单方程模型仅仅刻画了CPI与各外生变量之间的统计关系，但并不能反映各变量的相互作用。表5－3的计量结果也只提供了拟合样本的历史解释方差，而未能提供中长期预测方差的动态变化。事实上，在经济系统中，CPI、GDP、国际油价、国际食品价格以及货币政策变量可能相互影响。为克服单方程的缺陷，下面假设各变量都是内生变量，用 VAR 模型估算外部因素对国内通胀的影响。

我们采用下述 p 阶向量自回归模型：

$$y_t = c + \sum_{i=1}^{p} \Psi_i y_{t-i} + \varepsilon_t \tag{1}$$

① 这既反映了通胀预期，也反映了劳动市场、价格体制、企业定价机制等制度因素决定的价格黏性。

其中 y_t 是一（n×1）维内生变量组合成的列向量，c =（c_1，c_2，…，c_n）是VAR模型的截距向量，Ψ_i 构成模型的（n×n）维系数向量，ε_t =（ε_{1t}，ε_{2t}，…，ε_{nt}）是模型的随机因素，假设其为白噪声向量。

前面的分析表明，国际油价是大宗商品价格中的典型代表，而且油价与食品价格之间存在内在联系，因此我们选择国际原油和食品价格作为外部价格冲击的代理变量。为反映汇率冲击的影响，我们选择人民币真实有效汇率为代理变量。另外，中国长期以来实行盯住美元的政策，汇改以后实行“爬行盯住”的政策，外汇占款就成为全球流动性转化冲击中国经济的代理变量；再考虑国际利率对国内经济的影响，这里采用美联储联邦基金利率作为国际利率的替代指标。最后，在货币政策中，利率变量的作用不能忽略，我们采用一年期定期存款利率作为利率变量指标。通货膨胀最终是一种货币现象，需要加入货币供应量指标以衡量货币因素对通货膨胀的影响。

有关VAR模型的大量文献均是采用GDP、物价等变量的水平数据为初始分析基础，有的模型分析变量一阶对数差分的数量关系，另有些模型则加入协整关系分析变量水平数据之间的关系。由于中国名义GDP季度数据累计数，采用简单方法调整为单个季度的GDP可能不可靠，而且季度的真实GDP指数也不可得，所以这里的VAR模型不采用GDP的水平变量为初始数据，而是采用GDP同比增长率，其他数据也采用同比增长率。由于一阶对数差分的VAR模型本质上分析的是各变量之间环比增长率的数量关系，所以采用同比数据构造的VAR模型并不违背一阶对数差分VAR模型的基本原理。

模型变量包括实际GDP增长率、真实油价冲击（OILR_TH）、真实食品价格指数增长率（FOODR_TH）、通货膨胀率（CPI）、人民币实际有效汇率增长率（REER_TH）、外汇占款增长率（FEXA_TH）、美联储联邦基金利率（FFR）、中国一年期定期存款利率（R）和M2增长率（M2_TH）。模型采用1994Q1—1997Q4季度数据。单位根检验表明，各变量均为平稳序列（参见本章附录附表2），由此可构造VAR模型。

通过脉冲响应函数，可以分析外部冲击对通货膨胀的影响，其中，各变量排序很重要。一般文献均按以下变量排序分析脉冲响应函数：第一个变量不会同时受到所有其他变量的影响，但对第一个变量的冲击影响其他变量；第二个变量同时影响剩余的其他变量（除了第一个变量），但不会同时受这些变量的影响；其余类推。我们也依据这一原则作以下排序：实际 GDP 增长率、油价冲击因子、国际食品价格增长率、通货膨胀率、美联储联邦基金利率、实际有效汇率、外汇占款增长率、中国一年期定期存款利率和 M2 增长率。这个顺序选择，符合相关文献的传统。实际产出不是同时对模型中其他的变量冲击产生反应；油价和国际食品价格对通货膨胀产生直接影响。通货膨胀率、国际利率对中国的实际有效汇率存在潜在影响，为应对通货膨胀和经济增长率变动，中央银行调整汇率、外汇占款、利率，同时控制货币供应量，最后反馈到实际产出。

由于样本数量限制，假设最大滞后期为 3 期，根据模型滞后期的选择标准，LR、FPE、AIC 和 HQ 统计量均为 3 期（见本章附录附表 3），因此确定滞后 3 期为基准模型①，经滞后期调整的样本区间为 1995Q4—2007Q4。从 VAR 模型的通货膨胀反应（图 5－7）可以看出：（1）GDP 增长率对 CPI 的影响显著，并且具有较长的持续性；（2）石油价格上涨导致通货膨胀率上升；（3）中国 CPI 对国际食品价格上涨具有快速的反应，而且持续时间较长，大约 12 个季度以后国际食品价格冲击才逐步减弱；（4）CPI 本身的滞后影响快速下降，在第 12 个季度探底，其影响最终缓慢消失；（5）联邦基金利率上升对中国通货膨胀具有紧缩作用；（6）人民币实际有效汇率升值对通货膨胀的紧缩作用具有短期滞后性，在 1 个季度以后，汇率升值抑制通胀的作用显现，大约 7 季度时紧缩作用达到最大；（7）1—5 个季度的短期内，CPI 对外汇占款的冲击基本没有反应，但随后 CPI 出现正向反应，说明央行的对冲是有效的；（8）CPI 对利率的反应具有滞后性，利率上升对 CPI 的紧缩作用大约在 4 个季度以后显现。（9）CPI 对供应量增加表现出正向反应，在大约第 8 个季度达到最大，与基本理论相符。

① 根据本章附录附表 3，也可选择滞后 1 期的 VAR（1）模型，从中得到的 CPI 脉冲反应函数与 VAR（3）基准模型没有本质差别，只是更为平滑。

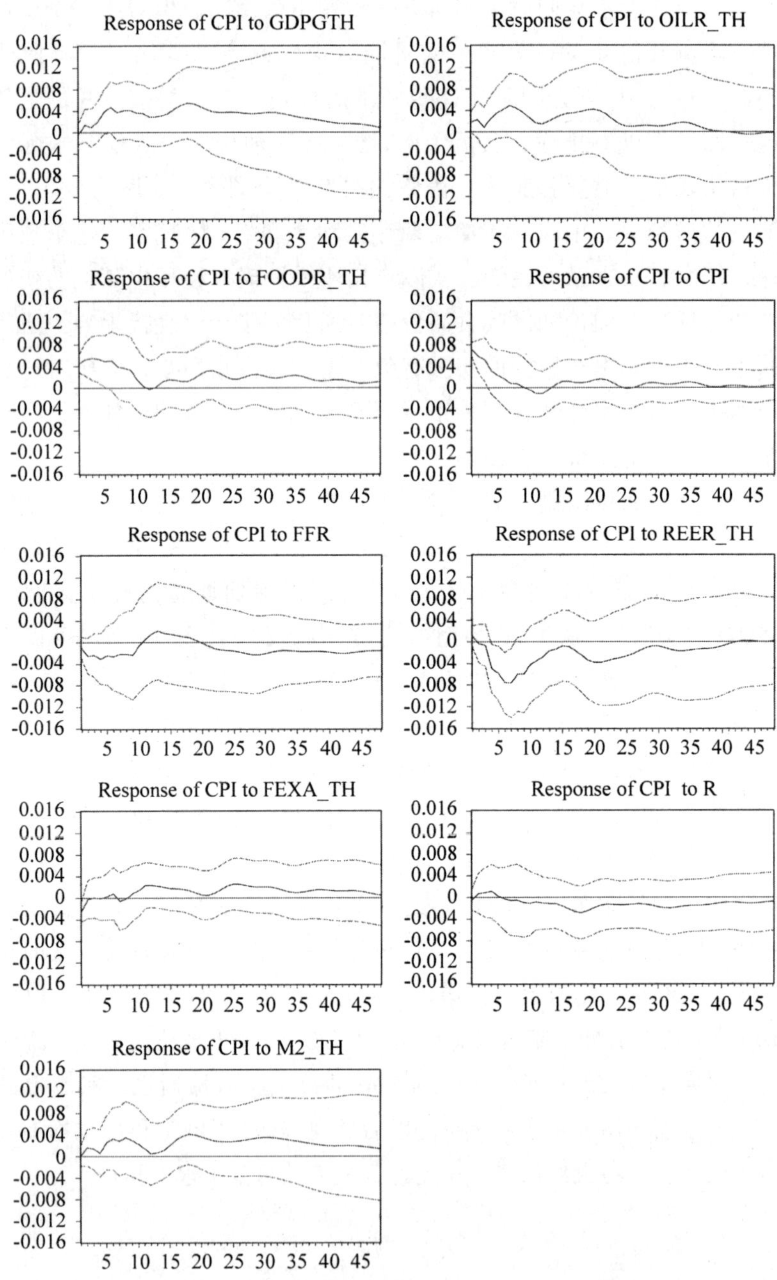

图 5－7　滞后三期 VAR（3）模型中通货膨胀反应

从预测方差分解结果可以看出，各因子对通货膨胀的影响程度（参见表5－4）。GDP因子占预测方差的比重逐步上升，大约在第16个季度成为最大方差比因子，在第40个季度方差比接近40%，表明中长期内GDP增长率对CPI具有决定性作用。石油价格因子的方差比基本保持8%左右。国际食品价格对CPI的影响很突出。在4个季度内，国际食品价格的方差比超过30%，随后逐步下降，在第20个季度以后降到20%以下。这说明短期内，国际食品价格是影响CPI的主要因素。

CPI滞后因素的冲击在初期所有变量方差比中最大，达到55.34%，但是随后即逐步下降，到第12季度以后，已经退居GDP增长率、国际食品价格和实际有效汇率冲击的方差比之后。实际有效汇率的方差比逐步上升，在第8个季度达到最大值18.8%，说明实际有效汇率对CPI的紧缩作用是比较明显的。外汇占款的方差比一直很低，至第40个季度时，只有3.11%，是方差比最小因子，进一步说明外汇占款对CPI的解释力不高，表明中央银行的对冲是有效的。联邦基金利率在初期对国内CPI的影响不明显，但在第16个季度时方差比可达到5.67%，表明国际利率对中国CPI的影响在中长期体现。国内利率和货币供应量对CPI的方差比也是逐步上升，说明利率和M2对CPI的影响具有滞后性。改变联邦基金利率、1年期存款利率、实际有效汇率的顺序，对方差分解结果无本质影响，说明结果还是较稳健（robust）的。

表5－4　　VAR（3）模型预测方差分解——各因子占预测方差百分比　　（%）

日期	标准差	经济增长率 GDPGTH	国际油价 OILR_TH	国际食品价格 FOODR_TH	通胀率 CPI	联邦基金利率 FFR	存款利率 R	实际有效汇率 REER_TH	外汇占款 FEXA_TH	广义货币 M2_TH
1	0.00	0.12	8.32	36.22	55.34	0.00	0.00	0.00	0.00	0.00
2	0.01	1.97	8.26	44.34	39.79	1.20	0.77	0.06	1.92	1.69
3	0.01	1.93	5.80	52.68	31.01	0.83	1.40	0.10	2.03	4.22
4	0.01	3.48	5.98	51.70	22.93	1.69	1.37	7.10	1.50	4.24

续表

日期	标准差	经济增长率 GDPGTH	国际油价 OILR_TH	国际食品价格 FOODR_TH	通胀率 CPI	联邦基金利率 FFR	存款利率 R	实际有效汇率 REER_TH	外汇占款 FEXA_TH	广义货币 M2_TH
8	0.01	15.19	9.41	29.28	11.67	2.54	0.97	18.14	0.96	11.85
12	0.01	20.41	8.62	24.44	11.35	3.38	1.24	18.46	1.48	10.63
16	0.01	24.35	8.73	21.11	9.80	5.67	1.33	16.08	3.74	9.20
20	0.01	32.03	9.12	17.57	8.08	5.31	2.32	13.82	3.24	8.50
24	0.01	34.42	9.10	17.42	7.40	4.69	2.57	13.03	3.08	8.30
28	0.01	36.63	8.45	17.32	7.10	4.45	2.82	12.19	3.27	7.78
32	0.02	38.41	7.85	17.41	6.60	4.20	3.46	11.47	3.27	7.33
40	0.02	39.68	7.36	17.73	6.15	4.05	4.38	10.51	3.11	7.02
48	0.02	39.17	7.53	18.04	5.93	4.29	4.83	10.42	3.06	6.74

Cholesky Ordering：GDPGTH，OILR_ TH，FOODR_ TH，CPI，FED，R，REER_ TH，FEXA_ TH，M2_ TH

综合扩展的菲利普斯曲线与 VAR 分析的结果来看：（1）外部冲击特别是短期国际食品价格和中长期国际原油价格上涨对国内通胀的影响不容忽视；（2）实际有效汇率对抑制通货膨胀有一定的时滞；（3）外汇占款增加对 CPI 的直接影响很小，说明央行的对冲是有效的；（4）货币总量对通货膨胀有较大影响，而国内利率的作用要小得多；（5）国际利率对国内物价有影响，表明存在某种程度上的货币政策外包现象；（6）GDP 增长率与滞后的 CPI 仍是决定通胀的最主要因素。

第五节　结论与政策建议

本章通过机制分析与经验研究，对外部冲击如何影响中国的通货膨胀进行了探讨。基本结论与相关政策含义如下。

第一，积极、谨慎应对外部冲击，避免亚洲危机的教训。中国置身于全球化之中，与外部关联越来越紧密。这意味着中国将面临更多的外部冲击。次贷危机的蔓延明显加剧了国际经济形势的不确定性。正是在这样的背景下，我们要格外珍惜 30 多年改革开放所取得的成就，努力避免亚洲金融危机导致经济倒退的教训。

第二，密切关注外部冲击对国内通胀的影响，但控制国内总需求（特别是投资需求）的膨胀仍是抑制通胀的关键。无论是扩展的菲利普斯方程还是 VAR 分析都表明，外部冲击尤其是短期国际食品价格与中长期国际原油价格对中国通胀的影响不容忽视。但同时也要看到，对 CPI 影响最大的还是 GDP 以及滞后期的 CPI（通胀黏性）。这表明，如何运用各类政策工具（包括加息）控制总需求特别是投资需求的上升，防止经济增长过快，仍将是抑制通胀的根本途径。

第三，提高汇率机制的弹性，增强货币政策的独立性。计量分析表明，升值抑通胀能起到一定的作用，但有时滞；国际利率对国内物价也有一定的影响；升息能够抑通胀，但其效果弱于升值，原因在于非弹性的汇率制度。因此，应对外部冲击的关键，是要逐步增强汇率机制的弹性，提高货币政策的独立性，使货币政策真正成为应对外部冲击的第一道防线。

第四，及时调整扭曲的要素价格，配合财税手段，缓解中长期通胀压力。中国在过去的发展中，采取了压低要素价格的低价工业化战略，这推动了增长，但也导致了很多的价格扭曲，使得粗放的发展方式得以维持。面对通胀压力，政府又采取了临时价格干预，这进一步加剧了扭曲。扭曲的价格体系更易受到外部冲击，因为很多外部冲击都是针对问题而来（不是阴谋，是阳谋）。因此，我们应及时调整要素价格体系，理顺关系；同时配合以财税手段，比如开征资源税、环境税。尽管这么做在短期内会加大企业成本，增大成本推动型通胀压力，但从中长期来看，让企业面临的真实成本加大（以前的价格扭曲是对企业的补贴），恰恰会抑制过度的投资需求，避免经济过热，从而有助于真正缓解通货膨胀压力。

附录

附表 1　　原始数据、变量名称及来源

变量名称	符号	数据来源
通货膨胀率	CPI	IMF《国际金融统计》
实际 GDP 增长率	GDPGTH	CEIC
实际有效汇率	REER	IMF《国际金融统计》
原油价格指数	OIL	IMF《国际金融统计》
国际食品价格指数	FOOD	IMF《国际金融统计》
一年期存款利率	R	IMF《国际金融统计》
美国实际有效汇率	REER_ USA	IMF《国际金融统计》
货币供应量	M1	CEIC
货币供应量	M2	CEIC
美国联邦基金利率	FDR	IMF《国际金融统计》

附表 2　　各变量的单位根检验（根据 SIC 准则确定滞后阶数）
(1994Q1—2007Q4)

变量名称	变量符号	ADF 检验	判别参数
通货膨胀率（同比）	CPI	-3.299**	带截距项，最大滞后 = 10
GDP 增长率（同比）	GDPGTH	-2.711*	带截距项，最大滞后 = 10
真实原油价格增长率（同比）	OILR_ TH	-3.633***	带截距项，最大滞后 = 10
国际食品价格指数（同比）	FOODR_ TH	-1.85**	无截距项，最大滞后 = 20
实际有效汇率增长率（同比）	REER_ TH	-2.171**	带截距项，最大滞后 = 10
真实原油价格增长率（环比）	DLOILR	-4.374***	无截距项，最大滞后 = 10
国际食品价格指数增长率（环比）	DLFOODR	-4.756***	无截距项，最大滞后 = 10
实际有效汇率增长率（环比）	DLREER	-4.908***	无截距项，最大滞后 = 10
货币供应量增长率（同比）	M1_ TH	-3.056**	带截距项，最大滞后 = 10
货币供应量增长率（同比）	M2_ TH	-2.10**	无截距项，最大滞后 = 10

续表

变量名称	变量符号	ADF 检验	判别参数
实际利率	RR	-1.77*	无截距项，最大滞后 =10
美国联邦基金利率	FDR	-3.34*	带截距和趋势项，最大滞后 =10

注：*、** 和 *** 分别表示在 1 %、5 % 和 10 % 显著性水平下拒绝存在单位根的原假设。

附表 3　　VAR **模型滞后阶数选择标准**（1995Q4—2007Q4）

滞后阶数	LogL	LR	FPE	AIC	SC	HQ
0	880.58	NA	2.87e-27	-35.57	-35.22	-35.44
1	1245.55	580.97	2.80e-32	-47.17	-43.69*	-45.85
2	1344.06	120.63	1.91e-32	-47.88	-41.28	-45.37
3	1478.51	115.24*	5.99e-33*	-50.06*	-40.33	-46.37*

* 表示根据本标准选择的滞后阶数

LR：序列调整的 LR 检验统计量（5% 显著性水平）

FPE：最后预测误差

AIC：赤池信息量准则

SC：施瓦茨信息量准则

HQ：汉南—奎因信息量准则

第六章　房地产周期与金融稳定

一段时间以来，中国的房地产过热问题成为政府与百姓、商界与学界共同关注的焦点。央行就此出台了一系列调控房地产的措施，并发布了《2004 中国房地产金融报告》（当然这些举措与研究报告也引起了相当的争议）。房地产过热并不是中国今天才有的现象，1990 年代初的房地产热，相信不少人还记忆犹新。

房地产热，不过是房地产周期的一个阶段。对房地产周期的研究，可以追溯到 1930 年代。当时，库兹涅茨就提出所谓“建筑周期”（building cycles），此后关于房地产周期的文献不断涌现。房地产周期与金融稳定息息相关。1980 年代美国银行业危机中，房地产信贷损失及其诱发的风险就是银行倒闭的重要原因。1990 年代以来，特别是日本泡沫经济破灭及亚洲金融危机爆发中，房地产都扮演着非常重要的角色。进入 21 世纪，国际低利率与较多的流动性使得主要发达国家房地产价格不断攀升，住房抵押贷款在金融部门占有举足轻重的地位，如果房地产价格出现急剧调整，这些国家的银行体系资产质量会迅速下降，经济金融将受到严重冲击。这种情况下，关于全球地产泡沫的危言不绝于耳，中国也置身其中。显然，对于中国房地产业的问题，不能按一般的产业问题来对待，而要从全局高度来审视它对于整个宏观稳定特别是金融稳定的影响。

本章拟从中国房地产周期切入，分析形成房地产周期的各类驱动因素，然后利用 1992—2004 年的季度数据进行计量分析，在此基础上，探讨新一轮房地产周期与当前金融稳定的关系并提出相应的政策建议。

第一节　中国房地产周期的简单划分

关于房地产周期的概念，目前还没有一个公认的标准。不同文献往往有自己关于周期的定义和衡量指标，如房地产投资率、房屋空置率、房地产价格、房地产投资回报率等。本章仅以房地产投资增长率为衡量指标来划分中国的房地产周期（见图6－1）。

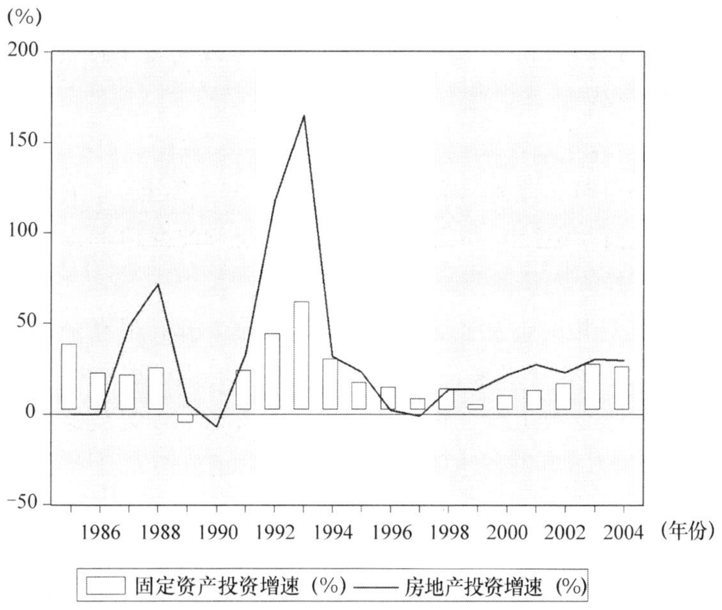

图6－1　中国的房地产周期

资料来源：《中国统计摘要2005》；《中国固定资产投资统计数典（1950—2000）》。

根据房地产投资的变动，我们认为，自改革开放以来，中国房地产市场经历了三个周期：

第一个周期，1978—1991 年。此间，中国房地产业从无到有，逐步发展。1985 年开始的城市经济体制改革促生了真正意义上的房地产业；1988 年出现一个高潮。1989 年开始，国家宏观调控，实行紧缩银根、压缩开支，房地产业受到冲击。

第二个周期，1992—1997 年。房地产市场经历过热和调整两个阶段。1992 年，邓小平南巡讲话和党的十四大召开，国民经济快速发展，以沿海大中城市为代表的房地产业迅速发展。1992 年起，中国人民银行每年从全社会信用计划中单独安排一块规模给专业银行的房地产信贷部用于委托贷款。当时全国盛行“开发区”热、圈地热，商业银行通过绕规模贷款，违规拆借和自办公司等用于圈地、炒地，到 1993 年达到顶点。1993 年下半年，经济过热导致高通货膨胀，国家开始实行适度从紧的政策，房地产业成为调控重点。严格收缩银根，规定房地产公司不得上市融资。银行出现大量不良资产。1996 年，房地产投资增速仅为 2.1%，1997 年达到谷底，房地产投资出现负增长（-1.2%）。

第三个周期（即新一轮房地产周期），1998 年至今。在国家住房制度改革、商业银行开办住房抵押贷款等业务的推动下，1998 年开始，房地产投资增长率开始回升。

尽管我们并不认为这是唯一的周期划分方式，但有一点可以达成共识，即 1998 年以来，房地产投资增速均超过固定资产投资增速，这明显地反映了新一轮房地产周期的开始。如果就这三个周期作一比较，1998 年以来的本轮周期显得平缓得多，这和整个经济增长周期呈现的特点非常相似，即并没有出现过去的大起大落，而是相对平稳。不过，即便如此，本轮的房地产过热仍是需要密切关注的。

第二节　新一轮房地产周期的驱动因素

对于本轮的房地产周期，值得关注的问题是，房地产业是如何变得过热的，这种过热还会持续下去吗？这里问题的核心在于回答：新一轮房地产周期的驱动因素是什么？这些因素中，哪些是可持续的，哪些又是不可持续的？

由于房地产不同于一般的资产，它兼有实物资产与金融资产的双重特点，因此，对房地产周期的解释就变得更为复杂。而且，房地产周期的驱动因素在不同的经济中也会有所差别。比如，一般认为，在发达经济中，房价的迅速上涨主要来自富余资金的投资需求。近年来，全球股市持续走低，尤其是在美国的高科技股市神话破灭以后，大批资金流出股市，急于寻找合适的投资渠道。传统上，一直较为平稳的房地产市场很快成了这些资金的乐土。这种驱动可以看作是一种“投资组合效应”。同发达国家相比，亚洲一些发展中国家的房价上涨则被认为是政策刺激、需求增长与投资拉动多重因素相混合的结果。

结合中国新一轮的房地产周期，我们认为其驱动因素可以概括为增长面、宏观面和制度面三方面的因素。

一　增长面因素分析

所谓增长面因素，就是由中国经济增长本身所带动的对于房地产市场的影响。

一是城市化。城市化作为增长的引擎，是非常重要的增长面因素。1998年以来，中国存在一个城市化加速的态势。如果把1978年以来的城市化进程划分为三个阶段，通过简单的计算就可以得出：1978—1987年，城镇化率增长了7.4%，平均每年增长0.74个百分点；1988—1997年，城镇化率增长了6.1%，年均增长0.61个百分点；1998—2004年，城镇化率增长了8.41%，年均增长1.2个百分点，这个速度几乎是上一个10年年均增长率的两倍，这充分表明了1998年以来中国城市化的加速。城市人口的急剧增长带来了巨大的住房需求，从而推动了房地产业的发展。

二是居民收入提高。随着经济增长，居民收入水平的提高，2003年人均GDP突破1000美元。个人可支配收入上升以及恩格尔系数的下降，意味着住房支出在增长，住房需求上升。但是，只有人均可支配收入的增加，显然不足以实现购房；只有加上住房消费信贷的支持，住房需求才成为真正的有效需求。

二　宏观面因素分析

宏观面因素主要体现为扩张性的宏观政策与大量外资流入。

1998 年以来，为应对亚洲金融危机的冲击，扩大内需，政府采取了扩张性的财政政策与货币政策，双管齐下，确实起到了非常重要的推动作用。而这种扩张性政策也为房地产过热埋下了伏笔。其一，扩张性财政政策：主要体现在长期建设国债的发行。数据显示，从 1998 年到 2004 年，7 年间中国累计发行长期建设国债 9100 亿元，这部分国债拉动形成的投资总规模为 5 万亿元左右，每年拉动 GDP 增长 1.5—2 个百分点。从而保证了国家集中力量建成一大批关系全局的重大基础设施项目，也带动了房地产投资。其二，扩张性货币政策：主要体现为利率政策与住房消费信贷政策。利率的下降走势，支持了宏观面的增长与过热；住房消费信贷的推进，则对房地产发展有了进一步的推动（见图 6－2、图 6－3）。

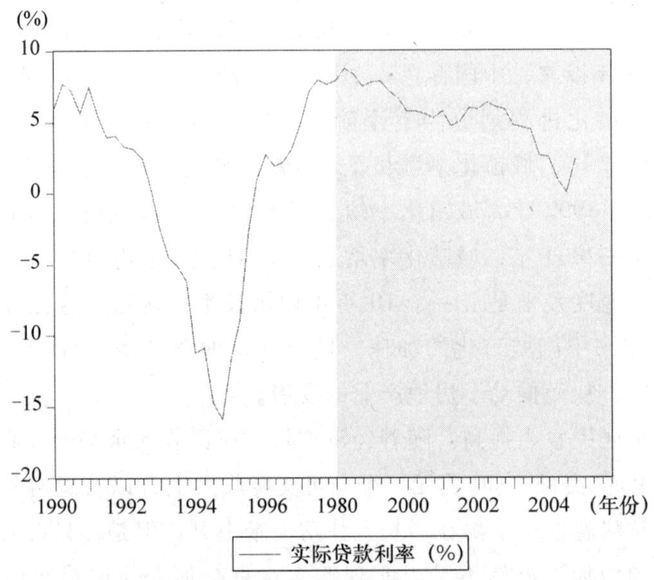

图 6－2　实际贷款利率的变动

资料来源：《中国统计年鉴》。

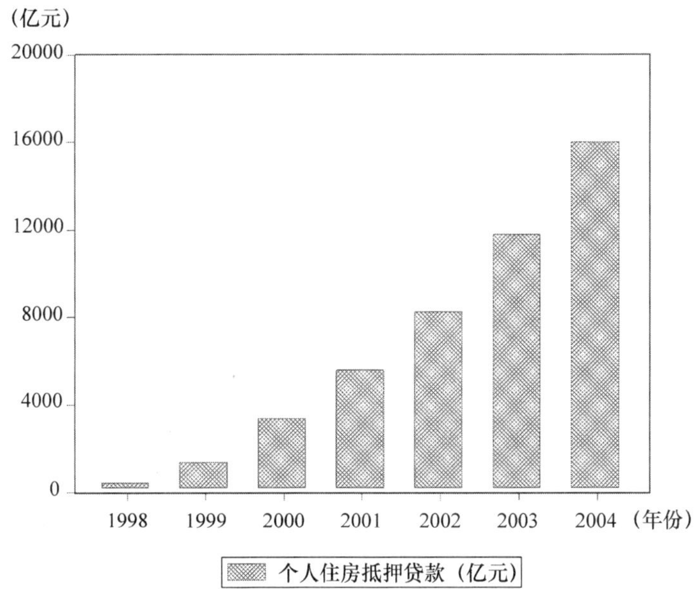

图 6-3 个人住房抵押贷款(1998—2004)

资料来源:中国人民银行。

人民币升值预期下的大量外资流入对本轮房地产周期起到了推动作用。

近年来,外资大量流入,既与中国的高增长有关,也与人民币升值预期相关(张晓晶,2005)。外资进入房地产业,期望至少获得双重收益:一方面,人民币升值带来的收益;另一方面,房地产价格上涨带来的收益。由于数据缺乏,我们难以全面地评价外资对中国房地产业的影响。不过,可以确定的是,外资大量流入是中国经济过热的重要原因,与此同时,它对局部地区的房地产过热也起到推动作用(尽管可能不是最重要的驱动因素)。

境外资金通过多种渠道进入上海、北京等热点地区房地产市场。据人民银行金融市场司调查,上海境外资金占全部购房资金的比例从2003 年第 1 季度的 8.3% 上升到 2004 年第 4 季度的 23.2% 。据人民银行上海分行统计,2004 年 1—11 月,境外资金流入上海房地产市场的总量超过 222 亿元,较 2003 年增长 13.5% ,其中用于房地产开发的约150亿元，占全年房地产开发总额的12.8%；用于购房的外资约70亿元。境外资金购房集中于别墅、公寓等高价位商品房，2005年前2个月，境外资金购买上海单价11000元/平方米以上新建商品住房的面积和金额同比增长47.6%和73%，购买单价11000元/平方米以上二手住房面积和金额同比增长2.8倍和3.1倍（中国人民银行房地产金融分析小组，2005）。

三 制度面因素分析

中国处在发展过程中，很多制度还不完善甚至扭曲。一是体现为投融资渠道的单一化，限制了居民进行有效的资产组合；二是当前的制度框架决定了地方政府行为的扭曲。这些都对本轮房地产周期产生了影响。

（一）投融资渠道问题

作为理性经济人，无论是在发达国家还是在发展中国家，都会通过有效的资产组合获取最大化的收益。在中国，以银行为主导（银行存款在居民金融资产中的占比基本上在七成以上，见表6－1），整个金融市场还不发达，居民缺乏多样化选择的投资渠道。因此，在利率下降、股市低迷、外汇投资管制、债券市场又不发达的情况下，投资房地产成为自然的选择。

表6－1 **居民金融资产构成** （%）

类型	1997年	1998年	1999年	2000年	2001年	2002年	2003年	2004年
手持现金	6.6	6.7	12.1	11.5	11.2	11	10.7	10.5
储蓄存款	76.9	75.5	75.2	69	71.6	73.3	73.7	73.3
债券投资	9.7	10.6	4.9	6.3	5.8	5.7	5.6	6.1
股票投资	5.4	5.5	6.2	9.5	7.7	6.5	6.4	6.5
保险投资	1.4	1.6	0.8	1.6	1.7	1.8	1.8	2
客户保证金	—	—	0.9	1.9	2	1.7	1.8	1.6

资料来源：《中国金融年鉴》；樊纲主编《季度变量跟踪分析》相关各期。

（二）地方政府问题

本轮的房地产周期，地方政府在其中扮演了非常重要的角色。回顾历史上的经济周期，在导致经济“大起”的过程中，从来都有地方政府的影子。地方政府之所以总有这样的投资冲动，核心在于地方政府的考核体制与预算软约束。

在当前的体制下，即财政包干、分灶吃饭的情况下，地方政府不可避免地要追求财政最大化，从而引致增长速度最大化以及投资最大化；加上对地方政府政绩的考核也往往以GDP、财政及就业增长等为指标（现在尽管加上了绿色GDP指标，但存在操作上的困难），使得地方政府总有很强的投资冲动。要素市场化改革为这种政府主导的投资冲动提供了便利，土地收入成为地方“第二财政”。

地方政府预算约束软化的问题，助长了地方政府不计成本、不计后果的扩张行为。这种软约束体现在，地方政府不是一个能够自负盈亏的经济实体，这届政府既可以不对下一届政府的债务负责任，也可以不对下一届政府的财政收入负责任。在地方政府的决策过程中，下一代、下一届政府的利益没有一种体现的方式，没有人在现在的决策程序中代表下一届政府的利益，这些利益没有被纳入当前经济决策的利益均衡关系中来。正因为如此，才会出现本届政府要把今后20年的土地都批出去、把今后20年的建设都集中到现在的5年的现象。

考察本轮的房地产周期，地方政府的“积极”是有目共睹的。低价征地、高价出让，已成为不少地方创造政绩、增加财政收入的捷径；而房地产业的发展，能够带动整个地方经济，包括GDP、财政以及就业等的全面增长。所有这些都为地方政府发展房地产业提供了激励，一些地方政府还在城镇化的幌子下，通过强制拆迁扩大房地产需求。

综合以上驱动本轮房地产周期的增长面、制度面与宏观面三大因素，我们发现以下几点。

其一，增长面因素对于房地产业的发展起着决定性作用。未来较长一段时间，中国仍会保持一个平稳较快的增长，因此增长面因素还会持续下去，如城市化进程不会停滞，人民收入水平的提高及对住房需求的上升也是不可阻挡的长期趋势。

其二，随着市场化的推进，制度面因素对房地产发展的驱动会有所减弱。一方面，投资渠道会逐步拓宽，可供选择的资产将不仅局限于房地产，特别是当前股市出现转机，提供了新的投资机会；此外，债券市场的发展，以及汇率形成机制改变所带来的汇市投资的吸引力增大等，都使得投资组合会更为丰富，不会出现此前“一边倒”地去投资房地产业的情况。另一方面，地方政府行为也在逐步规范化，财政体制改革也在一定程度上抑制了地方政府过度投资房地产的冲动。制度面因素的这些变化，总的来说会使得对房地产的投资与需求逐步回归理性。

其三，至于宏观面因素，目前有很多已经发生了变化，比如：原先的扩张性政策已经转向中性政策；而随着人民币汇率形成机制改革的稳步推进，人民币汇率出现双向波动的风险，对于外资流入房地产业也起到一定程度的约束作用。

总体而言，在驱动本轮房地产周期的因素中，增长面因素仍会在今后较长一个时期发挥作用，其持续性很强，制度面因素的持续性较差[①]，而宏观面因素中有很多已不再持续。鉴于增长面因素对未来房地产业发展起到决定性的作用，经过全面权衡，我们认为：无论是房地产业发展还是房地产价格总水平，在今后较长时期内仍然会处于一个稳中趋升的态势。

第三节　计量分析

为使上述房地产周期的驱动因素分析更有说服力，我们利用相关数据进行计量分析。

建立计量方程的基本思路是：选择衡量房地产发展的指标，如房地产价格、房地产销售面积或房地产投资等作为因变量，解释变量则

① 尽管市场化的推进会使得一般消费者、房地产开发商以及地方政府的行为趋于规范，从而房地产的供给与需求会向理性回归，但房地产业（包括对于房地产业的调控）的市场化要真正实现还有很长一段路要走。

是增长面因素（城市化水平、GDP或城镇人均可支配收入等）、宏观面因素（利率、住房抵押贷款、房地产开发贷款等）与制度面因素（币值预期因素、地方政府行为扭曲因素等）。

一　数据说明

通过中经网、CEIC、中国人民银行及各类统计年鉴等渠道，我们获得了从1992年第1季度到2004年第4季度的时间序列数据（见表6－2）。为分析的方便，我们对一些原始数据进行处理，如g_ housinvest与g_ sales是根据水平数据算出季度同比增长率，以消除季节因素；realrate是贷款利率减去CPI。

表6－2　**数据基本情况**

变量标识	变量含义	平稳性
g_ housinvest	房地产开发投资季度同比增长率	I（1）
g_ sales	商品房销售面积季度同比增长率	I（1）
housloan	住房抵押贷款额	I（2）
devploan	房地产开发贷款额	I（2）
longloan	金融机构中长期贷款	I（2）
totaloan	金融机构各项贷款额	I（1）
totalratio	（住房抵押贷款＋房地产开发贷款）/金融机构贷款额	I（1）
realrate	实际贷款利率	I（1）
reer	实际有效汇率	I（1）
shstock	上证综指	I（1）

注：I（n）表示序列经过n次差分后达到平稳。

考虑到1994年1月1日中国外汇并轨，是一个非常大的结构性变化，它对于整个宏观经济（当然也包括房地产业）都产生了很大影响，因此，我们加入一个虚拟变量 Dummy，取 1994 年 1 月 1 日为 1，其他时间为 0。

遗憾的是，我们非常希望获得的其他指标，如房地产价格、城市化水平、GDP 增长率、人均可支配收入以及衡量地方政府行为扭曲的指标，均没有足够长的季度时间序列。这在一定程度上限制了我们扩大数据样本的努力。

二　计量结果与经济含义

对上述变量进行单位根检验（见表 6 - 2）。将表 6 - 2 变量差分为平稳变量，然后再运用 PcGets 软件进行计量分析（尽可能选用较多的变量和滞后期）。通过多次尝试发现，以房地产开发投资为因变量，各主要统计量（t 值、DW 值、R^2等）都比较令人满意，而且经济含义非常明确。计量结果见表 6 - 3。

表 6 - 3　**PcGets 计量分析结果**　（%）

	因变量	
	名义房地产投资增长率（Δg_ housinvest）	实际房地产投资增长率［Δ（g_ housinvest - cpi）］
Constant	-	-0.09674 (-4.279)
Δreer	-0.01295 (-1.717)	-0.02284 (-3.026)
Δreer_ 2	-0.02694 (-3.502)	-0.02927 (-3.810)
Δrealrate_ 1	0.03437 (3.401)	0.04581 (4.539)
Δtotalratio	0.06976 (2.063)	0.14236 (3.607)
Δtotalratio_ 1	-	0.07020 (1.784)
dummy	-0.51780 (-4.101)	-0.62347 (-4.877)
R^2	0.52301	0.68163
调整后的 R^2	0.48153	0.63822

续表

	因变量	
	名义房地产投资增长率 （Δg_ housinvest）	实际房地产投资增长率 ［Δ（g_ housinvest - cpi）］
DW 值	1.98	2.11
样本期	1992Q2—2004Q4	1992Q2—2004Q4

注：括号内为 t 统计量。

表 6－3 列出了因变量分别为名义房地产投资增长率及实际房地产投资增长率的计量结果。我们发现，以后者为因变量的解释力比以前者为因变量的解释力提高了近 16 个百分点，即调整后的 R^2 由 48.2% 提高到 64.2%。因此，我们将以实际房地产投资为因变量对计量结果进行分析。

第一，实际有效汇率指数变动 1 个单位，则实际房地产开发投资增长率反向变动 5.2 个百分点（即 Δreer 与 Δreer_ 2 两个系数的和）。计量方程中纳入实际有效汇率变量，主要是考虑房地产投资变动对于币值预期的反应，特别是开放条件下外资因素的影响。自 1994 年并轨以来直到 1998 年，实际有效汇率基本上呈现一个上升趋势，这意味着其间人民币存在贬值预期。亚洲金融危机期间，人民币贬值预期尤为严重。贬值预期阶段，大量资金流出，房地产投资的吸引力减弱。考虑到这一期间，中国正处于宏观经济“软着陆”阶段，政府调控因素极大地限制了房地产投资的增长，因而不宜过度强调其间人民币贬值预期对房地产投资的负面影响。不过，1998 年以后，实际有效汇率下降，人民币存在升值预期，无论是国内资金还是国外资金，都认为升值预期会抬高未来的房地产价格，于是大量资金进入房地产，房地产投资高速增长。很多分析指出，外资进入房地产是推动房地产过热的一个重要原因，但未见有说服力的计量检验。我们认为，这里关于实际有效汇率变动对房地产投资影响的分析，就可以看作是外资影响房地产的一个非常有力的证据。

第二，上期实际贷款利率变动 1 个百分点，则导致当期房地产投资增长率同向变动 4.58 个百分点。应该说，实际贷款利率的系数符号与我们预期的相反。根据一般经济理论，实际贷款利率上升，会导致投资下降，因此，二者应该呈反向变动。出现同向变动的结果应作何解释呢？一方面，长期以来，中国的利率还没有市场化，利率作为资金价格，还不能完全反映资金成本；另一方面，中国的投资有很多是政府驱动，房地产投资较少考虑利率因素，甚至在利率上升的时候，房地产投资仍然上升，也就可以理解了。接下来的分析表明，不是利率而是对房地产业的贷款，成为影响房地产投资的重要因素。

第三，房地产贷款占整个信贷比率变动 1 个单位，导致房地产投资增长率同向变动 21.3 个百分点。房地产投资主要受房地产贷款的影响，这恰好反映了银行贷款是房地产投资的主要来源问题。同时，这也反映出房地产投资高增长所带来的金融风险。房地产贷款占整个金融机构贷款的比率，也被称作是房地产贷款的风险暴露。根据本章的计量方程，这个风险暴露越大，房地产投资就越大。二者的密切关系，为后文分析房地产风险提供了有力的依据。

第四，虚拟变量表明，汇率并轨对于房地产投资有较大的负面影响，导致当期房地产投资下降 62.3 个百分点。

上述计量分析区别于其他房地产计量分析的特点是：将实际有效汇率作为一个变量，强调了币值变动预期因素进而外资因素对于房地产投资的影响，这非常符合经济现实，特别是近两年的情况。此外，我们引入房地产贷款占比，强调它在房地产投资中的重要性，并且将它作为房地产风险暴露的一个重要指标来衡量，这在一些研究中也是缺乏的。

第四节　房地产周期与金融稳定

房地产发展离不开金融支持，房地产的周期变动也会对金融稳定产生很大影响。在市场繁荣时，银行信贷资金大量注入房地产，上市公司募集资金也大量投入房地产开发；在市场低迷时，银行资金深陷其中，形成不良资产，房产类上市公司业绩下降。房地产周期对金融稳定的影响渠道体现在：（1）金融发展必须依托于实体经济发展，房地产规模扩张带动房地产金融业务规模的扩张，促进金融创新。比如1998年以来中国房地产信贷的发展成为银行信贷扩张的一个新的“增长点”，房地产贷款不良率较低也是使银行坏账率下降的一个重要因素。（2）房地产市场发展影响金融稳定。1993年中国房地产泡沫的破灭导致出现了很多银行坏账。而亚洲金融危机期间，各国的一个共同特征是房地产价格在经过一段过度上涨后，开始下跌；由于房地产价格陡降，导致从事房地产金融业务的银行出现呆、坏账，银行体系资产质量下降甚至诱发银行危机。在以银行为主导的经济中，房地产金融形式单一，房地产金融的重担几乎全部压在商业银行身上，房地产业各个环节所需资金，如房地产开发贷款、流动资金贷款、施工企业贷款和住房抵押贷款有相当部分来自银行，房地产的市场风险较易转化为银行信贷风险，从而使房地产周期波动中的风险高度集中于银行体系。

本轮的房地产过热，在老百姓看来是房价涨得太高，担心自己什么时候才能买得起房子；而对政府和央行而言，更重要的是，一旦房地产泡沫破灭，将会对金融稳定造成什么样的影响？就目前来说，就是本轮房地产周期在哪些方面会对金融稳定产生负面冲击？我们认为，房地产业的风险可以从消费者、生产者（开发商）与政府角度进行分析，而主要的风险则体现在房地产信贷的风险暴露、政府担保问题以及存贷款期限错配问题。

一　住房抵押贷款（消费者角度）

1998年以来，个人住房抵押贷款既是推动房地产业发展的重要力量，也成为银行业扩大信贷规模和降低不良贷款率的重要手段。中国各银行和监管机构都认为抵押贷款是极好的放贷方式，其资产质量很高。截至2005年第1季度，中国个人住房抵押贷款坏账比率仅为1.5%。相对于原来的国有经济贷款与政府担保的其他形式贷款，个人住房抵押贷款的风险确实要低得多。不过，住房抵押贷款的潜在风险也是不可忽略的。

一种说法认为，由于抵押贷款的推出便利了居民的负债，于是，中国产生了越来越多的“负翁”（即大量负债导致居民总资产可能为负）。这种说法看似有道理，但其实并没有考虑到“负翁”的说法和担心主要是基于一个存量的概念，即居民现有总资产与其总负债的比率。实际上，银行风险的产生更主要是源于流量概念，即在一个时点上，居民的现金流能否支付相应的债务负担。比如每个月的个人可支配收入，能在多大程度上偿还“月供”。如果从流量角度来看，“负翁”的提法及担忧显然是被夸大了。

但这并不是说不需要关注个人住房抵押贷款的风险。首先，个人购房，除了自住性需求，还有投资（机）性需求。据建设部2004 年调查，北京市商品住宅投资性购房比例约 17%，长三角主要城市商品住宅投资性购房比例在 20% 左右。投资需求往往更易受未来收入预期以及其他经济预期（如利率走势）的影响，风险较大。其次，有些购房人是通过各种手段套取不同银行的贷款来实现其投资需求的。[①] 这种类似于欺骗行为的存在，也加大了银行信贷的风险。银行之间资源不能共享，信息调查不灵，给这类人以可乘之机。

二　开发商贷款（生产者角度）

房地产金融存在的问题，即开发商（土地开发与房地产开发）对于银行贷款的高度依赖。有统计显示，中国房地产开发商通过各种渠道获得的银行资金占其资产的比率在 70% 以上。下面具体分析房

① 比如，买房人在申请贷款买房的时候，大都选用开发商阶段性担保加抵押的方式。程序上的某些漏洞很容易被一些投资型买房人利用。如某人从 A 银行贷款买一套 100 万元的房子，按 20% 首付规则，买房人先缴纳 20 万元给 A 银行。原则上买房人在办完产权证后，还款期间，产权是抵押给银行的。但产权证是由办证机关发给个人而非直接送到银行。所以，有的买房人把产权证抵押给 B 银行，这样可以从 B 银行拿到一套房约 70% 的贷款（假定有 70 万元），买房人可以再拿这 70 万元作为另外 3 套房子的首付，以此类推。

地产开发商贷款的潜在风险。

一是土地开发贷款风险。土地整理储备中心所需资金的来源主要有以下几个渠道：市财政拨付一定的启动资金；土地使用权出让金垫资；银行贷款；储备土地的经营性收入等，其中银行贷款是最主要的来源。土地储备中心有高负债经营的特点。中国土地储备贷款2004年底为828.37亿元，综合授信额度更大。这些额度大都是在政府担保的名义下实现的，而实际上，这种政府担保很难有效，因为财政或其他部门担保不符合《担保法》。同时，银行贷款只能以土地储备中心运作的土地使用权作为抵押，但根据现行法规，质押的土地不属于土地整理储备中心。

二是房地产开发企业贷款风险。以北京为例，2000—2002年北京市房地产开发企业平均资产负债率为81.2%，房地产开发企业负债经营的问题较为严重。而全国20家最大的房地产开发贷款大户，其负债比率比北京的平均水平还高。房地产开发企业的高负债经营蕴含着很大的潜在风险（中国人民银行房地产金融分析小组，2005）。

三　房地产信贷风险暴露

房地产信贷可能产生的风险，可以用一个指标，即房地产贷款（个人住房抵押贷款加上房地产开发贷款）占整个金融机构贷款的比重来衡量，这也被称作房地产信贷风险暴露。前面的计量分析表明，正是房地产信贷风险暴露的扩大，推动了房地产投资的增长。反过来，房地产投资的快速增长，必然会导致信贷风险暴露的迅速放大。根据我们的测算，1998年，房地产信贷风险暴露仅为2.9%，2002年上升到10%，到2004年上升到13.5%（见图6-4）。尽管比起亚洲危机爆发前一些国家高达30%—55%的信贷风险暴露来说①，中国目前的房地产信贷风险暴露还不是那么令人担心，但是，鉴于中国银行体系的坏账积累较多，整个金融体系的稳健程度远不及发达市场经

① 1996年，房地产信贷占银行贷款的比重分别为：香港（40%—55%），马来西亚（30%—40%），新加坡（30%—40%），台湾（35%—45%），泰国（30%—40%）。引自Koh等（2004）。

济国家，特别是个别银行的房地产信贷风险暴露比率远超过这一数字，因此，需要高度关注这一风险暴露比率。

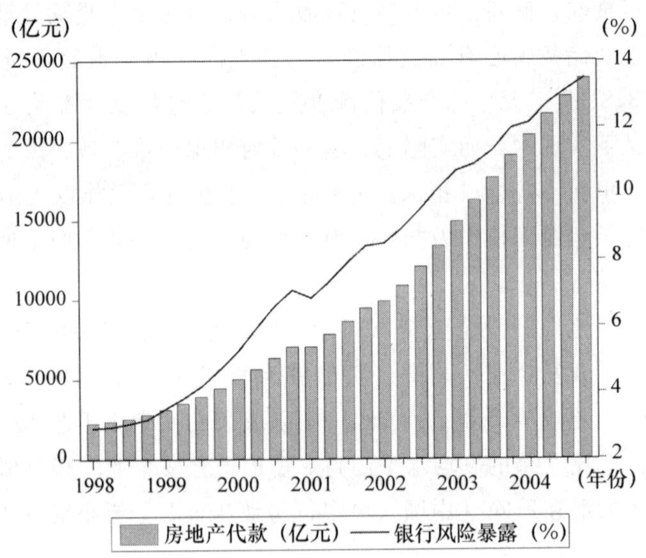

图 6－4 房地产信贷风险暴露

资料来源：中国人民银行。

四 政府担保的潜在风险

1998 年以来，一个突出的现象是中长期贷款的增长迅速（见图 6－5）。这是政府为配合扩大内需所采取的一些措施，如加大基础设施建设以及推进个人消费贷款所形成的。这其中，基础设施建设方面的重大项目贷款，均与政府担保（或政府背景）密切相关。据估计，在金融机构中长期贷款中，80% 以上都与政府担保有关。这些担保，有些是有形的，如地方政府、人大出具担保函；有些是无形的，如政府秘书长说“没事”。

现在很难估算出，在整个房地产贷款中，有多少是与政府担保有关。但至少，前面提到的土地储备整理中心贷款以及大量的与房地产开发有关的基础设施建设贷款，都有相当多的政府担保。那么，一旦政府担保的项目出问题导致银行坏账，由谁来承担责任呢？显然，这些负债最终将成为国家综合负债而加大整个经济系统的金融风险。

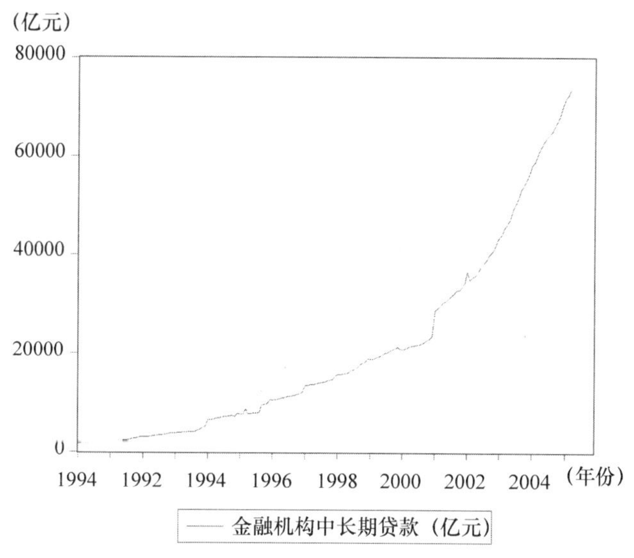

图 6－5　金融机构的中长期贷款

资料来源：中国人民银行。

在中国，很多风险的特征都体现为政府担保风险。比如，土地开发贷款中的政府担保以及固定汇率体制下的政府隐性担保（这一隐性担保 2005 年 7 月解除）。政府信用或担保带来的问题，使这个风险往往是隐性的，不是显性的。而且，对政府的过度“信任”或者对于政府担保的确认，导致银行对这类风险考虑较少，况且，即便出现这样的风险，对银行而言也不是什么大问题，所谓“肉烂在锅里”。这样一种思路，特别是原有体制的痼疾，导致对政府担保贷款的风险意识非常弱。银行加大了有政府担保的信贷发放却忽视了可能的风险。政府担保风险是一个体制上的问题，也是影响将来金融稳定的重要因素。

五 存贷款期限错配问题

商业银行存贷款期限错配，是指商业银行依靠短期存款来为长期贷款融资时产生的期限不匹配问题。如图 6－6 所示，2001 年以来，中长期贷款增速加快，其占金融机构总贷款的比重也不断上升，到 2004 年上升到 40%。中长期贷款占比的迅速上升，很容易产生所谓的期限错配以及由此带来的风险。因存贷款期限错配而引发金融危机，是有前车之鉴的。如 1997 年的韩国，其银行体系借入的大都为短期债务（包括外债），而所支撑的又多为长期投资，因此当亚洲金融危机发生，境外流入韩国的资金骤减，最终使韩国金融跌入流动性陷阱，货币大幅贬值。

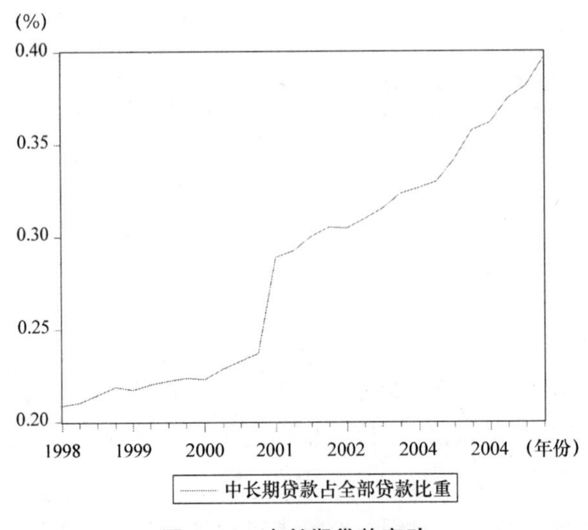

图 6－6 中长期贷款变动

资料来源：中国人民银行。

现在我们要问，中长期贷款何以会迅速上升呢？一方面，中长期贷款中 80% 以上是与政府担保有关的；另一方面，房地产贷款增长显然也是一个重要的解释因素。据图 6－7 可知，2004 年房地产贷款占到整个中长期贷款的 36% 左右。可见，存贷款期限错配问题一定程度上是由房地产周期引起的，这一风险值得密切关注。

综合以上分析，无论是住房抵押贷款风险、房地产开发贷款风险、政府担保风险，还是期限错配风险，归根结底都将首先体现为银行风险，也将最为集中地体现为银行风险（尽管政府担保风险导致国家综合负债上升，但最终可以是一种财政风险）。这突出地表明，新一轮的房地产周期与当前中国的银行稳健经营及金融稳定息息相关。

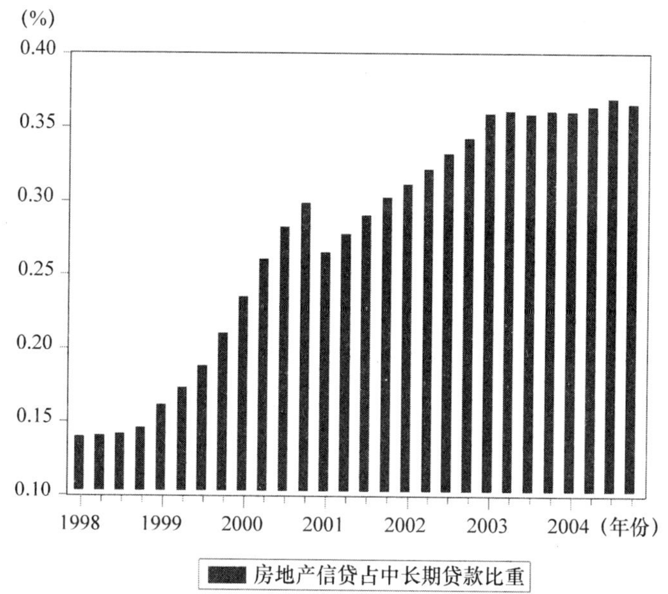

图 6－7 房地产信贷占中长期贷款的比重

资料来源：中国人民银行。

第五节 结论与政策建议

本章考察了中国的房地产周期，特别是新一轮房地产周期的驱动因素；研究显示，增长面、宏观面、制度面因素的综合作用，在今后较长时期内，无论是房地产业发展还是房地产价格总水平，仍会处在一个稳中趋升的态势。

新一轮房地产周期对金融稳定的影响主要体现在三个方面：房地产信贷的风险暴露、政府担保问题以及期限错配问题。所有这些潜在风险，归根结底都将最先体现为银行风险，也将最集中地体现为银行风险。为有效化解房地产业的风险，维护金融稳定，我们提出以下的政策建议。

一　努力解决银行业自身的问题

一方面，银行放贷要更加审慎，这就要求继续完善银行公司治理结构、金融监管和金融生态。另一方面，作为中长期贷款的房地产信贷的上升容易产生期限错配问题。因此，需要促进中长期直接融资的发展；同时，为了逐步化解当前银行中长期贷款占比过高的问题，需要通过资产证券化等手段，使这部分资产流动起来（资产证券化目前已在试点，如建设银行的抵押资产证券化和开发银行的信贷资产证券化）。

二　规范地方政府行为

即逐步纠正作为房地产热重要推动力量的地方政府投资冲动，这要求改变原有的体制模式，改变地方政府的预算软约束及只注重增长的政绩观。唯其如此，政府的扭曲行为才能得以矫正，房地产业投资才会变得更为理性（原来的房地产投资冲动也是一种“理性”，只不过是在预算软约束条件下的“理性”），才会减少由政府扩张冲动引致的周期波动和金融风险。

三　有效监控外资进入房地产业

我们的计量分析显示出实际有效汇率在解释房地产投资增长中的重要性，因此稳定汇率预期显然是有效抑制外资大举进入房地产业的一个重要措施。当前中国汇率形成机制已经改变，特别是汇率不再是单向的变动（如升值），而是存在双向波动的风险，因此，那种试图通过人民币升值而稳获其利的外资进入房地产的激励会受到削弱，但由于升值预期仍然存在，因此，仍然有必要通过资本管制手段有效抑制外资进入房地产业进行投机。从国际经验来看，为防止国民财富流失、抑制房地产炒作，在国际货币基金组织 187 个成员国中，有 137 个成员国对外资投资于房地产进行管制。境外机构和个人购买境内商品房，属于资本项目管理的内容之一。因此，我们可以根据资本项目管理原则对外资进入房地产的交易和汇兑环节进行规范，同时，对房地产项下违法违规资金流出（入）加大查处力度，以抑制投机行为。

第七章　跨境资金流动的实证分析：以“香港路径”为例

第一节　引言

随着经济全球化的推进，跨境资金流动越来越频繁，规模也越来越大。是什么因素影响了跨境资金流动呢？根据新古典理论，资金应该流向收益率最高的地方。在经济全球化时代，资金会在全球范围内进行有效配置。而由于资本的边际收益递减，资金应该流向资本稀缺的地方，这就可以推断出，跨境资金流动应该是流向穷国而不是富国。

但现实情况与之并不一致。来自世界银行的资料表明：2001年，全球FDI存量达到6.15万亿美元，而发达国家就达4万亿美元。2004年，全球FDI流入量为6480亿美元，其中，流入发展中国家达到2330亿美元，所占的份额增至36%，是1997年以来的最高水平。美国保持了FDI最大接受国的地位。另外，国际货币基金组织关于全球证券投资（Portfolio investment）的调查也表明，2001年，全球证券投资存量为12.55万亿美元，其中发达国家吸收的证券投资存量占到全球的近95%，而发展中国家只占5%。与之类似的，中国香港与内地间的资金流向，已从1999年的香港银行对内地净债权转变为香港银行对内地净债务，内地成为香港银行的资金净供给方。2000年以来，香港银行对内地的债务显著上升。2004年7月，净债务增至1122亿港元，是1999年净债务的5倍（香港金融管理局，2005）。

跨境资金流动为什么会出现这种与新古典理论不太一致的趋势呢？Lucas（1990）提出他的一套理论，认为人力资本因素至关重要。由于不发达地区人力资本缺乏，从而资本即使流向那里也不能获得更高的收益率。此外，还有学者从不同角度来解释这个现象。比如政治因素（如政局是否稳定，如一些非洲国家的军政府就是一个重要的制约因素）、制度因素（对于外资是否存在敌意，有没有将外资充公的风险）、投资环境（如政策是否透明、是否优惠，是否存在大量腐败等）、宏观因素（如 GDP 增长率、利率）等。这些因素对于直接投资或者说绿地投资而言非常有解释力的。不过，对于非直接投资，如证券组合投资等，包括一些投机资本，即短期逐利资本来说，影响的因素会有所不同，比如，更关注汇差、利差，以及更关注从风险角度评估一国的投资环境，因为这些短期跨境资本对于风险更为敏感。

影响跨境资本流动的因素，就其实质而言，是风险与收益之间的权衡。资本流动的最终目的也就是获利，而其影响因素，概括起来，除了政治因素、制度因素、宏观因素等一般性因素之外，就短期资本而言，还会受到诸如预期、市场上的谣言、突发事件等因素的强烈影响。本章以中国内地与香港的跨境资金流动为例，分析跨境资金流动的渠道和规模，并运用 1993—2004 年的季度数据进行计量分析，寻找影响跨境资金流动的影响因素，并在此基础上提出相应的政策建议。

第二节　两地跨境资金流动的渠道与规模

香港与内地的资金流动主要是通过贸易和金融这两个渠道；当然还要加上“地下渠道”，即所谓非正规金融渠道。

一　贸易渠道

贸易渠道包括产品和服务贸易渠道（即双边贸易）和人员往来（即旅游）渠道，资金通过该渠道双向流动。从双边贸易来看，两地的进出口总额已从1993年的2500亿港元上升到2004年的8750多亿港元，内地已成为香港的最大出口目的地和进口来源地。香港出口的45%到内地，进口的44%来自内地。近年来，其对内地的离岸贸易规模不断扩大，2004年，香港的转口和离岸贸易总额占GDP的比重达38%。从人员往来（即旅游）来看，2002年，内地当局取消内地居民团组到香港旅游的限制后，内地到香港旅游人数激增，2004年，内地到香港旅游人数近1500万人，在香港的支出为500亿港元，占同期香港旅游收入的60%。2004年，香港赴内地人数为5255.6万人，支出为537亿港元。

二 金融渠道

金融渠道包括两地间投资、内地企业香港上市筹资、两地银行的信贷往来等。

第一，直接投资。两地的直接投资额已从1993年的337亿港元增加到2004年的496亿港元。2004年，香港外来投资的1/3以上来自内地，香港对外投资的50%以上投向内地。内地既是香港的最大投资来源地，也是香港的最大投资目的地，还是香港最大的投资收益来源地。

第二，两地银行信贷规模。本规模可通过香港银行对内地银行的债权债务关系来说明。银行的对外债务指银行对境外非居民实体所须承担的责任，包括境外客户的存款、来自境外的借款以及非居民持有由境外银行发行的股票、证券及资本工具。对外资产指对境外实体的债权，包括外币纸币、对境外实体的贷款与其他信贷、持有由境外实体发行的股票、债务证券及资本对外债务与债权源自整个经济体系的经常账户及资本与金融账户活动。据此标准，根据香港金管局统计数据整理计算，两地银行债权债务总额从1993年的2937亿港元上升到2004年的4960亿港元，2005年前9个月高达到5388亿港元。

第三，股市融资。内地企业在香港股市筹资额已从1993年的151亿港元上升到2004年的254亿港元，2005年前9个月高达287

亿港元。

三 “地下渠道”

两地资金流动的地下渠道即所谓的非正规渠道，是指港澳的兑换店及其与内地非正规钱庄之间形成的资金存汇兑体系，它的存在和发展大大强化了两地资金双向流动的规模。

（一）两地非正规资金流动的方式

根据香港金管局的统计，2004 年底，香港共有 500 家左右兑换店，其中 1/3 经营人民币找换业务，并能提供汇款、兑换等一条龙业务服务。这些兑换店能够将国内的一笔巨额人民币（如 1000 万元）在一天之内汇到香港，并可于当天转换为美元汇往美国。

内地顾客将资金汇到香港的操作方式是：首先，汇款人将人民币存入兑换店所指定的国内一家银行账户（国内客户在存款前，可通过电话咨询香港的兑换店，请其告知内地的存款银行账户）；其次，汇款人将接受存款银行（如中国工商银行）出具的存款单据传真给香港的兑换店；再次，兑换店根据当天的汇率将人民币换成（美元、港元等任何）外币，半小时内收款人凭有关证明（如姓名、汇款人提供的其他一些证据）即可拿到等量的外币资金（美元、港元或其他外币）；最后，兑换店可通过香港发达的金融体系将资金汇到世界各地。

香港顾客向内地汇入一笔美元、在内地收人民币的操作方式是：首先，汇款人将美元交给兑换店，收取兑换店出具的汇款凭据，并将其传真给内地收款人；其次，兑换店通知内地交易方将等值人民币存入内地一家银行的账户；再次，内地银行通知内地收款人取款；最后，收款人凭有关证明取款。

在上述汇兑过程中，兑换店承担了兑换风险，汇款人不承担什么风险（因为有工商银行出具的存单）；收款人也不承担风险，只是届时收款即可。

（二）两地非正规资金流动规模估算

从国际经验来看，现实中通常很难估计两地通过非正规汇款渠道流通的资金规模，更难以准确估计收付双方的资产债务和交易量。然而，以下因素有助于我们判断两地资金汇兑规模。

第一，有关种族联系、文化背景、人口特征或与汇款体系有关国家的“共同知识”。在此方面，香港与内地具有极高的关联度，双方的语言、人口、历史认知度都极其密切，所以两地之间的汇款具有较好的历史人文基础。第二，在海外工作的居民数量，这是私人汇兑的主要来源之一；两地汇兑体系承担着这样的职能，如在港工作的内地人员向内地亲属汇款。但这种汇款数量的规模有限。第三，银行和其他正式金融中介迅速、高效提供汇款服务的能力和成本。与香港相比，内地的金融中介服务水平较低，管制程度较高，两地有着对更高效汇款、兑换服务体系的需求。例如，香港企业向内地汇款支付工资、购买原材料，正规银行体系基本能满足上述要求。这种汇款的规模较大。第四，双轨外汇市场的存在。官方汇率水平与实际汇率水平偏离越多，市场参与者通过非正式体系转移资金的动机越强烈，黑市的风险升（贴）水越高。内地的资本项目管理体制、固定汇率制及人民币升（贬）值预期的存在，决定了黑市风险升（贴）水，进而决定了两地资金通过非正规汇款体系流通的必然性。人民币无论是面临贬值压力还是升值压力，这种黑市资金市场都必然存在，源于此的两地资金流动规模也较大。

以上四大因素决定了两地通过非正规汇款体系进行的资金流通规模。我们通过实地考察了解到，一家兑换店一天内可以从事价值达几百万美元的汇兑交易。假设一家兑换店每天可以汇兑 300 万美元，则 150 多家可以从事人民币汇兑业务的兑换店，1 年内可以汇兑的资金总额高达 150 亿美元（约合 1200 亿港元）。

关于两地跨境资金流动规模，目前国内外尚无这方面的统计，本章依据国际收支平衡表的构成进行粗略估计，即两地资金流动规模 = 双边贸易额 + 双边旅游支出额 + 双边 FDI + 内地企业在香港上市筹资额 + 香港银行对内地的债权债务额。

根据上述方法计算得出的两地跨境资金流动规模（见图 7 - 1），从 1994 年的 7985 亿港元上升到 2004 年的 1.55 万亿港元，占 2004

年内地 GDP 的 10% 以上。狭义的跨境资金流动，一般不包括双边贸易引起的资金流动。即使剔除贸易因素，两地资金流动总规模也从 1994 年的 4749 亿港元上升到 2004 年的 6747 亿港元（图 7-2）。两地跨境资金流动总体上处于上升趋势，但也存在波动。特别是亚洲金融危机之前一直上升，危机后出现下降。2000 年达到一个高点（这和内地企业在香港上市筹资有很大关系）。

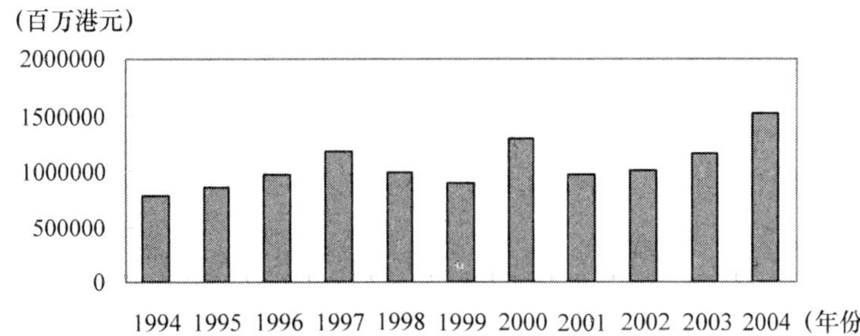

图 7-1　两地资金流动总规模（含贸易）

资料来源：CEIC；香港金管局；香港证券交易所。

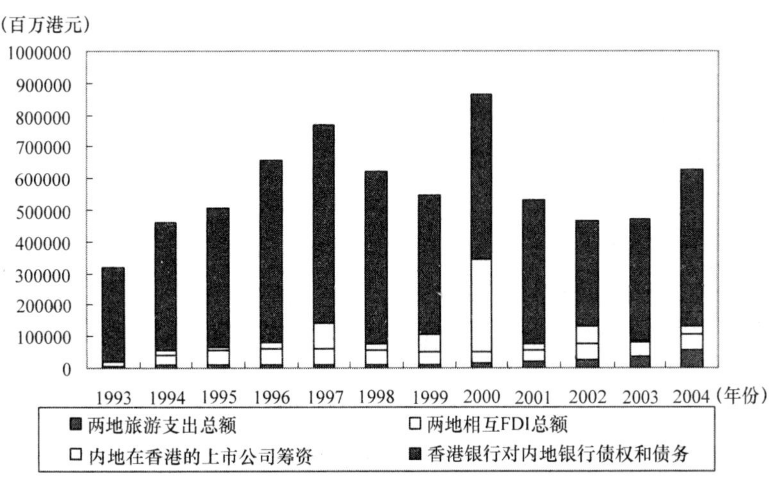

图 7-2　两地分渠道资金流动规模（不含贸易）

注：两地银行间债权和债务额最大，内地企业在香港股市筹资波动较大。

资料来源：CEIC；香港金管局；香港证券交易所。

需要说明的是，在估计两地资金流动规模过程中，由于两地银行间债权债务关系事实上已部分反映了其他资金流动渠道和规模，所以在统计上会存在重复加总的问题。① 因此，对于跨境资金流动规模数字要谨慎使用。这同样也给后文的计量分析带来一些困难。

第三节　两地资金流动的影响因素分析

正如引言所指出的，影响跨境资金流动的因素很多，下面主要从 GDP 增长、人民币币值变动预期、利差、股市表现以及一些制度规则的变化（如香港的人民币业务与 CEPA）等方面，分析香港与内地跨境资金流动的影响因素。

一　两地经济增长

仅从 GDP 增长率来讲，内地的 GDP 增长率要高于香港很多。内地的经济高速增长一直是吸引香港资金的重要因素。实际上，发达国家的资金流向发展中国家（局部而非整体），一个重要的原因也是为了分享发展中国家的高增长收益。

二　人民币币值变动预期

人民币贬值期间，大量资金流出内地。而美元贬值和港元、人民币升值预期则吸引资金流入香港，具体体现在：一是美元贬值使港元投资价值上升。自 2002 年以来，美元不断贬值。由于港元与美元挂钩，美元贬值使港元资产的投资价值上升，港元资产受到追捧，资金流入香港，从而扩大了流入内地资金的潜在规模。二是人民币升值预期吸引外资投向香

---

① 例如，过去几年香港对内地贸易顺差（经调整以剔除对外加工贸易）不断增加，意味着经常项目统计为正，资本项目统计相应为负值，这部分资金可能有一部分又返回投资于内地，形成香港银行对内地的债权。香港对内地的 FDI 形成香港银行对内地的债权；然而，这部分 FDI 的一部分会以资金的形式存放于内地的银行体系，后者又可能再将其中的一部分存放于香港银行，从而使香港银行形成对内地的债务，但债权债务相抵后的数值仍应是香港银行对内地的债权（数额小于香港对内地的 FDI）。

港金融市场。自2003年下半年，人民币升值预期增强。外资流入香港并投资于人民币资产或与人民币紧密相关的港元资产（如购买在港中资上市公司股票），客观上增加了香港的资金存量（见图7-3）。

三　两地股市差异

港股在亚洲金融危机期间跌幅过半，自1998年9月22日开始回升，至2005年已大幅回升。当国际游资预期人民币升值时，会尽可能购买人民币或“人民币资产”。因为目前人民币还不是可自由兑换货币，购买人民币还存在一定的困难，但购买人民币资产则相对容易得多，投资H股就是最便捷的渠道。H股是以美元或港元标价的“人民币资产”，当人民币升值时，以美元或港元标价的H股的价格也相应上升。与此同时，内地股市表现欠佳，内地股市的部分资金转而投向香港股市，加大了两地的资金流动规模。

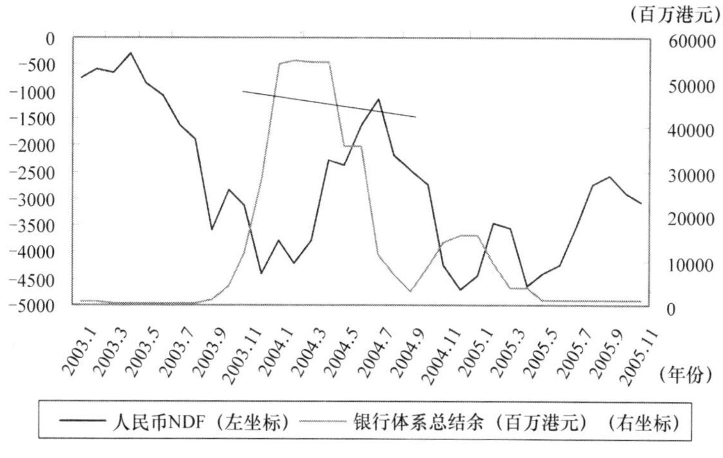

图7-3　人民币NDF与香港银行总结余（2003—2005）

注：2003年中开始，即人民币升值预期增强期间，香港的银行体系总结余大幅增加，银行体系流动性非常充足。

资料来源：香港金管局网站和路透数据库。

四 制度规则变化

制度规则的变化也会影响到两地的资金流动。这里的制度规则变化主要有：人民银行将为香港银行办理个人人民币业务提供清算安排，以及 CEPA 的实施。

随着内地与香港经贸关系的日趋紧密，人民币在港流通和使用实际上已形成一定规模。中国人民银行于 2003 年 11 月 19 日发布《中国人民银行公告〔2003〕第 16 号》（以下简称《公告》），宣布人民银行将为香港银行办理个人人民币业务提供清算安排。自 2004 年 2 月 25 日起，香港银行开始为香港居民办理个人人民币的存款、兑换和汇款三项业务。从 2004 年 4 月底开始，香港银行推出人民币银行卡服务。除上述四项业务外，自 2004 年 1 月 18 日起，内地银行发行的印有银联标识的人民币卡也可在香港使用。2005 年末，清算行（中银香港）在深圳银行存款余额已达 230 亿元人民币，户均存款额超过 5 万元人民币。香港人民币业务的开办，使境外流通中人民币的数量发生变化，增加了中国外汇储备，实现了人民币的跨境流动，人民币银行卡的跨境使用增加了旅游支出，放大了资金流动规模。此外，内地 2002 年推出的 CEPA 安排，极大地推动了两地人员和资金往来，成为两地资金规模进一步扩大的又一动力。

五 两地金融管理制度和发达程度的差异

两地资金规模较大、渠道较多，还与两地金融管理制度和发达程度的差异有关，具体体现在以下几个方面。

第一，香港是贸易自由港，也是亚洲最大的国际金融中心；内地仍然实施资本项目管制，金融体系的内部管理水平仍有待提高。

第二，两地既有合法的正规渠道，也有非法的灰色渠道及黑色渠道，更有前面二者交织在一起的渠道（非正规钱庄或兑换店利用正规的银行体系进行资金转移）。

第三，关于两地非正规资金流动渠道的出现，从内地看，主要源于中国外汇管制体制：汇率制度、银行问题、中小银行发展滞后、利率自由化未完成等因素。而金融体系发达自由的香港的非正规金融则比内地的非正规金融范围小得多，例如，其兑换店就是一种由香港警署监管的正式金融中介，而这种金融存在于内地属非正规金融范畴。因此，香港的非正规金融主要是指灰色金融。而香港的正规金融与内地非正规金融的结合便造就了非正规汇款渠道链条。内地与香港之间的灰色资金流通渠道便成为中国非正规汇款渠道的组成部分。

第四节　计量分析

为了更好地说明通过“香港路径”的跨境资金流动的影响因素，我们运用1993—2004年的季度数据进行计量分析。我们开始选取两地资金流动总规模作为因变量进行回归，结果并不令人满意。随后，我们又分别选取香港银行对内地的债权债务总额以及债权、债务分别进行回归，发现以香港银行对内地的债务作为因变量，结果较好。于是，香港银行对内地的债务成为两地跨境资金流动的代理变量。图7－2也表明，在剔除贸易因素后，香港银行对内地的债权债务在两地资金流动规模中一直占比非常高，从这个角度，以此为代理变量具有一定的代表性。下面是具体的计量分析。

一　数据说明

通过CEIC、IFS、香港金管局网站、中国人民银行及各类统计年鉴等渠道，我们获得了1993—2004年的季度时间序列数据（表7－1）。

表7－1　**数据基本情况**

变量标识	变量含义	平稳性
DLHKBL	香港银行对内地债务总额增长率	I（0）
Difstockh	上海股指环比增长率与香港恒生股指环比增长率之差	I（0）

续表

变量标识	变量含义	平稳性
DLRMBREER	人民币实际有效汇率同比增长率	I (0)
GDPdiff	内地 GDP 增长率与香港 GDP 增长率之差	I (0)
LInteratediff	内地贷款利率与香港贷款利率之差	I (0)

注：I（n）表示序列经过 n 次差分后达到平稳。

需要说明的是，采用 Difstockh（即上海股指环比增长率与香港恒生股指环比增长率之差）的目的，是为说明内地与香港股市差异对两地资金流动的影响。之所以考虑这个指标，是因为在现实中，确实存在当内地股市不好，资金流到香港的情况，反之亦然。另外，2002 年和 2003 年，内地在香港推出 CEPA 政策和香港银行开办人民币业务是非常大的结构性变化，有助于分析制度变化对两地资金流动的影响。因此，我们加入两个虚拟变量 CEPA 和 RMBbusi，取 2002 年和 2003 年分别为 1，其他时间为 0。

二 计量结果与经济含义

对上述变量进行单位根检验（结果见表 7－1）。运用 PcGets 软件进行计量分析。尝试发现，以香港银行对内地债权债务总额增长率为因变量，各主要自变量的统计指标（t 值、DW 值、R^2 等）都较令人满意，经济含义非常明确（计量结果见表 7－2）。

表 7－2 PcGets 计量分析结果

因变量	DLHKBL
自变量	
LInteratediff	0.01327 (3.018)
LInteratediff_ 1	－0.02930 (－5.148)

续表

LInteratediff_ 3	0. 02994 (4. 684)
GDPdiff_ 3	-0. 01540 (-3. 029)
DLRMBREER_ 2	1. 42093 (2. 937)
Difstockh	0. 16765 (-2. 605)
Difstockh_ 2	-0. 08583 (-2. 022)
Difstockh_ 3	-0. 10716 (-2. 605)
RMBbusi	0. 11993 (3. 111)
CEPA	-0. 06147 (-1. 843)
R^2	0. 61937
调整后的 R^2	0. 51861
DW 值	1. 91
样本期	1993Q1—2004Q4

注：括号内为 t 统计量。

表 7 -2 列出了因变量为香港银行对内地债务总额增长率的计量结果。我们对计量结果的分析如下。

（1）R^2为 0. 62，调整后的 R^2为 0. 52。这表明，香港银行对内地债务的变动有 52% 可以由利差、GDP 差、实际有效汇率、人民币业务以及 CEPA 因素得到解释。

（2）利差（内地利率减去香港利率）与债务成正向关系，因为利差的当期、滞后 1 期以及滞后 3 期影响的综合效应是正值。利差上升，资金流向内地，结果应该是香港银行对内地的债权上升，但根据计量结果，却导致香港银行对内地的债务上升。这和直觉不符。但考虑到内地利率并未市场化，这样的结果是可以得到部分解释的。

（3）GDP 差（内地 GDP 增长率减去香港 GDP 增长率）与债务

成反向关系。内地与香港的 GDP 之差上升，意味着内地经济更好，于是更多资金流向内地，则香港银行对内地债务下降。反过来更易理解，即 GDP 差下降，内地经济没有以前好，于是更多资金流向香港，从而债务增加。

（4）REER 与债务成正向关系。即 REER 增长率上升，存在贬值预期时，资金流出内地，香港银行对内地债务上升。或者，REER 下降，存在升值预期时，资金流向内地，债务下降。

（5）股市影响资金流动的效果不是很明显，但净效应是负的，符合经济逻辑。即内地股市好于香港时，资金流向内地，导致香港银行对内地债务下降。反之，香港股市好于内地，资金流入香港，香港银行对内地的债务增加。

（6）人民币业务：人民币业务在香港的推进，导致资金流向香港，香港银行对内地的债务增加，这个正向关系很明显。

（7）CEPA：CEPA 的推行，为香港资金进入内地提供了更多的渠道和更优惠的条件，于是，更多资金涌向内地，从而香港银行对内地的债务减少，呈现负向关系。

以上计量分析表明：两地之间的利差、GDP 之差、人民币升值预期、两地股市差异以及内地对香港政策，是影响两地跨境资金流动的重要因素。

第五节　结论与政策建议

本章通过实证研究，分析了通过“香港路径”的跨境资金流动渠道与规模，并运用 1993—2004 年的季度数据，进一步探讨了跨境资金流动的影响因素，指出两地总体经济增长的表现（GDP 差）、股市业绩（股票收益率）、人民币币值变动预期以及制度规则的变化，是影响两地资金流动特别是香港银行对内地债务的重要因素。鉴于资金跨境流动的“香港路径”已成既成事实，当局一方面对此要有明确的认识，另一方面需要关注由此带来的金融风险并提出相应的应对措施。

一 “香港路径”一定程度上突破了内地资本管制的“防火墙”

我们认为，尽管由于内地的资本管制，资金的跨境流动受到了限制，但“香港路径”的存在，实际上一定程度上突破了这一“防火墙”。因此，通过“香港路径”的大规模跨境资金流动，以及可能造成的对金融稳定的冲击，都需要引起政府的高度重视。

二 内地资金流向香港值得关注

内地资金流向香港（香港银行对内地是净债务），可以促进香港的繁荣，这原本是无可非议的。但是，作为仍然需要资金支持发展的内地，却需要反思：是什么因素导致了资金流出（香港只是流入地之一）。我们的分析表明，内地股市表现的差强人意，以及对人民币币值变动的预期（特别是贬值预期），都是导致资金流出的重要因素。因此，一方面，我们要规范股市发展，让它有更好的表现和更强的吸引力；另一方面，要继续推进人民币汇率体制改革，实现人民币汇率的双向浮动，这样，投机人民币币值单向变动的资金流动就会减少。

三 “香港路径”需要规范

通过“香港路径”的资金有正规的（即通过规范的、合法的渠道），也有非正规的，特别是上述提到的地下渠道，目前应采取疏导的方式，逐步规范“香港路径”。这一方面，要求我们大力疏导和发展正规渠道（如迅速推进香港人民币业务的发展，使两地资金流动尽可能地通过正规银行体系进行）；另一方面，对于地下钱庄以及洗钱行为，要坚决予以打击。此外，由于正规和非正规金融体系都是从对方的缺陷中获得成长空间的，而内地金融管制带来的扭曲又是导致资金通过地下渠道流出的重要原因，所以内地监管部门还要逐步采取措施矫正扭曲，应对正式金融部门中的不足。

第八章　次贷危机对内地与香港股市的冲击

第一节　导言

2007 年夏天爆发的次贷危机，最初只是暴露出美国金融市场机构自身的问题。开始限于美国国内，但很快危机向外蔓延，次贷危机演变成全球金融危机。如果说亚洲金融危机的影响是局部的，美国 IT 泡沫破灭的影响也还没有带来全球性的经济金融动荡，那么，这次发源于华尔街的金融危机所造成的全球性影响却愈演愈烈，不知道什么时候收场。

危机爆发以后，新兴市场经济体与发达经济体之间的关联成为讨论的热点。一些人认为，次贷危机的震中在华尔街，并且介入次贷业务最多、受冲击最大的首先也是那些华尔街的公司和那些金融开放度很高的发达经济体，而新兴市场所受到的影响似乎就没有那么大（王荇芃、吉倩，2008），甚至可以有某种程度上的脱钩。另外，一些人则认为，不断推进的金融一体化加大了新兴市场经济体对外部冲击——尤其是与次贷危机相关的市场信心的逆转——的脆弱性。因此，遥远的美国的次贷危机仍会对新兴市场产生影响（IMF，2008b；IMF，2008d）。

由于经济发展程度、经济结构的不同，发达经济体与新兴市场经济体面临次贷危机的冲击，在表现上一定会有所差异。那么，有什么样的证据能够印证这样一种不同的机制与效应呢？这里，我们就以香港与内地的股票市场为例，来探讨次贷危机期间美国股票市场的冲击效应。

选择香港与内地股票市场是出于这样的考虑：香港是相对发达的经济体，金融市场较为完善，金融开放度也非常高。香港连续多年被评为全球市场自由度最高的地区。而内地，尽管无论从广度还是从深度上看，开放型经济都有了很大的发展，但是在金融开放上，步伐相对谨慎，采取的是渐进的路径，从而金融市场发达程度、开放程度都不够高，具有较为典型的新兴市场的特点。二者是两类不同经济体的代表。此外，香港与内地之间的一体化程度也在逐步提高，这涉及这两个市场之间的关联度和互动问题。因此，对这两个市场的考察，既可以把握次贷危机对这两个市场的影响，也可以关注到这两个市场之间的关联或溢出效应。

与上述分析相关的一个核心问题是，美国次贷危机对于香港与内地的股价变动具有实质性的影响吗？因为无论是内地还是香港，都经历了一段较长时间的股价上涨；而在次贷危机刚爆发的时候，这一上涨的势头还在延续。只是随着次贷危机的蔓延，这两个市场受到的负面影响开始逐步显现。

在上述背景下，本章考察了美国次贷危机对内地与香港两地股票的日收益率以及条件波动性的影响。为了反映美国次贷危机的溢出效应（spillover effect），我们采用了两步法：第一步，我们估计了一组单变量 GARCH 模型（以 UGARCH 来表示）；第二步，我们建立一组多变量 GARCH 模型（以 MGARCH 表示），来进一步识别这种溢出效应的来源与幅度。

无论是单变量模型还是多变量 GARCH 模型的分析结果都表明：（1）内地股票市场并没有免于次贷危机的冲击，所谓的脱钩论是不存在的，这可以从美国股票市场的价格水平与波动性对内地市场的溢出效应得到印证。（2）在股价水平与波动性方面，香港市场比内地市场受到美国市场的影响更大；并且，美国市场历史波动性对香港市场未来波动性的影响要比它对内地市场未来波动性的影响更为持久，这反映了香港作为国际金融中心对外风险暴露更明显。（3）从波动持久性角度看，香港与内地之间的交叉波动程度低于美国与内地之间的交叉波动程度，这种情况的出现主要是因为美国是次贷危机的源头和中心。（4）正如预期的一样，香港与内地股票收益之间的条件相关度要高于它们与美国之间的条件相关度。这意味着香港与内地之间金融一体化程度在提高。

本章在以下三个方面对现有文献有所突破。

（1）据我们的了解，本章是目前第一个尝试用一组单变量与多变量 GARCH 模型来估算美国次贷危机对内地与香港股票市场影响的文献。

（2）本章通过比较内地与香港市场对次贷危机的不同反应，揭示出内地与香港不同的金融开放度以及与外部世界的关联度。

（3）本章的分析对于当局如何制定政策应对外部冲击有一定参考价值，特别是在当前内地资本账户自由化程度越来越高的背景下更是如此。

文章的行文安排如下：第二节揭示内地与香港股市的表现、次贷危机影响内地与香港市场的渠道，以及内地与香港市场的基本特点；第三节简要回顾相关文献；第四节介绍数据特点与方法；第五节概括经验分析及主要发现；第六节提出结论与政策建议。

第二节　内地与香港股市的表现：特征化事实与基本观测

内地与香港股市在面临次贷危机冲击时，到底有怎样的表现呢？

我们首先通过展示 2008 年 9 月 15 日—10 月 31 日这段时间股票指数的波峰与波谷，来比较一些发达经济体与新兴市场经济在股市上的表现。将 9 月 15 日作为起点，主要是考虑到当天雷曼兄弟倒闭，引起了全球性恐慌（见图 8－1 和表 8－1）。

表 8－1　　新兴市场国家股票市场高点和低点

	高点到低点（2007 年 10 月 31 日到 2008 年 10 月 31 日）	雷曼兄弟倒闭期间（2007 年 9 月 12 日到 2008 年 10 月 31 日）
巴西	－43.00	－28.94
中国香港	－55.45	－27.82
韩国	－46.09	－24.69

续表

	高点到低点（2007 年 10 月 31 日到 2008 年 10 月 31 日）	雷曼兄弟倒闭期间（2007 年 9 月 12 日到 2008 年 10 月 31 日）
墨西哥	-35.56	-20.77
南非	-33.00	-20.36
中国大陆	-70.97	-16.87
印度	-50.66	-30.09
俄罗斯	-65.21	-42.36
德国	-37.80	-20.00
日本	-46.48	-26.34
英国	-34.88	-19.19
美国	-37.73	-22.92

资料来源：彭博资讯和笔者计算。

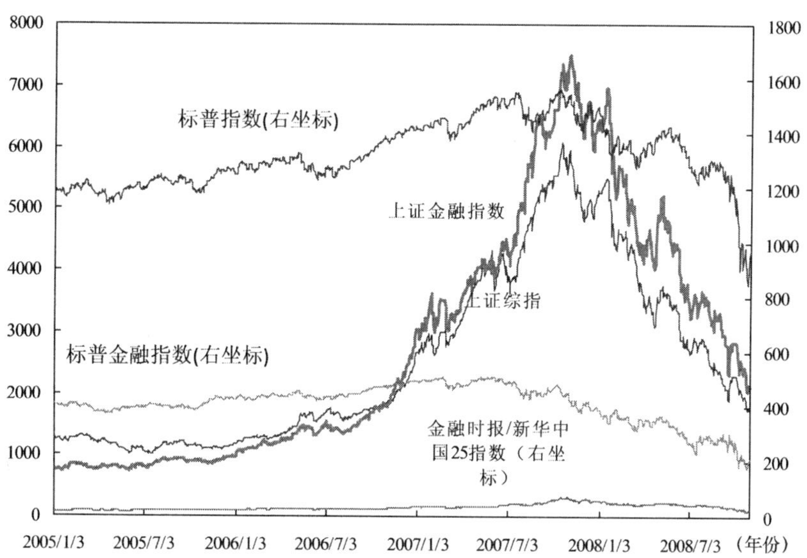

图 8-1A　股票指数走势

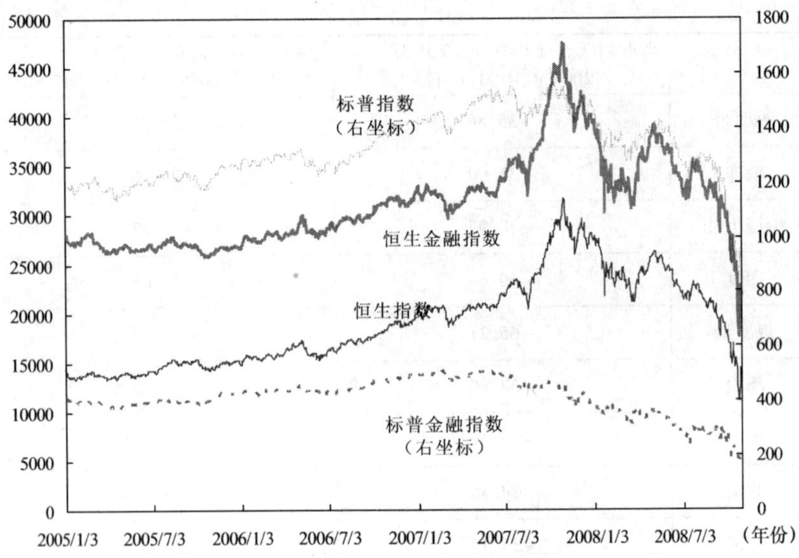

图 8－1B　股票指数走势

资料来源：彭博资讯。

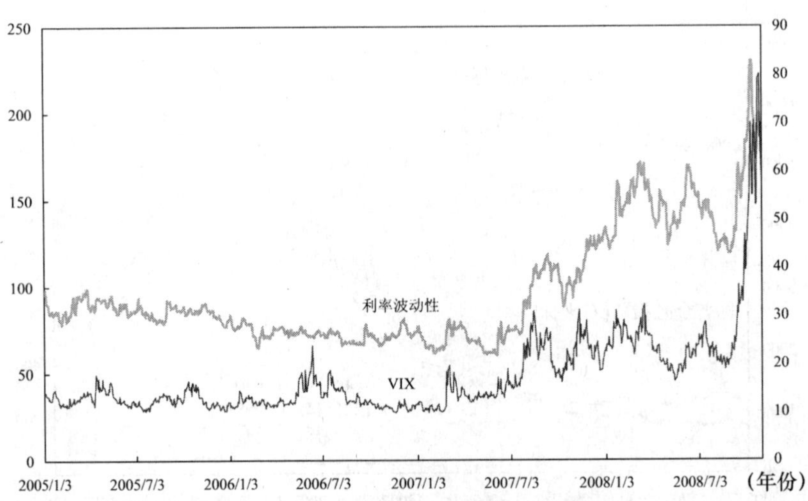

图 8－2　美国金融市场波动性

资料来源：彭博资讯。

比较起来，内地与香港金融体系在应对国际资本市场冲击方面的表现还是相对不错的，这得益于它们在证券化产品方面的风险暴露较小。不过，这两个市场也不可能完全不受影响。如表 8－1 所示，主要发达经济体的股票价格从 2007 年 10 月的高位回落了至少 30%；而内地与香港的股市则跌得更多（分别下跌了 71% 和 56%）。与股票价格下跌一致的是，自 2006 年底以来，美国股市的波动加剧，在 2007 年中期次贷危机爆发以及 2008 年 9 月中旬雷曼兄弟倒闭的时候，波动率明显上升（见图 8－2）。

新兴市场（包括中国内地和香港）与发达市场的这种共振并非偶然，二者之间存在一些传导渠道。以下就是美国次贷危机如何影响到内地与香港市场的一些渠道。

一　直接损失不大，潜在损失不容忽视

由于中国金融开放度还不高，“走出去”的步伐也还不太大，受美国次贷危机的冲击以及由此造成的直接损失有限。中国银行 2007 年年报显示，其在美国次贷危机中共损失约 155 亿元。雷曼兄弟倒闭之后，官方公布中国银行、工商银行、招商银行、兴业银行四家中资银行宣布持有雷曼相关资产及债权共计 3.8 亿美元，其中工行（包括境外机构）持有雷曼相关债券 1.518 亿美元，为四家银行之最，但也只占其总资产的万分之一。据中国银监会的说法，易受此次国际金融动荡影响的中国银行业金融机构的海外机构资产，仅占总资产的 3.7% 左右（2008）。另外，据初步估计，央企海外资产累计超过 1 万亿美元，而其中不少涉及衍生品交易，因此也会有一定的损失。这些如果考虑进来，中国对次贷危机的风险暴露会上升。尽管如此，相比于发达经济体资产损失达到 4 万亿美元（IMF，2009），中国与次贷相关的直接损失则小得多。不过，需要注意的是，直接损失不大，潜在损失却不容忽视，特别是储备资产在美元贬值情况下面临的大幅缩水。目前，中国 2 万亿美元的外汇储备中，约 60% 为美元储备。

尽管香港银行总的次贷风险暴露远低于整个银行资产的 0.5%（IMF，2008a），但还是受到一些冲击。例如，交易对手风险推高了

银行间利率，市场条件恶化阻碍了 IPO 发行，导致本地银行手续费的损失。2008 年 9 月 24 日，关于流动性不足的传闻导致东亚银行出现挤兑。风险规避行为和流动性需求导致避险投资行为增加。高质量的抵押品，如香港政府交易基金票据（Exchange Fund Paper）备受追捧。香港的投资者也遭受了由雷曼兄弟公司倒闭相关的“迷你债券”（Minibonds）的损失。

二 心理打击导致市场情绪悲观

次贷危机的另一个冲击是对投资者的心理打击。如果说在美国接管两房（房利美与房地美）、雷曼兄弟倒闭、美国政府用 7000 亿美元救市计划之前，次贷危机的破坏性还局限在一定范围内的话，那么在这些事件与措施接连出现之后，无论是世界还是中国，对于此次金融危机的严重程度与传染性都有了全新的认识。特别是雷曼兄弟倒闭一度引起全球性恐慌，市场的悲观情绪蔓延。这些心理层面的打击无疑对中国的金融市场（包括股市与房市）以及实体投资都产生了很大的负面影响。

三 资本流动的不确定性

次贷危机对于资本流动的影响呈现两种效应：一种是避险效应，即处于震中的国际资本流向内地与香港市场以避险；另一种是发达国家的信贷紧缩效应，这使得国外资本（比如内地与香港的资本）回流到发达市场以解决流动性短缺问题。比如，2008 年前两个季度，内地热钱流入达到 1300 亿美元，这个数字超过 2007 年全年的热钱流入。不过，到了 2008 年第 3 季度和第 4 季度及 2009 年第 1 季度，又有了 75.6 亿美元、899.9 亿美元及 808 亿美元的热钱流出（见图 8－3）。美国居民的净国外股票交易（作为资本流向内地与香港的指标）表明，自从次贷危机爆发以后，流入香港的资本的波动性加剧（见图 8－4）。而且，资本流动的加剧也可能导致内地与香港股票价格的波动加剧。

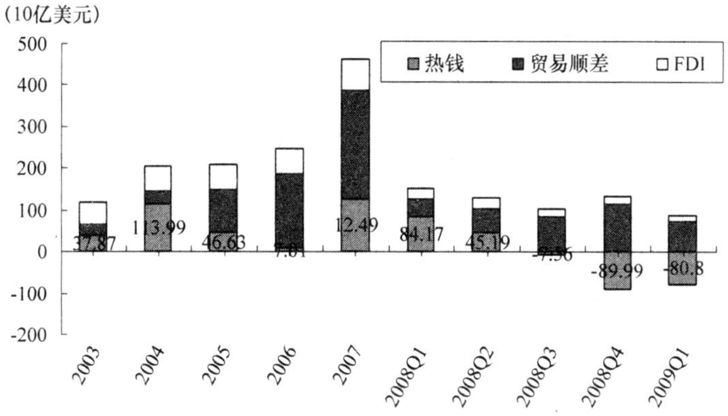

图 8－3　中国内地的热钱流动（10 亿美元）

注：新增外汇储备 = FDI + 贸易盈余 + 热钱。

资料来源：国家外汇管理局。

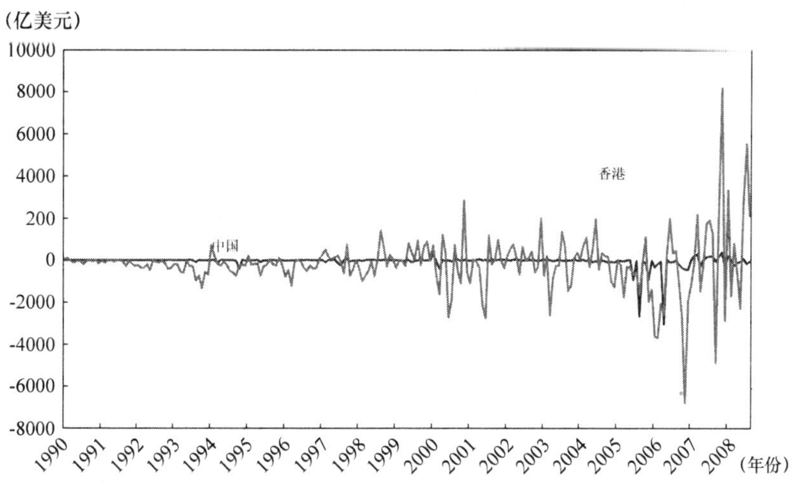

图 8－4　美国居民在中国内地和香港的净外汇交易额

注：这里把美国居民对中国和香港公司股票的净外汇交易作为两地资本流入的替代指标。

资料来源：Haver 数据库；美国财政部。

四　全球增速放缓，外需增长压力加大

过去几年中国经济的快速增长与全球经济增长强劲以及由此带动

的外需贡献是分不开的。统计表明，过去 3 年中国外需（净出口）对 GDP 的贡献率平均为 21.3%。并且，2007 年中国的外贸依存度高达 66.8%。随着次贷危机蔓延，美国经济下滑，全球经济放缓，中国的外需必然遭受冲击。而香港作为转口贸易的中心，也会因内地外需的下降而受影响。而所有这些又会对香港与内地的股票市场产生冲击。

此外，在理解次贷危机的传导渠道时，我们还要关注以下香港与内地市场的特点：

第一，作为内地证券市场上的重大结构性变迁，过去几年推行的股权分置改革极大地促进了内地股票市场的发展。2005 年之前，中国股市还是一种双层结构，即流通股与非流通股并行。大约有 2/3 的上市公司股票是不能交易的，即非流通的，这对于股市的发展产生了较大的负面影响。因为这样一种分割的体制，带来很大的不确定性，人们不知道这些非流通股什么时候会涌到市场上来，从而对于市场的回暖有阻碍作用，对中国股市的总体信用度也有不利影响。达摩克利斯之剑一直悬在头上。为解决这个问题，政府于 2005 年启动了股权分置改革。随着非流通股的逐步上市流通，股票真实的市场价值逐步得以实现，这也导致了 2005 年以来的股价上升（当然，汇率改革也在 2005 年推出，这也有影响）。这一制度性变革是过去几年中国股票市场发展的重要推动力量。

第二，内地与香港市场在开放度上也有很大不同。内地的资本账户仍处在渐进开放之中，对于资本的流动还有这样那样的限制。而香港市场是一个开放的市场，所有的外国投资者发行商都可以进入，并且对于香港居民到国外投资也没有限制。另外，两地的区别还体现在，香港的股票市场与银行部门对于内地股票发行是非常开放的，而内地的金融市场对于香港的机构却是有限开放。“内地与香港关于建立更紧密的经贸关系的安排”（CEPA）推出后内地对香港的开放度有所增加，但还不是完全开放。

第三，随着内地与香港之间的金融一体化程度越来越高，内地的政策选择及金融市场发展对于香港保持其国际金融中心的地位有着重要的意义。一方面，香港在内地资本账户自由化以及金融市场发展中扮演非常重要的角色。另一方面，内地快速的经济增长以及金融市场发展为香港作为主要的国际与地区金融中心竞争力的提高创造了条件。这种双向的互利加剧了双边股市的协动（co - movements）。

第三节　文献检索

关于股票收益率和波动性在不同经济体之间传导的问题，已有许多理论和实证研究。

从理论研究来看，已有一些建立在“预期调整”（revision of expectations）基础上的理论分析。如 Kodres & Pritsker（1998）认为，即使在基本面没有发生变化，市场交易员和不对称信息（feedback traders and asymmetric information）也会通过资产组合调整放大冲击。Calvo（1999）、Calvo & Mendoza（2000）认为，股票市场的协动是由资产管理者的羊群行为造成的。

从实证研究来看，在研究溢出效应时，不同市场股票收益率的相关度是普遍使用的方法之一。例如，在考虑到本国消息和基本面的基础上，Baig & Goldfajn（1999）的研究表明，不同股票市场的相关度可能很大并且很显著。通过分析 12 个转轨国家金融市场上各种潜在的传染渠道，Gelos & Sahay（2000）证明了 1994—1999 年股票市场相关度和金融一体化显著增强。Chan - Lau，Mathieson & Yao 利用极值理论来分析非线性关系和金融市场的传染，发现当股票收益率为负时，传染程度更高（2004）。

除了相关度分析方法外，也有研究利用 VAR 理论来分析溢出效应。例如，Guimaraes - Filho 等人（IMF，2008b）利用各种统计模型包括 VAR 模型，发现从美国到亚洲国家的溢出效应逐渐增大。再如，通过分析发达国家之间溢出效应的来源和规模，Bayoumi & Swiston（2007）得出结论，全球金融环境的变化是溢出效应的主要来源，美国金融环境的稳定有助于全球金融环境的稳定，降低金融市场和经济增长的波动。

此外，也有用GARCH模型来分析溢出效应的。例如，Chan - Lau & Ivaschenko（2003）发现“华尔街病毒”（the Wall Street virus）使美国和亚洲国家股票市场之间的价格溢出效应比较明显，但它们之间的波动性溢出效应不太显著。Booth，Martikainen & Tse（1997）则利用多元EGARCH模型分析了斯堪的纳维亚国家间的股票价格和波动溢出效应，发现股票价格波动的传导是非对称的，坏消息的溢出效应要远大于好消息的溢出效应。Worthington & Higgs（2001）研究了亚洲股票市场股票收益率和波动性的传导机制，并利用MGARCH模型识别溢出效应的源头和规模，分析了发达国家和新兴市场国家溢出效应传导机制的不同。

另外，还有研究溢出效应的其他方法。例如，Jobst & Kamil（IMF，2008c）利用多变量极值理论（multivariate extreme value theory，EVT））来量化不同股票市场收益率的极值，发现在金融动荡时，美国和拉丁美洲股票市场金融传染程度更大。

最后，还有一些关于溢出效应的最新研究成果。例如，国际货币基金组织的2008年10月全球金融稳定报告［Global Financial Stability Report（IMF，2008d）］；Psalida & Sun利用30个新兴市场国家的面板数据，分析了发达国家股票市场向新兴市场国家股票市场的传染渠道，并利用VAR模型分析了一些国家股票价格对外部冲击（市场波动性、流动性、信用风险）的脉冲反应，得出全球性因素已经成为发达国家股票市场向新兴市场国家股票市场传导溢出效应的重要动因。

第四节　数据和方法

本章利用美国、中国内地及香港地区每日股票价格指数，计算股票收益率，即对所有股票价格指数取对数后相减，$R_t = \ln P_t - \ln P_{t-1}$（图8-5、图8-6）。R代表票收益率，P代表股票价格指数。[①]

① 此收益率没有考虑股利因素。

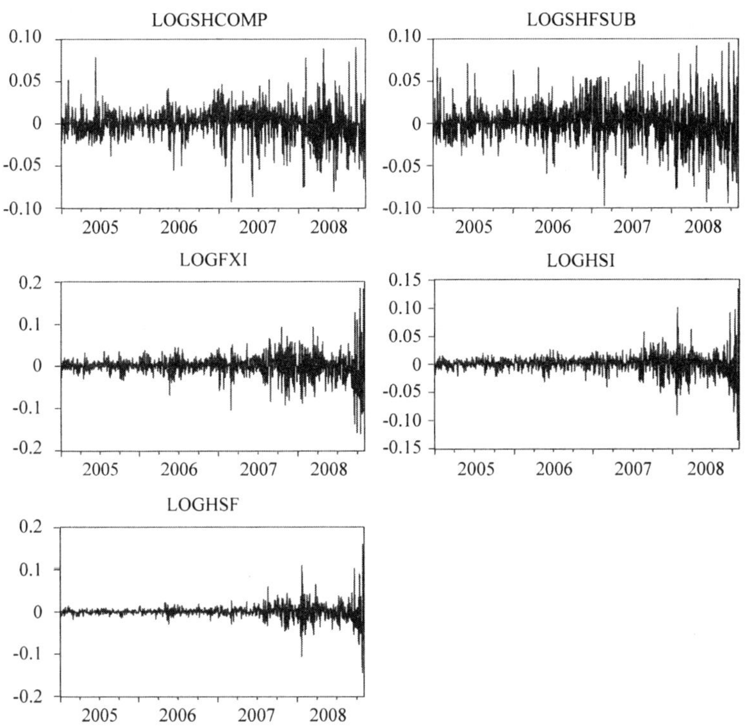

图 8-5 每日股票收益率（2007 年 1 月 1 日到 2008 年 10 月 31 日）

资料来源：彭博咨询数据库；笔者计算。

本章分析目的是考察次贷危机对中国内地和香港地区的股票收益率和波动性是否有重大影响。为控制国内各种宏观经济变量（如货币条件和经济增长）及全球金融市场波动性，我们引进了两组独立变量：一组是中国内地和香港经济金融变量，另一组是全球金融市场波动变量。

参照 Liu，Pauwels 和 Chan（2008）的方法，我们采用了未预期到的国内经济变量或者说反映意外冲击的变量。具体地说，我们衡量意外冲击的办法是看这些宏观经济金融变量的意外变化对股票价格的影响，看宏观经济金融变量公布日时的实际数据和市场预测（预期）数据之间的差别（关于市场预测数据详细见附件）。这些意外变量包括利率差（反映利率平价）、货币供应量（M2）增长率之差、通货膨胀之差和工业生产之差。国际收支对股票价格的影响用内地的贸易盈余增长率和香港的进出口增长率之差来表示。[①]

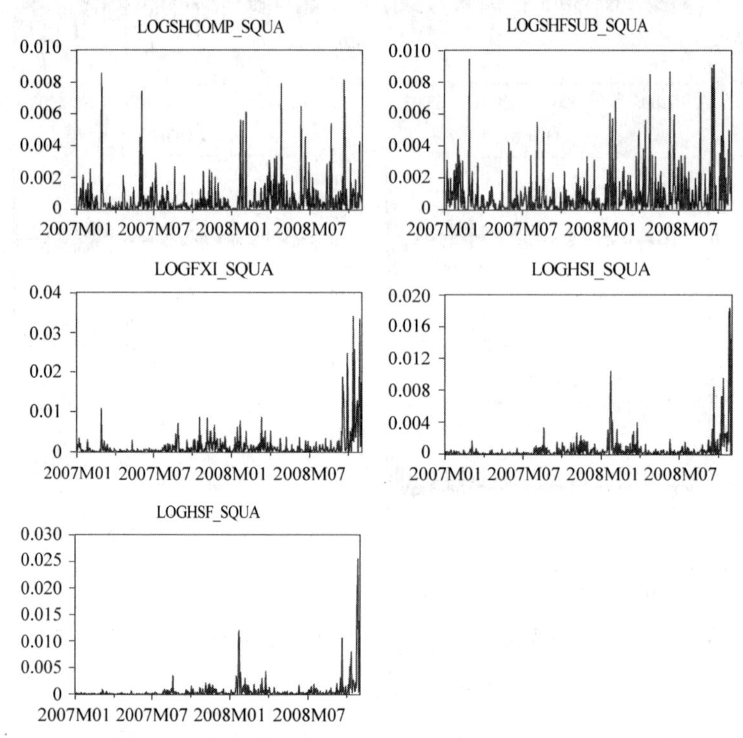

图 8－6　每日股票收益率平方（2007 年 1 月 1 日到 2008 年 10 月 31 日）

资料来源：彭博咨询数据库；笔者计算。

市场预测数据来自彭博咨询数据库和 Consensus Forecast，后者定期对金融机构发调查，请其每月在官方数据披露前对中国内地和香港的宏观经济金融数据进行预测。样本期间为 2005 年 1 月 1 日—2008 年 10 月 31 日。此期间涵盖了次贷危机期间股票指数波峰和波谷。

① 由于彭博数据库中没有香港的经常项目盈余预测数据，我们用香港进出口增长率来反映经常项目盈余情况。

关于全球金融市场指标，我们采用芝加哥商品交易所的波动性指数（the Chicago Board Options Exchange' s Volatility），VIX 和雷曼兄弟公司的利率期权波动性指数（Lehman Brothers Swaption Volatility, LBSPX）[①] 作为反映全球金融市场波动的指标。有关详细国内国际指标见表 8－2。

表 8－2　　**数据来源和变换**

变量名称	变量描述	数据单位	来源	变换
上证综指（LOGSHCOMP）	上证综指	每日指数	彭博资讯	对数之差
上证金融指数（LOGSHFSUB）	上证金融指数	每日指数	彭博资讯	对数之差
iShares FTSE/Xinhua 中国 25 指数（FXI）	iSHARES FTSE/Xinhua 中国 25 指数（FXI）	每日指数	彭博资讯	对数之差
恒生指数（LOGHSI）	恒生指数	每日指数	彭博资讯	对数之差
恒生金融指数（LOGSPXFINL）	恒生金融指数	每日指数	彭博资讯	对数之差
标普指数（LOGSPX）	标普指数	每日指数	彭博资讯	对数之差
标普金融指数（LOGSPXFINL）	标普金融指数	每日指数	彭博资讯	实际数和预测数之差
中美利差（CHNINTDIFF）	中美利差	月度百分比变化	彭博资讯	实际数和预测数之差
港美利差（HKINTDIFF）	港美利差	月度百分比变化	彭博资讯	实际数和预测数之差
中国工业生产（CHNIP）	中国工业生产	月度百分比变化	彭博资讯	实际数和预测数之差
中国货币供应量（CHNMS）	中国货币供应量	月度百分比变化	彭博资讯	实际数和预测数之差
中国 CPI（CHNCPI）	中国 CPI	月度百分比变化	彭博资讯	实际数和预测数之差
中国贸易盈余（CHNTRAVOL）	中国贸易盈余	月度百分比变化	彭博资讯和 Consensus Forecast 数据库	实际数和预测数之差

① 雷曼兄弟公司的期权波动性指数是 1—6 个月加权平均的利率期权波动性指数。

续表

变量名称	变量描述	数据单位	来源	变换
香港货币供应量（HKMS）	香港货币供应量	月度百分比变化	彭博资讯	实际数和预测数之差
香港 CPI（HKCPI）	香港 CPI	月度百分比变化	彭博资讯	实际数和预测数之差
香港贸易盈余（HKTRADE）	香港贸易盈余	月度百分比变化	彭博资讯和 Consensus Forecast 数据库	实际数和预测数之差
市场波动性（VIX）	市场波动性	月度	彭博资讯	水平变量
利率波动性（LBSPX）	利率波动性	月度	彭博资讯	水平变量
次债危机事件（EVENT）	次债危机事件	数量	彭博资讯	水平变量

资料来源：彭博咨询数据库；Consensus Forecast 数据库。

为测试次贷危机对中国内地和香港地区的股票收益率和波动性是否有重大影响，我们采用 GARCH 模型来分析美国市场对中国内地和香港股票收益率和条件波动性的影响。在 GARCH 模型中，有一个股票收益率均值设定和一个条件方差设定（σ_t^2）。

我们建立了两组 GARCH 模型：一组是单变量 GARCH（UGARCH）模型；另一组是多变量 GARCH（MGARCH）模型。两组模型的具体结构如下。

其一，UGARCH 模型。

在我们所建立的 UGARCH 模型中，我们加入了一个次贷危机事件变量，它是一个 0 或 1 的时间序列。如有次贷危机的负面事件，我们就把该天定义为 1，否则为 0。即在 UGARCH 模型中：

事件 =1，如有次贷危机的负面事件；

事件 =0，如没有。

建立这个关于次贷危机事件的 UGARCH 模型的目的，是看中国内地和香港股票市场是否对次贷危机事件作出反应。股票收益率方程等于其自回归变量和其他一些变量。模型的具体结构是：

$$R_t = \text{constant} + \zeta_t R_{t-1} + \lambda X_{t-1} + \phi V_t^f + \phi \text{event} + \in_t \tag{1}$$

其中，R_t是股票收益率，R_{t-1}是滞后 1 期的股票收益率，X_{t-1}是内地和香港的控制变量，V_t^f表示全球金融市场波动性的指标，事件代表次贷危机事件，$\in_t$是误差项。

误差项的条件方差 σ_t^2方程为：

$$\sigma_t^2 = \alpha_0 + \alpha_1 \in_{t-1}^2 + \beta_1 \sigma_{t-1}^2 + \mu event \qquad (2)$$

其中$\in_{t-1}^2$，和 σ_{t-1}^2是 ARCH 项和 GARCH 项（component）。

其二，MGARCH 模型。

在利用 UGARCH 模型分析次贷危机事件对中国内地和香港地区的股票收益率和波动性是否有重大影响之后，我们把美国、中国内地和香港地区的联动效应纳入分析框架，从系统角度进一步看美国的股票收益率和波动性对中国内地和香港地区的股票收益率和波动性是否有影响。

这里，我们引入多变量 GARHC（MGARCH）模型。由于考虑各市场间的互动会比单变量 GARHC（UGARCH）模型更好地分析股票收益率和波动性溢出效应（Tsc & Tsui，2002；Bae，Karolyi & stulz，2003），因此，为进一步分析溢出效应的来源和大小，我们建立几组 MGARCH 模型。

理论上说，MGARCH 模型应尽可能简单并保持一定的灵活性。为本章分析需要，我们采用对角 VECH 模型来把系数矩阵 A 和 B 限制为对角矩阵。其中，系数矩阵是一阶的，它等同于对角 BEKK 模型。该模型设置可以减少估计系数的数量，并保证条件方差矩阵是半正定的（semidefinite）。另外，该模型既可以识别自身波动性的溢出效应，也可以识别跨市场波动性的溢出效应。最后，由于标准误差显示其具有过大峰度（excess kurtosis）特征，故我们假定误差项遵循学生 t 分布（Student's *t* - distribution），以模拟误差项中的厚尾因素（the thick tail in the residuals）。

我们建立的关于美国、中国内地和香港地区的 MGARCH 模型使用数据期限为 2005 年 1 月 1 日—2008 年 10 月 31 日。为检验次贷危机期间的情况，我们还把数据期限缩短为 2007 年 1 月 3 日—2008 年 10 月 31 日。条件预期收益方程的解释变量包括每个市场的滞后 1 期自身收益率。对于中国内地和香港的方程，我们包括了与前文

UGARCH 模型中一样的国内国际宏观控制变量和国际金融市场变量。

$$R_t = \text{constant} + \zeta_t R_{t-1} + \eta R^f_{t-1} + \lambda X_{t-1} + \phi V_t^{\ f} + \in_t \quad (3)$$

$$\sigma_t^{\ 2} = \alpha_0 + \alpha_1 \in^2_{t-1} + \beta_1 \sigma^2_{t-1} \quad (4)$$

（1）式和（3）式的区别是后者有美国、中国内地和香港地区的滞后 1 期自身收益率 R_{t-1}，它们作为溢出效应之源，替代了 UGARCH 模型中的次贷事件变量。

第五节　实证结果

根据前文介绍的方法，我们建立了两组 GARCH 模型。一组是 UGARCH 模型，另一组是 MGARCH 模型。在每组模型中，被解释变量又分两类：一是综合股票指数（如标准普尔股票指数）收益率；二是金融业股票指数（如标准普尔金融类股票指数）收益率（见表 8－3）。

表 8－3　股票日收益率：统计数据

	标普指数	标普金融指数	上证综指	上证金钱员指数	iSharcs FTSE/Xinhua 中国 25 指数（FXI）	恒生指数	恒生金融指数
均值	－0.0002	－0.0007	0.0003	0.0010	0.0003	0.0000	－0.0003
中位数	0.0004	0.0000	0.0003	0.0000	0.0007	0.0004	0.0000
最大值	0.11	0.12	0.09	0.10	0.18	0.13	0.16
最小值	－0.09	－0.17	－0.09	－0.10	－0.16	－0.14	－0.15
标准差	0.01	0.02	0.02	0.02	0.03	0.02	0.02
偏度	－0.14	－0.31	－0.33	－0.07	－0.02	0.12	0.31
峰度	22.05	17.69	6.20	5.06	11.94	16.36	24.00
Jarque-Bera 值概率	15126.82 <0.0001	9004.53 <0.0001	445.01 <0.0001	177.65 <0.0001	3332.30 <0.0001	7435.98 <0.0001	18389.62 <0.0001
总和	－0.22	－0.68	0.31	1.01	0.29	－0.02	－0.25
Sum Sq. Dev.	0.16	0.43	0.39	0.59	0.76	0.31	0.30
观察值数量	1000	1000	1000	1000	1000	1000	1000

资料来源：彭博咨询数据库；笔者计算。

股票指数收益率的自回归方程表明每个股票指数收益率方程都存在自回归情况。ADF 测试表明股票指数收益率的差分是 I（0），股票波动性（VIX）和利率波动性（LBSPX）也是 I（0）（见表 8－4）。Akaike Information and Schwarz 信息标准检测说明方程中有的被解释变量应取滞后 1 期（见表 8－5）。

表 8－4　**有关股价和波动性的统计值**：Augmentted Dickey－Fuller **检验**

变量	ADF Test	判断系数（c，t，k）
iSHARES FTSE/Xinbua 中国 25 指数（FXI）	－39.0***	（c，0，0）
上证综指	－58.8***	（c，0，0）
上海金融指数	－35.1***	（c，0，0）
市场波动性	－4.2***	（c，0，4）
利率波动性	－3.2**	（c，0，1）
中美利差	－1.9*	（c，0，12）
中国 CPI	－9.4***	（c，0，20）
中国工业生产	－11.1***	（c，0，25）
中国货币供应量	－17.8***	（c，0，23）
中国贸易盈余	－26.6***	（c，0，23）
恒生指数	－38.7***	（c，0，2）
恒生金融指数	－36.0***	（c，0，2）
标普指数	－19.5*	（c，0，1）
港美利差	－3.6***	（c，0，2）
香港贸易盈余	－25.1***	（c，0，22）
香港贸货币供应量	－69.9***	（c，0，0）
香港 CPI	－69.9***	（c，0，0）

注：*、** 和 *** 表示在 1%、5% 和 10% 的水平上显著；（c，t，k）表示截距项，趋势项和滞后期。

资料来源：彭博咨询数据库；笔者计算。

表 8－5　　VAR 滞后期选择标准

	上证综指	上证金融指数	iShares FTSE/Xinhua 中国 25 指数（FXI）	恒生指数	恒生金融指数
Lags	1	1	1	1	1
Log likelihood	2524.23	2311.85	2202.56	2624.87	2647.42
Akaike info criterion	－5.03	－4.60	－4.39	－5.23	－5.28
Schwarz criterion	－4.98	－4.55	－4.34	－5.19	－5.23

资料来源：彭博咨询数据库；笔者计算。

中国内地和香港的股票指数收益率平方也存在聚类（clustering）情况。ARCH 测试表明在此利用 GARCH 模型是合适的。股票指数收益率平方的分布呈现较大偏度和峰度，说明误差项呈非正态分布（见表 8－6）。

表 8－6　　股票收益率平方的分布

	上证综指	上证金融指数	iShares FTSE/Xinhua 中国 25 指数（FXI）	恒生指数	恒生金融指数
均值	0.0004	0.0006	0.0008	0.0003	0.0003
中位数	0.0001	0.0002	0.0001	0.0000	0.0000
最大值	0.0086	0.0095	0.0341	0.0184	0.0255
最小值	0.0000	0.0000	0.0000	0.0000	0.0000
标准差	0.0009	0.0012	0.0025	0.0012	0.0014
偏度	5.10	3.98	8.22	9.87	11.31
峰度	35.91	22.76	88.50	121.51	158.74
Jarque-Bera 值概率	49465.32 <0.0001	18910.14 <0.0001	315860.81 <0.0001	601423.76 <0.0001	1031880.16 <0.0001
总和	0.39	0.59	0.76	0.31	0.30
Sum Sq. Dev.	0.00	0.00	0.01	0.00	0.00
观察值数量	1000	1000	1000	1000	1000

一　UGARCH 模型

在每组 UGARCH 模型中，我们采用不同的被解释变量。内地方程分别使用三个股票指数收益率：上证综指、上海金融指数和 FXI 指数。在香港方程中，我们使用恒生指数和恒生金融指数。

下面我们先估计次贷事件对中国内地和香港股票收益率的影响。并以 2007 年 1 月 3 日—2008 年 10 月 31 日数据期为例，说明实证结果。

（一）中国内地

表 8－7 是关于内地的事件方程的实证结果。

表 8－7　　**事件模型的回归结果：中国**

		2007 年 1 月 1 日到 2008 年 10 月 31 日			2005 年 1 月 1 日到 2008 年 10 月 31 日		
		模型 1	模型 2	模型 3	模型 1	模型 2	模型 3
应变量		上证综指	上证金融指数	iShares FTSE/Xinhua 中国 25 指数(FXI)	上证综指	上证金融指数	iShares FTSE/Xinhua 中国 25 指数(FXI)
均值方程	截距项	-0.0035 (0.0081)	-0.0012 (0.0095)	-0.0166* (0.0089)	0.0024 (0.0032)	0.0051 (0.0042)	0.0016 (0.0041)
	每日股票收益率(滞后 1 期)	-0.0576 (0.0565)	-0.0188 (0.0577)	-0.2348*** (0.0518)	-0.0298 (0.0328)	-0.0557 (0.0357)	-0.1233*** (0.0352)
	中美利差	-0.0036** (0.0017)	-0.0030 (0.002)	-0.0043** (0.002)	-0.0012** (0.005)	-0.0012* (0.0007)	-0.0008 (0.0007)
	宏观经济新闻工业生产增长率	0.0002 (0.0045)	-0.0002 (0.0069)	0.0064 (0.0054)	0.002 (0.0008)	0.0001 (0.001)	0.0008 (0.001)
	贸易盈余	-0.007 (0.0035)	-0.0007 (0.0038)	-0.002*** (0.0007)	0.0004 (0.0007)	0.0005 (0.0009)	-0.0003 (0.0006)
	广义货币增长率	0.0028 (0.0081)	0.0001 (0.0099)	0.0073 (0.0117)	0.0015 (0.0052)	0.0021 (0.0078)	0.0010 (0.0043)
	通货膨胀率	-0.0117 (0.0095)	-0.0052 (0.0172)	-0.0168* (0.0088)	0.0002 (0.0057)	0.0019 (0.0095)	0.0052 (0.0047)

续表

		2007年1月1日到2008年10月31日			2005年1月1日到2008年10月31日		
		模型1	模型2	模型3	模型1	模型2	模型3
应变量		上证综指	上证金融指数	iShares FTSE/Xinhua 中国25指数(FXI)	上证综指	上证金融指数	iShares FTSE/Xinhua 中国25指数(FXI)
均值方程	全球金融市场波动 VIX	-0.0297 * (0.0176)	-0.0184 (0.0219)	0.0280 (0.0334)	-0.0286 * (0.0151)	-0.0293 (0.0192)	0.0155 (0.0202)
	利率波动性	0.0053 (0.008)	0.0024 (0.0099)	0.0066 (0.0107)	0.0007 (0.0046)	-0.0008 (0.006)	-0.0039 (0.0057)
	次债事件	-0.0034 (0.0027)	-0.0051 (0.0032)	-0.0042 (0.0033)	-0.0005 (0.00023)	-0.0016 (0.0028)	-0.0044 (0.0032)
	方差方程截距项	0.0001 * (0.0001)	0.0002 ** (0.0001)	0.0000 (0)	0 *** (0)	0 ** (0)	0 *** (0)
	ARCH 项(a)	0.081 ** (0.0358)	0.0962 ** (0.0468)	0.0761 *** (0.0237)	0.0568 *** (0.0098)	0.0326 *** (0.0075)	0.0941 *** (0.0157)
	GARCH 项(β)	0.6677 *** (0.1482)	0.5782 *** (0.1752)	0.8661 *** (0.039)	0.9183 *** (0.0138)	0.9524 *** (0.0129)	0.8579 *** (0.0243)
	次债事件	0.0001 (0)	0.0002 * (0.0001)	0.0002 *** (0.0001)	0 *** (0)	0 * (0)	0.0002 *** (0)

注：被解释变量是滞后1期的股票日收益率。所有方程都是 GARCH（1，1）模型，用最大似然估计法和 Berndt - Hall - Hall - Hausman（BHHH）最大算法。括号内是标准误。

***、**、*分别表示在1%、5%、10%水平上显著。

我们先看截距项和滞后的股票日收益率。上海综指方程和金融指数的截距项都不显著。而 FXI 指数在10%的水平上显著。FXI 的截距项为负，说明给定其他条件不变，FXI 指数每天平均下跌0.02%。另外，滞后1期的股票收益率在 FXI 模型中也显著。FXI 的独特表现可能与 FXI 所列股票都是香港上市公司有关。显然，它们都更易于受到国际市场的影响。

我们看各种宏观经济金融控制变量的影响。利率差在统计上显著，在上证综指和 FXI 方程中，利率差系数为负，说明货币紧缩对控制股票价格上涨有效。大多数其他国内宏观经济金融意外信息变量也是统计上不显著的。这些结果说明，有关国内宏观经济金融的意外信息对内地股票收益率的影响较小。①

我们再看外部冲击对股票收益率的影响。全球市场波动性和次贷事件在三个模型中都不显著。这说明外部冲击对内地股票收益率的影响不大。

UGARCH 模型的方差结果见表 8 - 7 下半部分。我们发现，ARCH、GARCH 和次贷事件的系数都十分显著为正，说明次贷事件增大了上海金融指数和 FXI 指数的条件波动。而且，这些方差方程的系数也为正。另外，在所有情况下，$\alpha_1 + \beta_1$都小于 1，产生正的无条件方差的无限估计。次贷事件在上海综指和 FXI 方程中都十分显著，说明上海金融指数和 FXI 指数对来自美国的外部冲击作出反应。

（二）中国香港

表 8 - 8 是关于香港事件方程的实证结果。它们与内地的结果有些相同之处（如国内宏观经济变量都不显著），但也有一些不同之处。第一，香港方程中的截距项为正，说明给定其他条件不变，香港股票价格平均每天上升 0.01%。第二，香港与美国的利率差别也非常显著，但符号为正。这反映了香港作为国际金融中心，在利率高于美国时，可以吸引资金进入香港股市。第三，VIX 变量在香港方程中十分显著，说明市场波动对香港股票收益率有负面影响。第四，次贷事件变量不仅在方差方程中显著（系数为正），而且在均值方程中显著（系数为负），说明次贷事件对香港股票收益率的水平和波动性都有重大影响。

---

① 其他一些变量可能更有解释力。例如，2005 年开始的股权分置改革对于提高股票市场的资源配置效率和股票价格上升起到很大的推动作用。鉴于本章目的是讨论股价和波动性的国际传导，所以本章对内地股票市场的其他解释变量不作深入讨论。

表 8－8 **事件模型的回归结果：香港**

		2007 年 1 月 1 日到 2008 年 10 月 31 日		2005 年 1 月 1 日到 2008 年 10 月 31 日	
		模型 1	模型 2	模型 1	模型 2
应变量		恒生指数	恒生金融指数	恒生指数	恒生金融指数
均值方程	截距项	0.0108*** (0.0033)	0.0087*** (0.0027)	0.0038** (0.0017)	0.0021 (0.0015)
	每日股票收益率（滞后一期）	－0.0685 (0.0545)	－0.0288 (0.0546)	－0.0232 (0.0376)	0.0238 (0.0356)
	中美利差	0.0047 (0.0018)	0.0052 (0.0016)	－0.0002 (0.0006)	－0.0003 (0.0004)
	宏观经济新闻贸易盈余	0 (0.0001)	0 (0.0001)	0 (0.0002)	0 (0.0001)
均值方程	广义货币增长率	0 (0.0003)	－0.0001 (0.0003)	－0.0001 (0.0001)	－0.0001** (0.0001)
	通货膨胀率	0.0004 (0.0081)	0 (0.007)	0.0039 (0.0038)	0.0029 (0.0029)
	全球金融市场波动 VIX	－0.0439*** (0.0162)	－0.0389** (0.0157)	－0.034*** (0.0106)	－0.0221** (0.0092)
	利率波动性	0.0027 (0.0034)	0.004 (0.0032)	0.0018 (0.0027)	0.0012 (0.0022)
	次债事件	－0.0043 (0.0021)	－0.0037 (0.0019)	－0.0023 (0.0019)	－0.0019 (0.0017)
	方差方程截距项	0 (0)	0 (0)	0*** (0)	0*** (0)
	ARCH 项（a）	0.1556*** (0.0397)	0.1843*** (0.0384)	0.0952*** (0.0176)	0.1174*** (0.0181)
	GARCH 项（β）	0.8068*** (0.0526)	0.7943*** (0.0409)	0.8515*** (0.0292)	0.8327*** (0.0216)
	次债事件	0.0001** (0)	0.0001*** (0)	0.0001*** (0)	0.0001*** (0)

注：被解释变量是滞后 1 期的股票日收益率。所有方程都是 GARCH（1，1）模型，用最大似然估计法和 Berndt－Hall－Hall－Hausman（BHHH）最大算法。括号内是标准误。

***、**、*分别表示在 1%、5%、10% 水平上显著。

二 MGARCH 模型

我们分别利用中国内地、中国香港和美国的综合指数和金融指数，计算了两组 MGARCH 模型。综合指数条件均值方程的估计系数和标准误见表 8－9。

表 8-9 条件均值方程的估计系数：综合指数

	2007 年 1 月 1 日到 2008 年 10 月 31 日						2005 年 1 月 1 日到 2008 年 10 月 31 日					
	美国（i=1）		中国（i=2）		香港（i=3）		美国（i=1）		中国（i=2）		香港（i=3）	
	系数	标准误	系数	标准误	系数	标准误	系数	标准误	系数	标准误	系数	标准误
α	0.00	(0.0004)	0.01	(0.0066)	0.0058**	(0.0026)	0.0005**	(0.0002)	0.00	(0.0028)	0.0038***	(0.0013)
α_{i1}	-0.0868*	(0.0469)	0.2651***	(0.0613)	0.7569***	(0.0465)	-0.0662**	(0.0333)	0.1951***	(0.0445)	0.6051***	(0.0306)
α_{i2}	0.01	(0.0173)	-0.07	(0.0533)	-0.0694***	(0.0265)	0.02	(0.0146)	-0.02	(0.0292)	0.00	(0.0161)
α_{i3}	-0.0531**	(0.0256)	0.01	(0.0513)	-0.04	(0.0397)	-0.0681***	(0.0208)	0.02	(0.0346)	-0.0669**	(0.0276)

注：我们采用常见的 Diagonal VECH 模型。所有方程都是 GARCH（1，1）模型，用最大似然估计法和 Berndt - Hall - Hall - Hausman（BHHH）最大算法。括号内是标准误。

***、**、*分别表示在 1%、5%、10% 水平上显著。

资料来源：彭博咨询数据库；笔者计算。

从美国到香港的价格溢出效应比从美国到内地的更为显著，二者的系数分别为 0.76 和 0.27。这反映出内地的金融开放度低的现实。

本章 UGARCH 模型中的条件方差协方差方程有效地反映了三个市场之间的波动性和跨市场波动性。表 8-10 说明了方差和协方差综和指数方程的估计系数。这些系数定量说明了当期或滞后的自身和跨市场冲击对其他市场的自身和跨市场波动性的影响。

三个市场中的自身波动性都较大且显著，说明存在显著的 ARCH 效应。具体来说，美国的自身波动性系数是 0.04，内地和香港的自身波动性系数分别是 0.13 和 0.16。这些结果与以前的研究——新兴市场的自身波动性的溢出效应一般比发达国家要大（Worthington & Higgs，2001）。从跨市场波动性看，美国与中国大陆及美国与香港地区之间的跨市场波动性的溢出效应分别为 0.07 和 0.08，内地与香港之间的跨市场波动性的溢出效应为 0.15，说明内地与香港之间的跨市场波动性的溢出效应较大。这也从侧面说明内地和香港之间的金融一体化程度不断加深。

关于 GARCH 方程，多数估计系数都显著。美国和香港滞后波动性的系数分别为 0.97 和 0.83，而内地的滞后波动性的系数不显著。这说明介于发达开放金融市场之间的滞后波动性较大。另外，美国与中国及美国与香港地区之间的跨市场波动性的溢出效应分别为 0.40 和 0.90，内地与香港之间的跨市场波动性的溢出效应为 0.37。也就是说，美国市场的过去波动性对香港未来波动性的影响要大于对内地未来波动性的影响，进一步说明香港作为国际金融中心更易于受到外来冲击。另外，介于内地和香港之间的较低跨市场波动性也说明，在跨市场波动性的持续程度方面，美国对内地的影响要大于香港对内地的影响，反映出作为次贷危机爆发点的美国的持续性影响。

条件相关分析表明，美国标准普尔指数和上证指数之间的相关度要远小于美国标准普尔指数和恒生指数的相关度。另外，上证指数和恒生指数之间的相关度在三个市场中是最大的。这些结果说明内地的金融开放度较低，但介于内地和香港之间的相关度已超过与内地及美国之间的相关度，反映出内地与香港的金融一体化程度不断提高（图 8-7）。

表 8 – 10　**方差和协方差方程的估计系数：综合指数**

	2007 年 1 月 1 日到 2008 年 10 月 31 日						2005 年 1 月 1 日到 2008 年 10 月 31 日					
	美国（i=1）		中国（i=2）		香港（i=3）		美国（i=1）		中国（i=2）		香港（i=3）	
	系数	标准误	系数	标准误	系数	标准误	系数	标准误	系数	标准误	系数	标准误
Mi1	0.00	(0)	0 ***	(0)	0 **	(0)	0	(0)	0	(0)	0	(0)
Mi2	0 ***	(0)	0 ***	(0)	0 ***	(0)	0	(0)	0 ***	(0)	0	(0)
Mi3	0 **	(0)	0 ***	(0)	0 ***	(0)	0	(0)	0	(0)	0	(0)
Ai1	0.0408 ***	(0.0094)	0.0733 ***	(0.0162)	0.0808 ***	(0.0144)	0.0385 ***	(0.0068)	0.037 ***	(0.0054)	0.0501 ***	(0.0065)
Ai2	0.0733 ***	(0.0162)	0.1315 ***	(0.0496)	0.145 ***	(0.036)	0.037 ***	(0.0054)	0.0354 ***	(0.0076)	0.0481 ***	(0.0069)
Ai3	0.0808 ***	(0.0144)	0.145 ***	(0.036)	0.1598 ***	(0.038)	0.0501 ***	(0.0065)	0.0481 ***	(0.0069)	0.0652 ***	(0.0105)
Bi1	0.9707 ***	(0.0073)	0.4028 ***	(0.1424)	0.8987 ***	(0.0182)	0.9691 ***	(0.0052)	0.9628 ***	(0.0053)	0.9586 ***	(0.0048)
Bi2	0.4028 ***	(0.1424)	0.17	(0.1182)	0.3729 ***	(0.1364)	0.9628 ***	(0.0053)	0.9565 ***	(0.0092)	0.9523 ***	(0.006)
Bi3	0.8987 ***	(0.0182)	0.3729 ***	(0.1364)	0.832 ***	(0.0329)	0.9586 ***	(0.0048)	0.9523 ***	(0.006)	0.9482 ***	(0.0076)

注：我们采用常见的 Diagonal VECH 模型。所有方程都是 GARCH（1，1）模型，用最大似然估计法和 Berndt – Hall – Hall – Hausman（BHHH）最大算法。括号内是标准误。

* * *、* *、* 分别表示在 1%、5%、10% 水平上显著。

资料来源：彭博咨询数据库；笔者计算。

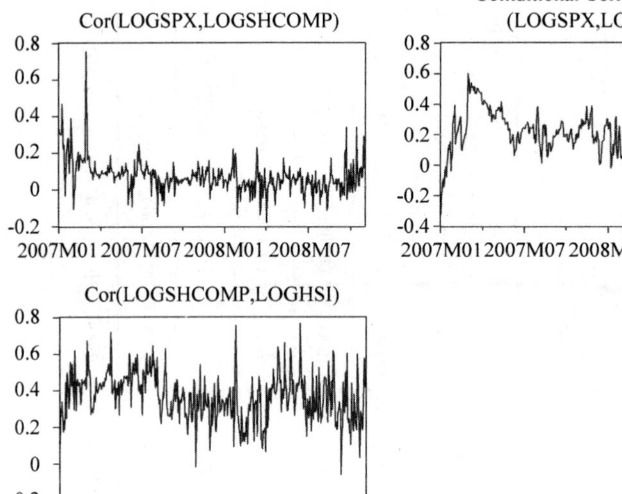

图 8－7　各综合指数的条件相关度（2007 年 1 月 1 日到 2008 年 10 月 31 日）

资料来源：彭博咨询数据库；笔者计算。

为评估这些结果的可靠程度，我们进行了稳健度检测。除了包括各种解释变量和被解释变量外，还调整了样本期间（起始时间从 2007 年推到 2005 年），对 UGARCH 模型和 MGARCH 模型进行了稳健度检测。利用金融类股票指数得出的均值方程和方差方程结果与前面结果类似（表 8－11、表 8－12、图 8－8）。从整体来看，我们的结果对解释变量和被解释变量与不同的样本期都比较稳健（表 8－9 至表 8－12）。

第六节　结论与政策建议

本章发现，无论是从股价水平还是股价波动性角度看，内地股票市场都受到美国次贷危机的显著影响，而香港股票市场在这两个方面所受到的影响则更大一些，并且美国股市的历史波动性对香港未来波动性的冲击比对内地市场未来波动性有更持久的影响，反映出香港的国际金融中心地位更易受外部冲击的影响。此外，美国股票市场的波

表 8-11 **条件均值方程的估计系数：金融股指数**

	2007 年 1 月 1 日到 2008 年 10 月 31 日						2005 年 1 月 1 日到 2008 年 10 月 31 日					
	美国（i=1）		中国（i=2）		香港（i=3）		美国（i=1）		中国（i=2）		香港（i=3）	
	系数	标准误	系数	标准误	系数	标准误	系数	标准误	系数	标准误	系数	标准误
α	0.00	（0.0005）	0.01	（0.0078）	0.00	（0.0027）	0.00	（0.0003）	0.0074*	（0.0038）	0.0027**	（0.0011）
αi1	-0.05	（0.0428）	0.2461***	（0.0423）	0.3353***	（0.0259）	-0.05	（0.0316）	0.2101***	（0.0398）	0.3076***	（0.0183）
αi2	0.02	（0.014）	0.00	（0）	0***	（0）	0.01	（0.0126）	0.00	（0）	0***	（0）
αi3	-0.1591***	（0.04）	-0.01	（0.0525）	-0.05	（0.0389）	-0.0913***	（0.0323）	0.03	（0.0459）	-0.01	（0.0266）

注：我们采用常见的 Diagonal VECH 模型。所有方程都是 GARCH（1，1）模型，用最大似然估计法和 Berndt - Hall - Hall - Hausman（BHHH）最大算法。括号内是标准误。

***，**，* 分别表示在 1%，5%，10% 水平上显著。

资料来源：彭博咨询数据库；作者计算。

表 8 - 12　**方差和协方差方程的估计系数：金融股指数**

	2007 年 1 月 1 日到 2008 年 10 月 31 日						2005 年 1 月 1 日到 2008 年 10 月 31 日					
	美国（i=1）		中国（i=2）		香港（i=3）		美国（i=1）		中国（i=2）		香港（i=3）	
	系数	标准误	系数	标准误	系数	标准误	系数	标准误	系数	标准误	系数	标准误
Mi1	0.00	(0)	0.00	(0)	0.00	(0)	0	(0)	0	(0)	0	(0)
Mi2	0.00	(0)	0**	(0)	0*	(0)	0	(0)	0	(0)	0**	(0)
Mi3	0.00	(0)	0*	(0)	0.00	(0)	0	(0)	0**	(0)	0**	(0)
Ai1	0.0195***	(0.0054)	0.0317***	(0.0086)	0.0468***	(0.0081)	0.0488***	(0.0082)	0.0292***	(0.0042)	0.0584***	(0.007)
Ai2	0.0317***	(0.0086)	0.0516**	(0.0229)	0.0761***	(0.0189)	0.0292***	(0.0042)	0.0175***	(0.0039)	0.035***	(0.005)
Ai3	0.0468***	(0.0081)	0.0761***	(0.0189)	0.1122***	(0.0218)	0.0584***	(0.007)	0.035***	(0.005)	0.07***	(0.0109)
Bi1	0.9919***	(0.0049)	0.9338***	(0.0268)	0.9487***	(0.0087)	0.9615***	(0.0064)	0.9728***	(0.0037)	0.9488***	(0.006)
Bi2	0.9338***	(0.0268)	0.8791***	(0.0499)	0.8932***	(0.0276)	0.9728***	(0.0037)	0.9842***	(0.0034)	0.96***	(0.0055)
Bi3	0.9487***	(0.0087)	0.8932***	(0.0276)	0.9074***	(0.0159)	0.9488***	(0.006)	0.96***	(0.0055)	0.9363***	(0.0099)

说明：我们采用常见的 Diagonal VECH 模型。所有方程都是 GARCH（1，1）模型，用最大似然估计法和 Berndt - Hall - Hall - Hausman（BHHH）最大算法。括号内是标准误。＊＊＊表示在 1% 水平上显著；＊＊表示在 5% 水平上显著，＊表示在 10% 水平上显著。

资料来源：彭博咨询数据库；作者计算。

动性比香港股票市场的波动性对内地股票市场的影响更持久，这反映出美国是次贷危机的发源地。最后，正如大家所预期的，内地与香港之间的关联要超过它们与美国之间的关联，这意味着香港与内地之间金融一体化程度在提高。

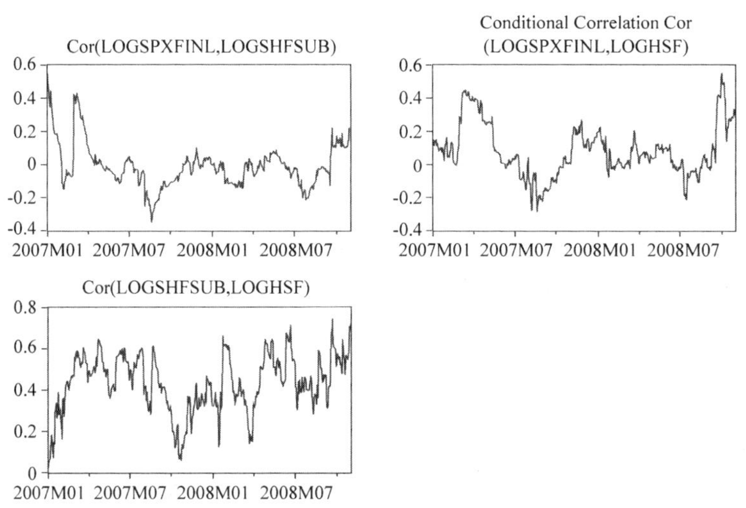

图 8-8 各金融指数的条件相关度（2007 年 1 月 1 日到 2008 年 10 月 31 日）

资料来源：彭博咨询数据库；笔者计算。

（1）没有一个经济体能够完全幸免于次贷危机。我们的回归结果表明了这一点。在这里，尽管内地与香港在次债危机之初受到的直接影响不大，但是随着危机的加剧，各种直接和间接影响便日益体现出来，金融市场很大程度上受到美国货币与金融状况的影响。内地与香港已经越来越深地介入全球金融体系中，当局应该高度关注外部的负面冲击。

（2）密切关注次贷危机的影响从金融领域到实体领域。尽管我们的研究主要关注的是金融层面，即次贷危机对股票市场的影响，但实际上，次贷危机的影响早已从金融领域蔓延到实体经济领域。全球贸易量的萎缩、世界经济衰退，以及由此造成的大量失业与民生问题，都是世界各国所面临的挑战。如何采取更加有效的措施巩固和加快经济复苏，仍是当下各国政府至为紧迫的任务。

（3）国际政策协调的重要性。从美国次贷危机对内地与香港的影响，以及内地与香港股票市场更为紧密的关联，反衬出在经济全球化时代国际政策协调的重要性。1930 年代大萧条的一个重要教训是各国不能协调行动，而是各自为政，甚至采取“以邻为壑”的政策，从而延长了萧条。本轮次贷危机爆发后，各国意识到统一行动与国际政策协调的重要性。通过 G20 峰会、金砖四国峰会等各种平台，各国政府在救市计划、财政刺激方案、避免贸易保护主义以及是否考虑政策退出等方面，尽是做到在方向上保持一致（尽管力度可能有差异），特别是发达经济体与新兴市场经济体之间的这种协调配合更是达到前所未有的高度，这些无疑都成为世界经济更快走出危机的重要条件。

（4）中国对外开放，特别是资本账户自由化需要谨慎推进。随着贸易越来越开放以及越来越多的来自国际市场的金融溢出效应，尽管存在政府管制，但事实上资本账户已经越来越开放了（Prasad & Rajan，2008）。在这样一个自然开放的进程中，政策当局如何加强金融市场以及与之相关的基础设施（如治理结构、汇率机制、监管体系等）来应对事实上的资本账户自由化就变得非常紧迫。一般认为，亚洲金融危机的时候，中国遭受损失较少，原因在于当时中国还不够开放。还有一种说法是，中国没有输掉比赛是因为根本就没有参加比赛。而这次与次贷危机相关的损失较小也和中国金融开放度低有关。这似乎表明金融不开放反而是防范外部冲击的一个保护伞。但事实上，在金融全球化时代，这种令中国与外界有所隔离的有限金融开放，在未来是越来越难维持了（所谓事实上的金融自由化）。因此，问题的关键不在于要停止资本开放的步伐，而是寻找什么样的合适方式和以什么样的速度来推进资本账户开放。

第九章　全球失衡与金融危机：货币霸权的视角

自 2007 年 8 月以来的美国次贷危机，已经演变成全球性金融危机。处在危机中心的发达经济体以及外围的新兴市场经济体，都受到了巨大的冲击；而危机从金融领域向实体经济蔓延的态势仍在扩展，大萧条以来最严重的金融危机正在对过去几年强劲的全球增长周期进行调整，世界性衰退不可避免。

或许，人们对于危机并不陌生，对于危机的发生机制及其后果也似乎早有分析，不过，正统经济学对于危机的深入讨论并不多，一般教科书中也就是做一些专栏而已。因为正统经济学都是假定市场是按常规运行的，而危机是一种极端情况。危机的出现是对正统经济学最大的讽刺和挑战。尽管 Summers（1989）早在 20 年前就对未来更为严重的金融危机作出天才的想象，其设想的危机发生机制及后果与本轮次贷危机有颇多契合之处，但他以为的美国制度性“防火墙”可能会阻止危机从金融领域向实体经济蔓延却有点一厢情愿。作为金融史家的金德尔伯格（2007）对于危机有经典的概括，他的故事性描述现在逐步为 Reinhart & Rogoff（2008a；2008b；2009）等人的大量实证分析所取代。虽然这些时间跨度、地域跨度都很大的历史性研究，对于建立真正的危机经济学很有帮助，但仍然缺乏对于本次危机的深入分析。事实上，当百年一遇的大危机真的来临的时候，人们还是显得准备不足，无论是理论分析还是政策实践都是如此。现在看来，大多数学术研究与政策措施都在试图回答这样几个问题：是什么原因导致了这场危机，它与以往的危机不同，还是只是重复历史？危机是如何蔓延扩散的，各经济体又做出了何种反应？我们怎样才能走出危机？怎样才能避免危机的再次发生？

本章将主要围绕以上几个问题展开。第一节是关于全球失衡到金融危机的历史回顾与文献综述，指出失衡和危机的内在关联；第二节通过构建数理模型来揭示本次危机的制度背景和深层动因，特别强调了国际美元本位或美元霸权在其中扮演的重要角色；最后是全章的总结和政策建议。

第一节　从失衡到危机：历史回顾

一　新世纪以来的全球失衡和全球流动性过剩

全球失衡问题在21世纪以来变得日益突出。一方面，美国经常账户持续恶化，对外净债务不断积累；另一方面，包括中国在内的新兴市场国家和一些石油输出国则持续顺差，积累了大量美元储备。从绝对量上看，中国2007年经常账户盈余3718亿美元，美国2007年经常账户赤字7312亿美元，中国的盈余大体是美国赤字的一半。从相对量来看，中国2007年盈余占其GDP的11.3%，美国2007年赤字占其GDP的5.3%（图9－1）。另外，从图9－1中还可以看出，中国的盈余在2003年前后变得显著起来，美国的赤字从1997年前后即开始迅速恶化。

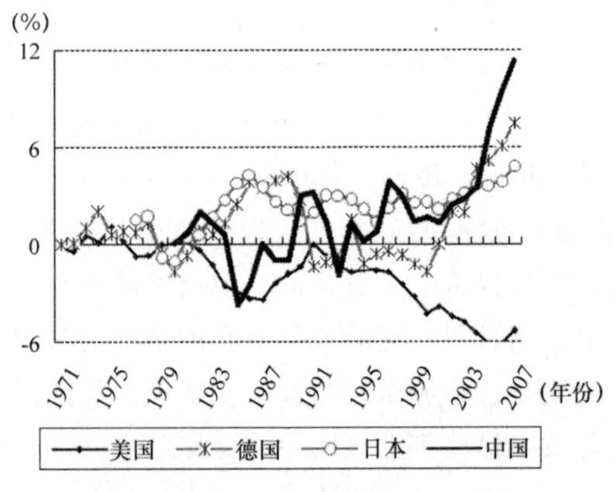

图9－1　经常账户/GDP

数据来源：IMF World Economic Outlook Databases。

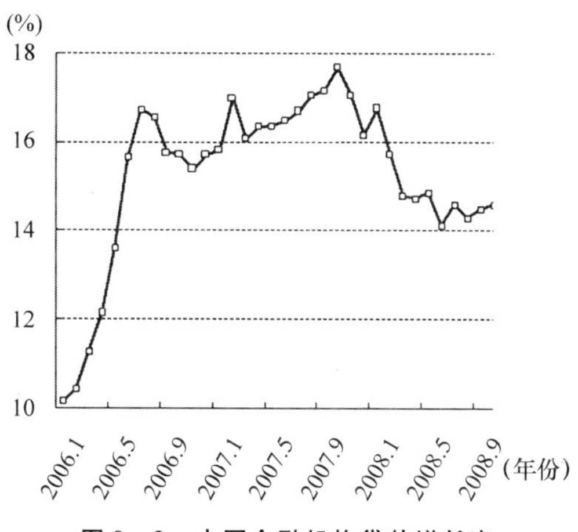

图 9－2 中国金融机构贷款增长率

数据来源：中国人民银行。

除了全球失衡，21 世纪以来另一个值得关注的现象是全球流动性过剩。这主要体现在两个方面。第一，从 1990 年代中期开始，主要发达经济体的实际利率经历了一个持续下降的过程，2005—2006 年，主要国家十年期国债的实际利率大体在 2% 以下。许多机构和经济学家称之为空前的低利率。第二，低利率只是流动性过剩的一个侧面，度量流动性过剩一般是从货币和信贷总量入手。由于在现代金融体系中中央银行创造的高能货币只占货币和信贷总量的极小部分，因此，度量流动性过剩并不容易，存在一定的争议（Rüffer & Stracca, 2006）。摩根斯坦利的研究认为，流动性过剩可以定义为货币总量对名义 GDP 的比值，即“马歇尔 K 值”。他们的研究表明，世界经济在 2002—2006 年出现了明显的流动性高涨，在其推动下，资产价格泡沫不断膨胀，直到 2007—2008 年泡沫破裂（Fels, 2005; 2009）。图 9－2 显示了中国 2006—2008 年金融机构人民币贷款余额的同比增长率。如图 9－2 所示，这一指标在 2006 年中期出现大幅上涨，2008 年开始有所回落，但 12 月又迅速回到以前的高位。2006 年开始凸显的贷款增长过快，部分反映了全球流动性过剩对中国的冲击。2008 年的回落表明此前的一系列紧缩措施开始发挥作用，同时，也不排除其他外部冲击的影响。12 月的迅速反弹应该是政府刺激经济措施的反映。

二 第二次世界大战以来的全球经济失衡——历史回顾

从“新经济”到“大稳定”（great moderation），新世纪以来，美国领导下的世界经济似乎在向人们昭示一个不同寻常的全新未来。然而，互联网泡沫破裂使得“新经济”风光不再，新近爆发的全球金融危机也使得“大稳定”的乐观情绪烟消云散。事实证明，新世纪并没有多么不同。“大萧条”和“滞胀”等字眼最近频繁出现，表明人们已经隐约地看到了当前的经济状况和某些历史事件的相似之处。有历史感的经济学家喜欢在历史中寻找灵感和答案。因为与变动不居的经济现象相比，处在制度层面的那些因素要稳定得多，通过考察这些因素，可以发现那些貌似不同的经济现象的共同本质。

与金融危机一样，全球失衡也不是什么新鲜事物。伯格斯坦（2005：29）在论及全球失衡时指出：“事实上，第二次世界大战以后，这至少是第五次出现类似情形：美元的急剧升值导致经常项目严重恶化，反过来又产生国内贸易保护主义的压力以及越来越深的对美元暴跌的担忧，然后，通过或多或少无序的汇率重新调整和主要国家临时性的措施解决了问题。”伯格斯坦（2005：30）也注意到了这种失衡和国际货币体系的关系：“近年来，如何强化‘国际金融结构’的所有争论都集中在新兴市场经济体的问题上，而忽视了处在该体系中心的国家以及货币。在未来几年中，美国对外经济政策的主要目标应当是研究、提出及讨论国际货币制度的改进，从而减少持续出现严重的货币错位和经济失衡的可能性。”

从第二次世界大战结束到1958年，美国的国际收支一直处在良性的被忽视状态。这一时期，其他主要国家的生产能力在第二次世界大战中受到极大削弱，美国的生产能力反而逐步增强。这些国家都需要大量进口美国商品进行战后重建，因而美国的国际收支一度出现较大规模的顺差，黄金储备也攀上高峰。这一状况下的矛盾是，虽然美元的信用不可置疑，但是美国却不能向世界提供其亟须的流动性，致使出现了美元短缺的情况。这一矛盾主要通过美国的大规模对外援助和赠予获得解决，这中间掺杂着冷战时期的地缘政治因素，体现了美国对其长期战略利益的考量。从 1958 年开始，欧洲和日本的国内生产能力逐步恢复，主要国家间货币也逐渐恢复了可兑换性，前述状况迅速出现逆转。在整个 1960 年代，美国的贸易余额和经常账户仍然保持盈余状态，但是盈余开始缩小，同时，长期资本流动余额赤字导致基本余额出现赤字。这使得美国的黄金储备持续减少、对外债务持续增长，国际收支问题遂演变为恶性的当务之急，为布雷顿森林体系的最后解体埋下了伏笔。①

图 9 - 1 显示了 1970 年代至 21 世纪美国、德国、日本和中国的经常账户变化。其中，在 1970 年代，美国经历了两次比较温和的逆差，对应于德国和日本的相应顺差。整个 1980 年代，美国的经常账户出现严重赤字，而且主要是靠日本与德国来支持。1990 年代初期，美国的经常账户有所改善，日本和德国的顺差也有不同程度的下降。亚洲金融危机以后到进入 21 世纪，除了日本和德国以外，中国及亚洲新兴市场成为支撑美国经常账户赤字的最主要力量，致使美国出现了史无前例的巨额赤字。

关于 1970 年代的世界经济，传统观点认为是两次石油危机导致西方世界出现了“滞胀”。最近，有学者对这一观点提出质疑，认为产生“滞胀”的主要原因是货币总量波动和货币制度变革（Barsky & Kilian，2001；Knotek，2006）。1971 年，在各国政府和公众对美元普遍丧失信心的情况下，尼克松政府最终选择关闭黄金窗口，彻底中止了美元和黄金的可兑换关系。这是国际货币体系的一次重大变革，美国的货币发行自此不再受制于本国的黄金储备。1971 年和 1972 年，美国的货币供给明显增多，M2 增速由 1970 年的 4% 涨至 12% 以上，高于 1960 年代 7% 的平均水平。后三年这一增速有所下降，但是在随后的 1976 年和 1977 年再次达到 12% 以上。同时，美国的经常账户也在 1971 年首度出现轻微赤字，并且在 1972 年、1977 年和 1978 年达到比较显著的水平。在整个 1970 年代，除了德国以外，其他主要

① 关于美国 1960 年代对外失衡问题的详细讨论，可以参考 Eichengreen（2000）。

发达国家都经历了两位数的通货膨胀；除了日本以外，各国的失业率都出现了明显上升，并延续到1980年代中期；同时，各国的经济增长也出现普遍下滑。1970年代的外部失衡并没有引来过多的关注，因为与严重的通货膨胀和失业相比，失衡只是一个次要的副产品。

1980年代中期美国经常账户出现了十分严重的赤字。这一现象的直接原因是美元汇率的大幅升值，在1979—1985年，美元的实际贸易加权汇率上升了70%以上。在这个问题上，至今仍存在两种相互对立的观点。一种观点从美国立场出发，认为主要盈余国日本要对这一失衡负责，因为日本为了促进出口故意操纵汇率，并且日本封闭落后的金融市场导致本国储蓄过剩；另一种观点则从后发国家的立场出发，认为美国的巨额财政支出是导致失衡的根本原因，因为这造成了美国的低储蓄。[①] 费尔德斯坦（2000：58—59）提供了一个从预算赤字到贸易赤字的传导机制，即预算赤字导致实际利率上升，进而使得美元汇率上升，引发贸易赤字。另外，从数据上看，尽管1980年代初有沃尔克的紧缩政策，美国1981—1986年的货币供给增长率并不低，M2的平均增速为9.2%，略低于1970年代10%的平均增速，但是远高于1960年代的7%。这次失衡最终通过美元贬值得以纠正，到1991年美国经常账户恢复平衡，美元实际汇率也大致回到1979年的水平。这次调整中最著名的是1985年的“广场协议”和1987年的“卢浮宫协议”。一些经济学家认为，按照这两个协议进行的国际政策协调，要对1987年美国股市的崩盘和此后的日本资产泡沫负一定的责任。除了汇率而外，美国的财政赤字状况在1987—1989年出现了持续的改善，货币供给增速也从1987年开始下降，并且这一趋势一直持续到1995年。[②]

通过以上回顾可以看出，首先，由于其在世界经济中的特殊地位，在历次全球失衡中美国总是扮演着重要角色；其次，布雷顿森林

---

① 前者又被称为“储蓄过剩”观点，后者又被称为“双赤字”观点。这和最近几年中美之间的争论非常相似。对这两个时期的比较可以参考Ito（2009），这一研究支持“双赤字”观点。

② M2和M3口径。M1的变化比较剧烈，在1992年有一个明显上涨。

体系崩溃后，全球经济运行出现重大变化[①]，美国的经常账户多次出现严重赤字；最后，美国扩张性的货币和财政政策往往是全球失衡的先导。

对于次贷危机的原因，尽管众说纷纭，但总结起来不外乎两种意见（White，2008）：一种是强调本次危机的不同，即一些特别的因素导致了次贷危机，比如归咎于金融创新，大量金融衍生品；另一种则强调危机大同小异，基本的表象与传导机制都呈现出极大的相似性。Reinhart & Rogoff（2008a）考察了过去8个世纪的危机，认为历次危机往往是来自金融中心国家的利率冲击与大宗商品的价格冲击。而这也是本轮次贷危机的特点。Reinhart & Rogoff（2008b）还进一步指出，发达国家与发展中国家，其遭遇危机的频率也较为相似。

目前的讨论中，第一种意见占据主导地位。一方面，许多人对金融创新的复杂性和不透明性早就颇有微词，金融危机提供了发泄愤怒的最佳论据和借口；另一方面，在前人多次跌倒的地方再次跌倒显得顽固而愚蠢，相反，在新事物上犯错误似乎总是可以原谅的。不过，我们更倾向于危机相似说。首先，此次危机精确地复制了以往危机的经典三段论：信贷膨胀—泡沫破裂—债务拖欠；其次，将危机归罪于金融创新多少有些像把郁金香热归罪于郁金香。正确的理解似乎是，金融创新并非爆发危机的根本原因，但是它加速了危机的扩散和蔓延，加深了危机的破坏程度。

至此，寻找危机根本原因的探讨把我们引向此前的全球失衡和与之相伴的全球流动性过剩，而探讨全球失衡又会最终把我们引向第二次世界大战以来整个国际货币体系的发展和演变。因此，思考和分析此次金融危机，有一远一近两个参照点需要特别关注。往近了说，就是要细查此前的全球失衡；往远了说，就是要弄清布雷顿森林体系确立以来以美元本位为特征的国际货币体系。

---

① 至少有三个重要变化值得关注：（1）汇率波动变大、持续性增强、与实体经济的关系减弱；（2）金融危机和经济危机频发（金德尔伯格，2007；Reinhart & Rogoff，2008）；（3）美国对外债权债务的净收益显著增大，使得美国从世界的银行家转变为世界的投机资本家（Gourinchas & Rey，2005b）。

第二节 文献综述：传统观点与新见解

关于全球失衡，21 世纪以来出现了大量研究文献。如 Bernanke（2005）的全球储蓄过剩观点，Dooley 等人（2002）最早提出的布雷顿森林体系Ⅱ的观点，Hausmann & Sturzenegger（2005）的金融暗物质观点，Noubini & Setser（2004）的最悲观论调以及 Caballero 等人（2008a）的全球“硬资产”短缺观点，等等。这里重点介绍一下几个有代表性且颇富启发性的观点。①

Obstfeld & Rogoff（2000）较早指出了美国经常账户赤字的不可持续性和相应调整带来的影响。在随后的系列研究中（Obstfeld & Rogoff，2004；2005），他们进一步完善了理论框架，并且强化了以前的观点。他们认为，美国经常账户赤字发生突然逆转的可能性越来越大，这种调整将会使美元实际汇率急剧大幅贬值，从而给世界经济带来巨大风险。他们的研究没有深入探寻失衡的根本原因，也没有注意到与此相伴的流动性过剩问题，因此，他们没有预料到最终的调整会以资产价格泡沫破裂和金融危机开始。Blanchard 等人（2005）将美国的经常账户赤字归咎于两大因素：美国对国外产品的需求上升；国外对美国资产的需求上升。他们的模型显示，这两个因素的变动可以解释美国经常账户和美元汇率的变动。他们也探讨了美元汇率急剧贬值的影响，认为这对美国经济造成的损害不大，相反，会对欧洲和日本经济造成很大的负面冲击。

总之，许多研究从传统观点入手，主要关注美国经常账户赤字和外债积累对美元汇率的潜在影响，而没有关注流动性过剩对资产价格的影响。目前来看，引发危机的是全球流动性过剩的资产价格泡沫，

① Bagnai（2008）在最近的研究中指出，探讨全球失衡问题有三个不同的视角：（1）储蓄—投资方法，通过考察失衡国家国内的储蓄和投资来解释全球失衡；（2）国际收支或弹性方法，通过考察汇率和贸易流来解释全球失衡；（3）全球资产组合方法，通过全球金融资产存量的变动来解释全球失衡。从这一划分出发，Bagnai 对相关文献作了一个比较全面的综述。本章模型主要采用全球资产组合方法来构建。

而不是美元实际汇率的急剧贬值。

尽管理由可能有所不同，有不少经济学家都对全球失衡的可持续性持悲观态度，但也有少数乐观派。例如，Cooper（2006）认为，美国的巨额赤字至少还会持续一二十年，而且不会处于令人担心的境地。全球化是人们进行跨期交易的自然结果，人口变动特别是老龄化会使储蓄增加直到其高峰过后，因此，所谓的“全球不平衡”是不存在的，这种不平衡并不是非均衡的状态。Dooley 等人（2002；2004a；2004b）则指出，亚洲的固定汇率区域作为新的外围，重建了以美国为中心的布雷顿森林体系。在这一体系中，外围国家通过低估汇率、资本管制和国家资本输出，实行出口导向型发展战略。国家资本输出是以积累中心国家储备资产的方式实现的。外围国家之所以愿意持有低收益储备资产，是因为其国内资本市场效率低下，需要以FDI 的形式利用中心国家的资本市场。储备资产可以看作是一种国际抵押，为中心国家的私人投资进入本国提供担保，这对应于中心国家的经常账户赤字。这种战略的成功实施将使得外围国家的经济发展逐步接近中心国家，并最终实现金融自由化，进入中心国家的浮动汇率体系。继 1960 年代的欧洲、1980 年代的日本和今日的亚洲新兴经济体之后，在可以预见的将来还有很多国家要重蹈这一发展战略覆辙。因此，美国的经常账户赤字是成功的国际货币体系的基本特征，是健康的和可以持续的。这一研究主要从外围国家切入，没有充分关注中心国家在这一过程中获取的额外利益，以及中心国家的经济政策会对全球经济造成的其他风险。金融危机的爆发粉碎了这种乐观论调，事实证明，所谓布雷顿森林体系Ⅱ的稳定性和可持续性值得怀疑。然而，虽然这一研究没有做出正确的预言，但是研究视角还是富有启发性的。也就是说，探讨此次全球失衡要有历史纵深，要关注国际经济的制度层面，即国际货币体系的发展和演变。

Caballero 等人（2008a）是少数将全球失衡和全球流动性过剩的关联模型化的研究之一（以下称 CFG 模型）。他们提出了两个关键假设：不同国家的经济增长率不同；不同国家的金融资产供给能力不同。他们的模型包括三个国家：U（美国）、E（欧洲和日本）和 R

（其余经济体）。其中，U 和 E 有提供“硬资产”（hard assets）的能力，在吸收全球储蓄方面是竞争关系，R 则不具备这种能力；R 的经济增长强劲，有大量剩余储蓄，E 的经济增长慢于 U。模型显示，如果 E 的经济增长越慢，或者 R 的资产提供能力越弱，则 U 的经常账户赤字就越大，其资产在全球资产组合中所占比例也就越大，全球的利率水平也就越低。这一研究建立了失衡和流动性过剩之间的关联，即二者是全球经济结构变化的共同产物。随着国际金融危机的爆发和蔓延，Caballero 等人（2008b）对上述模型进行了扩展，重点探讨流动性过剩如何导致了资产价格泡沫和大宗商品价格的剧烈波动。CFG 模型非常精巧，也对现实经济做出了有参考价值的解释。然而，模型本身也存有不足之处。首先，研究者对模型中最关键的“硬资产”假设没有做出令人信服的论证和说明，各国在资产提供能力方面存有差异，除了金融市场效率等因素外，是否还和货币的国际地位有关；其次，U 和 E 在资产提供方面的竞争关系值得怀疑，这意味着如果 E 的经济增长快于 U，那么 E 就会取代 U 而成为经常账户赤字国；再次，模型主要解释本次全球失衡，而没有涉及历史上的其他几次失衡，是否所有失衡都源于各国的增长率差异和资产提供能力的差异；最后，由于模型中没有货币，使得模型只能从利率的角度刻画流动性，这就忽视了货币供给对经济的巨大影响。

McKinnon（2005）的研究为我们思考上述问题提供了非常有价值的参考，他将全球失衡归咎于国际美元本位。由于历史原因，国际产品贸易和资本流动主要以美元计价，这使得美国成为“唯一可以有本国货币巨额负债的国家，它不易遭受债务以外币定值的其他国家一般会遭到的风险”。这种情形下，美国国际借款面临的是软约束，这最终造成了美国的低储蓄率。因此，与其说美国可以提供“硬资产”，不如说由于美元的特殊地位，美国面临的是国际借款的软约束。

第三节　失衡与危机的大国模型：货币霸权视角

这部分的讨论以 CFG（Caballero et al.，2008a）模型为基础，利

用剑桥方程式引入货币，利用购买力平价引入汇率，构建一国货币为国际本位货币的两国模型。模型主要讨论存在国际货币体系中心国家情况下的全球失衡问题。由于外围国家会持有中心国家货币，中心国家可以借此向全球收取铸币税，使得中心国家有通过多发货币来支撑政府支出的激励。当货币发行超过一定范围，使得全球流动性和实际利率超出经济稳态增长的条件时，就会出现高利率和低利率两种极端状态。高利率会损害实体经济，流动性过剩会造成通货膨胀，从而可能形成“滞胀”局面；低利率下资产价格会与实体经济发生明显偏离，从而可能形成资产价格泡沫。本模型和 CFG 模型的相同之处在于，全球失衡和流动性过剩是同一原因的共同结果；不同之处在于，CFG 模型关注各国经济增长和提供资产能力的差异；本模型则主要关注中心国家的货币霸权。因此，也可以说这是一个关于货币霸权、失衡与危机的模型。

世界经济由两国 H 和 N 构成。除了货币地位不同以外，两国在其他方面完全相同。两国经济均由无数同质居民构成，居民每单位时间以相同的概率θ出生和死亡，因此人口恒定且标准化为 1。生产由数量固定的“树”完成，“树”的价值为V_t^j，每单位时间生产“果实”X_t^j。“果实”按如下方式分配：“树”的所有者获得δX_t^j，剩下的$(1-\delta)X_t^j$分配给新出生的居民。居民在整个生命期间不消费，直到死亡时刻才消费掉一生的全部储蓄。“果实”是易腐的，必须在当期全部消费掉，因此，居民在生命期间必须将获得的“果实”转化为资产或者货币持有。资产是“树”，货币M_t^j由政府发行。政府通过发行货币获得铸币税，并且在每单位时间保持预算平衡，即政府支出等于铸币税：$G_t^j=\dot{M}_t^j$。其中，$j\in\{H,N\}$，t表示时间，时间是连续的。

H 国是国际货币体系的中心国家，其货币有双重属性，既要满足国内需求，又要满足国际需求。根据资产组合理论，一国的财富W_t^j以资产或者货币的形式持有：

$$W_t^N = (1-\alpha)V_t^N + \frac{\beta V_t^H}{E_t} + \frac{\gamma M_t^H}{E_t} + M_t^N \tag{1}$$

$$W_t^H = \alpha E_t V_t^N + (1-\beta)V_t^H + (1-\gamma)M_t^H \tag{2}$$

其中，α、β 和 γ 是参数，表示资产和货币在两国的持有比例，有 $0 \leqslant \alpha,\beta,\gamma \leqslant 1$。N 国作为外围国家，必须持有一定数量的 H 国货币作为储备。相反，H 国不会持有 N 国货币。E_t 为汇率，即以 H 国货币表示的单位 N 国货币的价值。购买力平价成立，即 $E_t P_t^N = P_t^H$。（1）式以 N 国货币计价，（2）式以 H 国货币计价。（1）式乘以 E_t 再与（2）式相加可得全球财富的持有状况：

$$W_t = V_t + M_t \tag{3}$$

其中，$W_t = W_t^H + E_t W_t^N$，$V_t = V_t^H + E_t V_t^N$，$M_t = M_t^H + E_t M_t^N$，（3）式以 H 国货币计价。

根据套利交易原理，持有资产的即时名义收益 i_t 满足：

$$i_t V_t^j = \delta P_t^j X_t^j + \dot{V}_t^j \tag{4}$$

即资产收益等于红利加资本利得。P_t^j 是产出（即“果实”）在 j 国的价格。假设汇率保持稳定，将（4）式都转换为以 H 国货币计价并且相加可得：

$$i_t V_t = \delta P_t^H X_t + \dot{V}_t \tag{5}$$

X_t 是全球每单位时间生产的“果实”，即 $X_t = X_t^H + X_t^N$。

每单位时间一国财富变动由三部分构成：居民消费、新出生居民分得的“果实”和资产收益。① 因此有：

$$\dot{W}_t^N = -\theta W_t^N + (1-\delta)P_t^N X_t^N + (1-\alpha)i_t V_t^N + \frac{\beta i_t V_t^H}{E_t} \tag{6}$$

$$\dot{W}_t^H = -\theta W_t^H + (1-\delta)P_t^H X_t^H + \alpha i_t E_t V_t^N + (1-\beta)i_t V_t^H \tag{7}$$

假设汇率保持稳定，（6）式乘以 E_t 再与（7）式相加，再将

① 因为政府总是保持预算平衡，在发行货币的同时消耗掉等量产出，所以，政府的行为对经济的总财富不造成影响。

（5）式代入，可得全球财富变动情况：

$$\dot{W}_t = -\theta W_t + P_t^H X_t + \dot{V}_t \tag{8}$$

利用剑桥方程式引入货币需求，全球货币市场均衡时有：

$$M_t = kP_t^H X_t \tag{9}$$

系数 k 即所谓“马歇尔 K 值”，是货币总量与名义产出的比值，同时也可以看作是货币流通速度的倒数。

由（3）式和（8）式联立可得：

$$\theta W_t + \dot{M}_t = P_t^H X_t \tag{10}$$

上式表明全球产出等于两国居民消费加政府消费。不考虑货币发行成本，$\dot{M}_t$ 可以视为两国政府以铸币税形式获得的总收入，其实际值为 $\dot{M}_t/P_t = kX_t(\dot{M}_t/M_t)$ 。全球经济有资产、货币和产品三个市场，（3）式、（9）式、（10）式分别表示这三个市场的均衡。根据瓦尔拉斯法则，在前两个市场均衡的条件下，产品市场也是均衡的。

假设经济处于稳态时有：$\dot{P}_t^H/P_t^H = \dot{P}_t^N/P_t^N = \rho$ 和 $\dot{X}_t/X_t = g$ ，即全球经济增长率和两国通货膨胀率均为常数，再假设 $\rho + g < i < \rho + g + \theta$ ，利用虚拟经济变量 W_t 、V_t 、M_t 和实体经济变量 $P_t^H X_t$ 的比值的渐近性质，可得全球均衡名义利率 i_t 和实际利率 r_t 满足（推导过程见附录）：

$$r_t = i_t - \rho = \frac{\delta\theta}{1 - k(\rho + g + \theta)} + g \tag{11}$$

当 $k = 0$ 时实际利率由 δ 、θ 和 g 决定，三者的上升都会导致实际利率上升。“果实”产量增长率 g 的上升提高了“树”资产的增值率，从而导致实际利率上升；由（5）式可以看出，δ 的上升提高“树”资产的红利，这会提高实际利率；θ 的上升会减少总财富的积累，由（8）式可知这会降低“树”资产的价值，从而也导致实际利率上升。如果考虑货币因素，$k(\rho + g + \theta)$ 也会影响实际利率。k 的上升会导致居民持有的货币增多，从（4）式可知这会降低“树”资产的价值，提高实际利率；$\rho + g + \theta$ 的上升会强化这一影响，进一步提高实际利率。

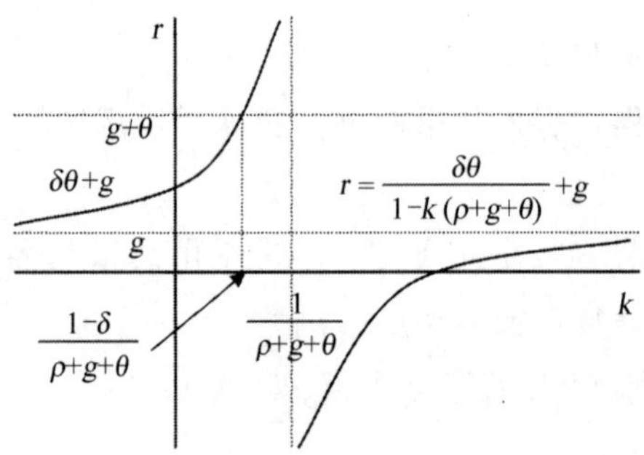

图 9－3 实际利率和“马歇尔 K 值”

给定其他参数，我们考察实际利率和“马歇尔 K 值”之间的关系。如图 9－3 所示，$r(k)$ 是以 $r=g$ 和 $k=1/(\rho+g+\theta)$ 为渐近线的双曲线。由附录可知，整个系统的收敛性条件要求 $g<r<g+\theta$，因此，与均衡利率对应的 k 值应满足：$0<k<(1-\delta)/(\rho+g+\theta)$。[①] 当 k 值越出这一区间的上界时，经济系统不存在稳态增长路径。稳态增长要求财富、资产和货币三个虚拟变量都与实体经济保持恰当的比例，并且同步增长。当 $r>g+\theta$ 时，高利率会导致财富快速积累并最终偏离与实体经济的同步轨道。在现实经济中高利率会对实体经济造成损害，同时 k 值增大意味着流动性过剩，因此，全球经济可能会面临“滞胀”局面。当 $r<g$ 时，低贴现率会导致资产价值快速上涨并最终偏离与实体经济的同步轨道。现实经济中低利率对实体经济有刺激作用，这会对资产价值上涨形成支撑，缩小其与实体经济的偏离程度。不过，如果实体经济的增长不能弥合二者之间的缺口，则只能延缓泡沫出现的时间。通过图 9－3 和上面的讨论，我们根据实际利率和“马歇尔 K 值”的取值，将经济划分为如下几种情况，结果如表 9－1。

① 当 $k=0$ 时经济中没有货币，还原为 CFG 模型。当 $k<0$ 时，相当于政府为经济提供了额外产出，并以此换取对资产的所有权，本章不考虑这种情况。

表 9-1　**实际利率和“马歇尔 K 值”（即货币总量/GDP）不同取值下的经济状况**

“马歇尔 K 值”	$k<0$	$0<k<\frac{1-\delta}{\rho+g+\theta}$	$k>\frac{1-\delta}{\rho+g+\theta}$	
实际利率	$g<r<\delta\theta+g$	$\delta\theta+g<r<g+\theta$	$r>g+\theta$	$r<g$
经济状况	状态Ⅰ	状态Ⅱ	状态Ⅲ	状态Ⅳ
	政府为经济提供额外产出；不做讨论	虚拟经济和实体经济平衡增长；利率取得长期均衡值	财富增长偏离实体经济；可能出现“滞胀”局面	资产增长偏离实体经济；可能出现低利率泡沫

从上面的讨论可以看出，货币供给量的变化会通过影响“马歇尔 K 值”和实际利率，对全球资产市场造成巨大影响，并最终影响到实体经济。由于 H 国货币具有双重属性，其在全球货币供给中所占的份额较大，因此，H 国的货币政策对全球经济的影响更是不可忽视。H 国的货币政策要兼顾国内和国际两个目标，在这两个目标出现冲突时，H 国会面临两难选择。例如，当 H 国以宽松的货币政策刺激本国经济时，同时也给全球经济注入了流动性。如果这一政策最后导致“马歇尔 K 值”和实际利率超出了稳态增长要求的界限，那么，全球经济就可能出现动荡。

下面我们再来讨论两国经常账户和贸易余额的情况。分别定义经常账户 CA_t^j 和贸易余额 TB_t^j 为：

$$CA_t^i \equiv \dot{W}_t^j - \dot{V}_t^j - \dot{M}_t^j \tag{12}$$

$$TB_t^j \equiv P_t^j X_t^j - \theta W_t^j - \dot{M}_t^j \tag{13}$$

即经常账户是 t 时刻本国储蓄和投资之差，贸易余额是 t 时刻本国产出和支出之差。因为以相同货币计价的两国经常账户以及贸易余额之和为零，所以只需要讨论 H 国的情况就可以了解全球的外部平衡情况。在汇率稳定的情况下，由（2）式和（12）式可得 H 国的经常账户，由（2）式、（7）式、（13）式可得 H 国的贸易余额，分别为：

$$CA_t^H = \alpha E_t \dot{V}_t^N - \beta \dot{V}_t^H - \gamma \dot{M}_t^H \tag{14}$$

$$TB_t^H = \delta\ (\alpha - \beta)\ P_t^H X_t^H - \gamma \dot{M}_t^H \tag{15}$$

显然，在模型经济中N国持有的H国货币全部成为H国的贸易赤字和经常账户赤字，这一赤字的保持意味着H国向N国收取了铸币税。H国增加货币供给在增加铸币税的同时，也会扩大本国的赤字，加深全球失衡的程度。由（14）式、（15）式可得：

$$CA_t^H = TB_t^H + \delta\ (\alpha - \beta)\ P_t^H X_t^H + \alpha E_t \dot{V}_t^N - \beta \dot{V}_t^H \tag{16}$$

这表明经常账户由两项构成：贸易余额和对外资产负债的净收益。一国经常账户余额的积累构成其对外净资产部分 NFA_t^j，对（14）式积分可得：

$$NFA_t^H = \int CA_t^H dt = -\gamma M_t^H \tag{17}$$

因为根据有效市场假说，一国在长期内不可能通过资本利得获得永久性收益，持续改善其经常账户，即有：$\alpha E_t \int \dot{V}_t^N dt - \beta \int \dot{V}_t^H dt = 0$。因此，在长期内N国所持H国货币完全反映为H国的对外净负债。如果 $\gamma = 0$，则两国完全对称。此时，一国的经常账户赤字和对外净负债无法长期维持。如果一国的货币扩张超过一定限度，就会对本国经济造成巨大风险，而对全球经济的影响相对要小。在小国开放经济中，小国货币扩张的后果要完全在本国吸收，不会对世界经济造成任何影响。

从模型可以得到三个主要结论：（1）当某个主权国家的货币成为国际本位货币时，为了向全球经济注入流动性，该国必须保持经常账户赤字，这同时也意味着该国向全球收取铸币税；（2）由于其货币具有双重属性，中心国家的货币政策会对全球资产市场造成巨大影响，当该国的货币发行超过一定限度时，会给全球经济带来巨大风险；（3）外围国家扩张性货币政策对全球经济的影响较小，但是超过一定限度会给本国经济带来巨大风险。

总之，通过前面的历史回顾和本节的模型分析，我们认为，美国扩张性的财政和货币政策是造成此次全球失衡和金融危机的根本原因，美元的特殊地位或美元霸权在此发挥了重要作用。国际美元本位有两个层面的含义：首先，美国有责任和义务为全球经济提供流动性，以满足相关需求，这要求美国有一定程度的国际收支赤字；其次，美国可以利用自己对全球经济的特殊影响，为本国牟取额外利益，包括向全球征收铸币税。这种权利和义务的矛盾与国内外政策目标的矛盾交织在一起，使得美国的宏观经济政策面临两难，过于迁就国内目标往往使得全球经济面临巨大风险。这也是“超主权”国际货币的呼声如此强烈的原因。

第四节 结论与政策建议

综合以上分析，我们的结论与政策建议如下。

第一，全球失衡是本轮次贷危机的深层原因，解决失衡问题将是避免危机重演的关键。无论是历史回顾、文献检索还是我们的数理模型均揭示出：失衡、危机与美元霸权密切相关。因此，改革国际货币体系至关重要。至少，戴高乐所谓的美元“过度的特权”是该受到约束了。依靠危机或金融动荡等事后方式对美元霸权施加约束代价太高，我们应从改革国际货币体系及完善全球治理结构上来实现对于美元霸权的事前的限制。

第二，现在各经济体相互锁定、相互影响，一国走出危机要依赖外部环境的积极变化和各国之间的协调配合。处在全球化时代，“脱钩论”很难成立，各经济体周期波动的同步性越来越明显。中国欲走出危机，也需要外部环境的配合，因此要密切关注国际形势的变化，采取应对措施。此外，周期的相互影响也凸显出国际合作的重要性，大萧条时期的各自为政、贸易保护主义就是惨痛的教训。

附录

由（3）式、（5）式、（8）式、（9）式联立可得：

$$\dot{W}_t = (i_t - \theta)\ W_t + (1 - \delta - i_t k)\ P_t^H X_t \tag{A1}$$

（5）式向前积分，（A1）式向后积分可得：

$$V_t = \int_t^{\infty} \delta P_s^H X_s e^{-i(s-t)} ds \tag{A2}$$

$$W_t = W_0 e^{(i-\theta)t} + \int_0^t (1-\delta-ik) P_s^H X_s e^{(i-\theta)(t-s)} ds \tag{A3}$$

条件$\rho+g<i<\rho+g+\theta$意味着以下渐进性质成立：

$$\frac{V_t+M_t}{P_t^H X_t} \underset{t\to\infty}{\to} \frac{\delta}{i-\rho-g}+k \tag{A4}$$

$$\frac{W_t}{P_t^H X_t} \underset{t\to\infty}{\to} \frac{1-\delta-ik}{\rho+g+\theta-i} \tag{A5}$$

令（A4）式和（A5）式的右端相等，即可解得（11）式。

另外，如果$i<\rho+g$，则有$\frac{V_t+M_t}{P_t^H X_t} \underset{t\to\infty}{\to} \infty$；如果$i>\rho+g+\theta$，则有$\frac{W_t}{P_t^H X_t} \underset{t\to\infty}{\to} \infty$。

第十章　开放视角下的国家综合负债风险与市场化分担

由于历史和体制转轨原因，中国目前仍有规模较大、构成复杂的国家综合负债。国家综合负债的概念，较早是由樊纲（1999）提出的。当时亚洲金融危机刚过，樊纲试图从国家综合负债角度考察中国是否会发生类似的危机。当时关注的焦点是银行的不良资产。但随着中国政府这些年高效推进银行重组和改革，银行的不良资产率下降很快，由 2001 年的 25.4% 下降到 2005 年底的 8% 左右。如果单从银行不良资产角度看，现在的国家综合负债风险似乎没有那么严重了。事实上这是一种错觉。因为通过分析我们发现，这不过体现了一种“此消彼长”的关系，更确切地说，是国家综合负债风险构成的变化：一方面，经过处置的银行不良资产存量并没有自动地消失，而是部分地转化成了其他形式的或有负债；另一方面，虽然银行不良资产率大幅下降，但社保基金缺口、地方政府债务等问题却又出现了（这些问题其实早就存在，只是当前显得更为紧迫和严峻）。此外，如果从开放角度考察，特别是考虑到人民币汇率形成机制改革以及 2006 年底金融业的全面开放，则国家综合负债构成中可能会添加“新成员”。因此，重新审视国家综合负债的规模、构成及其化解与防范方式，不仅不是“炒冷饭”，相反是具有重大现实意义的、关系到中国经济能否持续稳定发展的关键问题。

第一节　文献概述与本研究的特点

国家综合负债是国家在经济发展过程中所积累的各项债务（包

括或有债务）的总和。之所以说是综合负债，是因为有些负债直接以债务形式体现（如国家的内外债），有些则是以其他形式体现（如银行不良资产、社保欠账等）。尽管这些其他形式没有直接表现为债务，但最终需要国家财政来承担，是另一种形式的“债务”，因此笼统地称为综合负债。从更严谨的角度来看，国家综合负债实际上相当于世界银行专家 Polackova（1998）所提出的债务矩阵中的各项债务之和[①]，既包括已经发生的确定性负债，也包括以一定概率发生且最终可能演变成确定性负债的或有负债。这里运用“综合”负债概念，就是想对各类负债进行综合分析和加总，以便对国家财政风险有一个总体判断。

关于国家综合负债风险，除了樊纲（1999）的研究，刘尚希等人（2003，2005）也从财政风险角度进行了探讨。另外，国际机构对这一问题也一直非常关注，如世界银行（2005）与 IMF（2006）的研究。这些研究所使用的估算方法与获得的结论不尽相同，但基本没有超出 Polackova（1998）的分析框架；且后来的研究一般都比以前的研究增加了新的考察因子。

相比于上述研究，本研究力图在以下方面有所突破。

其一，全面考察各类综合负债。本研究试图涵盖近年出现的国家综合负债“新成员”，如社保欠账、地方政府债务、巴塞尔协议的顺周期性影响、人民币汇率升值给外汇储备带来的潜在损失等。通过对这些负债“新成员”按照国情和国际经验进行理论估算，力求对国家综合负债的总体规模和性质有个基本把握。

其二，从开放视角考察国家综合负债。随着改革开放的推进，综合负债的构成正在发生变化，出现新的综合负债风险。中国成功抵御亚洲金融危机的经验很简单：我们没有输球，因为我们没有参加比赛（易纲，2004）。换句话说，当时的中国之所以没有被卷入危机，不

① 根据 Polackova（1998）的分析，整个债务可以分成这样一个矩阵：显性（explicit）负债与隐性（implicit）负债以及直接（direct）负债和或有（contingent）负债。这样就变成四类负债：显性直接负债、显性或有负债、隐性直接负债和隐性或有负债。这里的债务总和应该与我们的综合负债概念是一致的。

是因为中国的金融体系抗风险能力强，而是因为中国实施了审慎的资本项目管理政策。但随着人民币汇率形成机制的改革、资本账户的逐步开放以及巴塞尔协议顺周期性影响的显现，国家综合负债风险会有所上升。因此，现阶段从开放视角考察国家综合负债风险有着重大意义。

其三，考察化解和防范国家综合负债风险的应对措施。以前的研究较少提及应对措施，或者只是笼统抽象地提出一些原则性看法。本章将就此展开分析，特别强调以市场化方式在存量风险化解和增量风险防范方面的必要性和可行性。

第二节　国家综合负债的总体估算与动态变化

国家综合负债的构成复杂，规模估算各不相同。随着改革开放的推进，综合负债新成员会动态增减，其风险和政策含义值得密切关注。

一　总体估算

国家综合负债的构成较为复杂，不同的研究所涵盖的范围有较大差异。这实际上反映出国家综合负债还不是一个非常严谨的概念。我们参照 Polackova（1998）的债务矩阵，把国家综合负债分成以下几类。

（一）中央政府的内外债

表 10－1 显示，从内外债的变动来看，除了 1998 年、1999 年是外债多于内债外，进入 21 世纪以来，内债余额一直多于外债，这或许与我们高度重视亚洲金融危机的教训有关。值得关注的是，近几年外债尤其是短期外债的增长速度较快，2005 年，外债增长速度达到 22.9%，短期债务占外债比重已过一半。

需要指出，在有关研究中（刘尚希，2005），外债余额仅为 2778 亿（为主权外债，国家部委借入的）。我们这里统计的是 23031.8 亿元，相差较大。二者之间的差额应该是中外资银行、中外资企业等私人部门的外债余额。如果从综合负债风险来看，所有这些外债最后都要由国家来兜底，比如亚洲金融危机时候的情况。因此，计算总的外债更合适一些。

表 10 - 1　　**中国的内外债及其变动**

年份	内债（人民币）	外债（人民币）	外债（美元）	外债增速（%）
1998	7765.70	12077.51	1460.4	—
1999	10606.85	12556.34	1518.3	3.96
2000	13100	12051.87	1457.3	-4.02
2001	15618.00	14068.1	1701.1	16.73
2002	19366.10	13938.26	1685.4	-0.92
2003	23935.10	16013.2	1936.3	14.89
2004	25777.60	18905.22	2286.0	18.06
2005	28774	23031.77	2810.5	22.94

资料来源：财政部，国家外汇管理局。

（二）“准国债”

是指各政府部门所发行的有财政担保的债券，如政策性金融债等。由于政策性银行发债是市场行为，其发债规模和定价是根据其自身资信确定，所筹资金也是市场化运用，所以我们在本章中没有将其纳入综合负债范围。不过，由于政策性银行资信有国家信用的成分，所以我们要高度关注政策性银行中长期贷款猛增所导致的中长期信贷风险。如果风险控制不力或受到国内外经济金融冲击，上述风险的爆发可能最终转化为国家综合负债。这就是为什么在有些研究中（刘尚希，2005），准国债是作为或有负债出现的。2005 年的政策性银行金融债余额接近 1.8 万亿元。如果考虑这部分负债，国家综合负债率会有较大幅度上升。

（三）地方政府债务

由于中国法律规定地方政府不能自行发债，所以，地方政府债务主要是地方政府通过地方信托投资机构在国内外的借款和地方的国有企业以财政为担保的债务。由于该问题在近年突显（魏加宁，2004），因此我们将之纳入考察对象。这个数字估计为8000—10000亿元。

（四）以金融不良资产及其转化形式存在的或有负债

这主要包括银行不良资产以及其他金融机构（如证券公司和保险公司）不良资产以及处置银行不良资产形成的新形式的或有负债。处置银行不良资产采取很多方式，包括剥离和核销不良资产、注资、发行特别国债、央行票据和再贷款以及吸引财务投资者等方式，银行不良资产率下降很快。但是这些处置并不表明不良资产存量消失了，只不过是很大部分发生形式上的转移，如由商业银行的不良资产变成了央行的不良再贷款，因此仍然作为国家综合负债的一部分存在。具体分析如下。

1. 发行特别国债2700亿元。显然，这项债务最终是要还的。

2. 不良资产剥离。1999年，14291亿元不良资产剥离到资产管理公司，其中大部分都不能收回。2006年3月华融公司、长城公司、东方公司和信达公司四家资产管理公司对上述不良资产的加权平均资产回收率为23.89%，那么，实际的损失将为10000亿元左右。再加上2003—2005年中国银行、建设银行和工商银行财务重组过程中的5000多亿元不良资产剥离，仅不良资产剥离成本就为1.5万亿元。这个数就是由不良资产转化过来的另一种形式的综合负债。显然，原来商业银行的不良资产的一部分现在转化成了央行再贷款损失。

3. 银行注资。向中国银行、建设银行和工商银行注资600亿美元，按当时的折算为4900多亿元人民币。尽管该项注资是一种投资行为，并获得较好投资收益（后文将详细讨论），但因为它对中央政府来说也是一种成本支出，所以也属于广义综合负债的内容之一。

4. 资产核销。中国银行、建设银行和工商银行核销损失类不良资产5000多亿元。不良资产核销，看起来是一笔勾销，但是最终损失就真的没有了吗？显然不是。不良资产核销，在会计账户上是没有了这一项，但这个窟窿或者已由政府来补，比如财政注资、国有银行自有利润抵补和央行发放再贷款等，或者将来增发货币、通过通货膨胀的方式来化解。从这个角度，资产核销成本也是综合负债。

5. 农信社改革成本。在农信社改革过程中，央票兑付、专项借款和专项补助的大部分可能成为损失。

6. 证券公司重组中的注资。这些资金基本上来自证券投资者保护基金和央行再贷款，其中证券投资者保护基金的股本金和垫付资金来源分别是财政出资和央行再贷款。①

以上各项合计约为3万多亿元。也就是说，不良资产率从2001年的25.4%下降到2005年的8.9%（下降16.5个百分点）的同时，形成了3万多亿元的国家综合负债。“此消彼长”的关系由此可见一斑。

（五）以养老金缺口为主的社会保障基金缺口

这在1990年代末还没有成为重要的考察对象，至少在樊纲（1999）当时的研究中并未列入此项。但现在却是至为紧迫的问题，构成综合负债的最重要部分。关于社保基金缺口，有不同的估算，如IMF、世行以及国内的相关研究，② 低则2万亿—3万亿元，高达9万亿元，我们取3万亿元。

（六）其他或有债务

这里主要考察人民币升值造成的外汇储备损失。其他研究者还未能涉及这一新变化。2005年末，外汇储备额为8188.72亿美元，人民币升值2.5%，则央行美元外汇资产的人民币价值账面损失为1000亿元人民币左右（假设美元储备占比60%）。当然，考虑到同期外汇储备中的欧元和日元的升值因素，会抵消一部分由美元贬值造成的外汇资产损失。

在国家综合负债形成过程中，我们需要高度关注央行面临的风险。上述人民币升值造成的外汇储备损失，尽管在整个国家综合负债构成中所占比例不大（0.67%），但这部分损失又为央行资产损失增

---

① 2005年，中国成立了证券投资者保护基金，由国务院独资设立，财政部出资63亿元作为注册资本和基金股本金，央行出资617亿元作为垫付资金（将来需要偿还央行）。

② 世行的研究（2005）认为，2001—2005年中国养老金融资缺口约为9.15万亿元。2006年10月，国际货币基金组织的磋商报告估计此数约为5万亿元，而财政部的研究认为是2.5万亿元。

加了潜在新成员。据《经济观察报》报道，如果把央行再贷款和汇金的注资一起考虑，央行在2004年初启动的这一轮国有银行股改中向三家国有银行投入了近万亿元的成本（李利明，2006）。[①]

我们可以根据以上分析，对当前中国的综合负债进行总体估计。同时，为对比方便，我们按时间顺序列出了相关研究（表10－2）。需要指出的是，将确定性负债与或有负债简单加总得出综合负债是有争议的。这主要是源于对或有负债演变成确定负债的概率存在分歧，不仅改革成本估算存在差异，而且收益估算也因时间和条件不同而差异较大。因此，本章并不主张对综合负债规模作出十分准确的估计，本章估算的主要目的是从全面和动态角度理解及分析改革过程中财政风险的动态变化和对策。

表10－2　**中国国家综合负债的总体估算**　（%）

科目	1997年	1998年	2005年
1. 内债	7.32	8.78	15.78
2. 特别国债（未纳入预算债务）	—	—	1.48
3. 外债	14.7	14.57	12.63
4. 地方政府债务	—	—	5.48
5. 金融或有债务	25.05	27.19	19.2
6. 现有银行不良资产			9.87
6. 社会保障基金缺口	—	—	16.45
7. 人民币升值导致的外汇储备账面损失	—	—	0.55
合计			
占当年GDP的比重（%）	47.07	50.53	81.45

资料来源：除现有银行不良资产是银监会的数据外，其他2005年数据是笔者根据财政部和中国人民银行公开披露数据以及商业银行年报计算得出。1997年、1998年数据转引自樊纲（1999）。

① 同时，我们也看到，国家为三家国有银行改革所付出的成本也取得了较大的收益，三家银行改革上市后的市值很高，国家注资取得较高的（账面）收益。

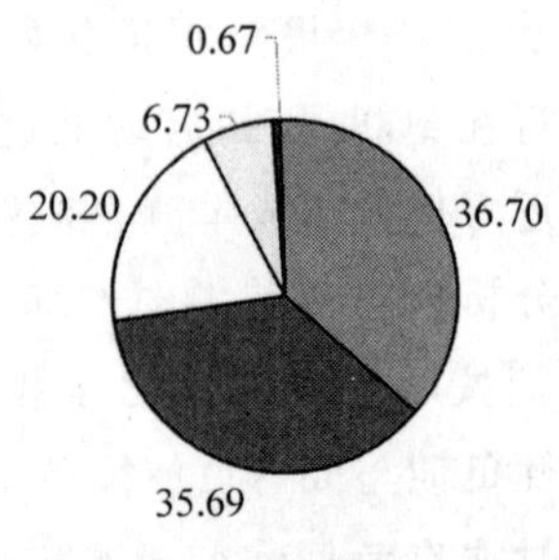

图 10－1　国家综合负债的构成（%）

资料来源：笔者根据表 10－2 计算。

图 10－1 显示，在国家综合负债中，最主要的还是内外债、金融部门或有债务以及社保基金缺口，它们在整个综合负债中分别占到 36.7%、35.7%和 20.2%。鉴于内外债的增长在一个安全范围内，降低金融部门或有负债和弥补社保基金缺口将至关重要。这里需要特别指出的是，尽管不良资产率大幅下降，但由于金融部门带来的国家综合负债没有太大变化，所以银行重组和改革能否换来新机制，从而遏制增量风险将是控制综合负债风险的关键。

二　动态变化

上述关于国家综合负债构成的分析基本上是一种静态考察，而对于各种经济参数未来变化对或有负债的影响还没有给出非常细致的分析。我们关注国家综合负债，一方面，是想了解现在到底占 GDP 的比重有多高；另一方面，还想进一步了解，开放状态下的各种新变化会使综合负债出现变化，未来的变化涉及开放阶段经济增速、人口老龄化、社保体制改革和金融改革等。这种动态变化体现在宏观与微观两个层面。

（一）宏观层面

第一，经济增长速度放缓可能使原来积累的问题和风险“水落石出”，形成新的不良资产。第二，老龄化问题和高储蓄率的下降走势也会增加显性负债。随着中国人口结构老龄化程度上升和高储蓄率下降，中国经济对外债的依赖程度可能上升，从而增加显性负债。第三，财政赤字上升也会增加综合负债。国家社会保障体制的完善、养老金的支付、鼓励消费政策的实施、向经济落后地区的转移支付等都会增加财政赤字，从而形成国家综合负债。第四，应对金融波动的成本也会导致综合负债动态增加。油价波动、升息周期、汇率变化、国内社会不稳定、国际金融危机及其对国内经济的冲击等因素也会增加政府支出，增加国家综合负债。

最后需要特别强调开放因素的影响。这主要体现在以下几方面：(1) 美元汇率贬值导致外汇储备账面人民币价值的损失。在全球经济失衡调整过程中，央行资产面临机会成本、汇率风险和利率风险三方面损失。从机会成本损失看，尽管中国现有外汇储备增加很多，但其购买石油和黄金的能力却没有相应大幅提高。这还没有包括如果中国大量增持石油储备和黄金储备对二者价格和比价的负面影响。从汇率风险看，美元贬值导致外汇储备账面人民币价值缩水损失。从利率风险看，美国利率变动会影响美元资产的盈利水平，国际金融债券收益率上升，导致债券价格下降，从而使央行持有的外汇资产出现账面损失。(2) 汇率波动对注资银行资本金的人民币价值产生一定负面影响。由于被注资银行与汇金公司订立协议，从汇金购入一项期权：有权以 1 美元兑换 8.2769 人民币的固定汇率，在几年后将最多不超过注资额的美元兑换人民币，所以汇率风险最终由汇金公司承担。(3) 为对冲外汇流入、防止通货膨胀压力，央行发行大量票据或吞吐国债来回笼货币，外汇储备积累的过程在一定意义上也是政府以扩大债务（发行货币、央行票据或国债）为代价兑换外币资产的过程。Gray 等（2006）在分析宏观金融风险的最新框架中提及，公共部门的负债包括各种担保、外币债务、本币债务以及基础货币，因此增发货币也会增加政府债务。另外，樊纲（1999）在考察综合负债金融风险时加上通货膨胀因素，也有异曲同工之妙。

（二）微观考察

第一，随着中国银行业、证券业和保险业的深度开放和巴塞尔协议的逐渐实施，加入WTO过渡期结束后，中国金融业将面对更为开放的竞争环境和全新的竞争格局，外来竞争加剧对现有金融监管理念、模式和有效性提出了挑战。激烈的竞争可能给中资银行带来由竞争失利导致的不良资产的增长压力。

第二，巴塞尔协议实施所导致的顺周期性也会增大信贷损失压力。巴塞尔协议的实施会加剧信贷周期波动。这是因为，根据该协议，银行放贷能力和规模高度依赖于资本充足率，资本充足率高的银行多放贷，反之则少放贷。该规则与信贷和经济周期的关系是：在经济繁荣时，银行的盈利能力增强，资本充足率提高，银行容易扩张信贷；而在经济衰退时，银行不良资产增加，利润和拨备下降，资本充足率降低，银行信贷紧缩。因此，资本充足率高低和信贷周期波动会加剧投资和经济波动，影响宏观经济稳定，信贷资产损失增加。

第三，保险公司的潜在风险已显现。中国保险业的历史遗留问题、资金运用问题和寿险业的利差损问题蕴藏着较大风险，如需财务重组，可能增大国家综合负债。

第四，一些银行的重组会进一步增加综合负债，例如，基于历史原因和金融稳定考虑，广东发展银行、光大银行和中国农业银行的重组和改革都需要地方政府和中央政府的财务支持，此类重组会增加国家的综合负债。

此外，动态地看，金融部门其他一些潜在金融风险也会导致综合负债动态增加。如商业银行存贷期限结构错配、产业部门（企业股权、清算资产、应收账款）的高风险资产、城市打包贷款地方财政为房地产开发提供担保风险等①，都可能使国家综合负债增加。

总之，随着中国对外开放度的不断扩大，中国面临的外部冲击和政策约束越来越多，中国会面临与宏观稳定和遵守国际准则、履行承诺相关的更多综合负债。当前国家综合负债的薄弱环节在于：市场微观主体还没有真正打消对国家的依赖思想，道德风险仍然较大，市场约束不强，监管宽容和监管真空并存。因此，从根本上寻找解决综合

---

① 在当前房地产开发过程中，地方市、区财政局是不少房地产投资公司背后的出资人和担保人，是这些公司高额债务的真正债务人，一旦房地产市场进入调整期，地方财政将受这些公司的严重拖累。

负债的思路与方法、避免出现新增负债具有极其重要的意义。

第三节　国家综合负债的风险衡量

如何衡量和判断综合负债风险是一个难题。这里主要从总量和结构两个方面进行讨论。

首先是关于负债总量的测算。这个总量不是指国家综合负债绝对额，而是指其占 GDP 的比率（绝对额本身没有太大实际意义）。尽管中国的官方政府债务[①]占 2005 年的比重不到 18%（IMF，2006），但在 1990 年代末，国家综合负债率为 50% 左右（樊纲，1999），2005 年该比率进一步上升。当然这里面有统计本身的问题，即在 1990 年代末，一些综合负债（比如社保欠账）都未计入。考虑到这个因素，国家综合负债率的实际变化没有数字显示的那么大。

然而，即使考虑统计因素，给定其他条件不变，是否综合负债比率越高风险越大呢？目前处在发展阶段的中国，81% 的国家综合负债率，其风险到底有多大呢？这个问题较难回答。就好比 1990 年代很多西方的中国问题专家根据中国的银行不良资产率或综合负债率之类，危言耸听"中国崩溃论"，但中国并没有出现危机。显然，衡量国家综合负债风险还需考虑其他因素。

风险衡量的困难还在于，给定同样的综合负债比率，风险大小因国家而异。一般认为综合负债占 GDP 的 60%—70% 可能就是一个国际警戒线，但这个指标并不适用于所有国家。不同国家、不同历史、不同经济金融发展程度，都会影响对综合负债风险的判断。有学者（Reinhart et al.，2003）提出"债务不耐症"（debt - intolerance）的概念，以刻画这个不同。[②] 此外，债务率和风险大小与一个国家的历

---

① 包括为弥补中央政府财政赤字而发行的国债、1998 年发行的特别国债和为地方政府发行的债券。

② "不耐症"（intolerance）来自医学概念，一般是指对药物的过敏反应。所谓"债务不耐症"是指一些国家对债务的过敏反应，即忍受不了债务过多的情况。债务率高了，就会出问题、出危机。

史文化，特别是信用记录（比如是否喜欢赖账）及通货膨胀状况有密切关系，这也是按发达国家标准并不算高的负债率在发展中国家便反映为高国家风险（country risk）的重要原因。

除了信用记录与通货膨胀状况，衡量债务风险大小的另一个重要因素是金融体系的发达程度。最近的文献提到（Mendoza et al. & IMF，2006），金融全球化过程中，金融市场发达程度对综合负债风险的衡量和判断有较大影响：发达金融市场有助于一国积累大量外债，比如美国成熟发达的金融市场使美国可在较长时期内、以较低成本维持较大规模的对外负债，这是市场的一种均衡配置，外债风险远小于同样情况下的其他国家。

上述分析对于我们考察中国综合负债风险有一定启发。

首先，判断综合负债风险程度，不能简单地根据综合负债绝对量，也不能简单地根据其占 GDP 比率（虽然该负债比率上升值得关注），而是要根据中国国情，辩证地、动态地看待综合负债风险。需要考虑综合负债的构成，区分哪些是短期风险，哪些是长期风险，理解哪些是需要马上解决的紧迫问题，哪些是需要花时间地动态解决。中国目前的综合负债中，现实迫切需要解决的是农业银行重组问题以及美元贬值带来的外汇储备资产价值缩水问题，需要花时间逐步解决的是社保欠账问题。从长期来看，中国经济保持增长至关重要，增长一停滞，一些问题和风险就会“水落石出”。

其次，债务不耐症主要关心的是国家风险。从外部看，中国的信用记录不错，高通货膨胀率也极少出现（没有拉美国家那样的超级通胀）。但中国的问题在于如何保持金融体系稳健性，尤其是提高银行资产质量。因此，在衡量综合负债风险大小的时候，需要重视中国金融市场发展程度对综合负债风险的影响：中国的金融市场与成熟市场有很大差距，化解、分散和分担风险的能力较弱，这正是中国国家综合负债的“阿基里斯之踵”（即最脆弱之处）。

综上所述，近年的金融改革、社会保障体制改革和经济改革大幅度地降低了经济金融体系中的风险，取得了举世瞩目的成就。然而，欠发达的金融市场、较高的综合负债比率都使中国的金融稳定高度依赖于经济增长，而国内外环境的变化又给经济增长带来潜在变数。因此，在今后的经济金融改革过程中，通过市场化方式来防范国家综合负债风险是进一步提高中国金融稳定程度的关键。

第四节　国家综合负债风险处置与市场化分担

关于中国综合负债风险的处置，历史上存在风险处置思路不甚清晰、过分依赖中央银行最后贷款人职能、法律框架不完善等问题。经过不断摸索与试错，中国政府正在加强市场化方式在化解综合负债风险中的作用，并已开始付诸实施。金融风险处置过程反映了中国解决综合负债风险思路的变化。金融部门的或有负债（主要是银行不良资产）的处置方式经历了从核销到剥离再到市场化分担的转变过程，银行吸引战略投资者和上市更加充分地体现了市场化的政策取向，并已取得重大的和积极的成果。

一　成立资产管理公司

1998 年一共剥离 1.4 万亿元不良资产。这个思路是清楚的，就是要让资产管理公司盘活这些不良资产。2003—2005 年的银行重组过程增加了市场化取向方式。尽量避免剥离成为免费的午餐（表 10－3）。例如，2005 年工行处置可疑类贷款时，就采取了招投标方式，不但提高了回收比率，而且大大推进了不良资产处置的市场化进程。

表 10－3　　已发生的几次大规模不良资产剥离

年份	剥离行	总额（万亿元）	接收机构	资产类别
1999	四家国有商业银行和国家开发银行	14291	四家公司	可疑类
2004	交通银行	641	信达公司	可疑类和损失类

续表

年份	剥离行	总额（万亿元）	接收机构	资产类别
2004	中国银行、建设银行	2787	信达公司	可疑类
	中国银行	1424	东方公司	损失类
	建设银行	569	信达公司	损失类
2005	工商银行	4590	四家公司	可疑类
		2460	华融公司	损失类
2005	上海银行	30	信达公司	可疑类

资料来源：中国信达资产管理公司金融风险研究中心，《金融风险研究》2006 年第 11—12 期。

二　银行注资

如果说不良资产剥离是把银行资产中“坏的成分”去掉，那么注资就是增加“新鲜血液”，是为了改善银行的资产负债表。但无论是剥离坏账还是追加资本，很大程度上都是一种行政性方式，最终由政府兜底了。本质上，国家出资是花费纳税人的资金：国家直接注资是花当期财政的钱，举债注资则是增加未来纳税人的负担。因此，这里的市场化风险分担机制还体现得并不明显。

三　银行的救助、重组与退出

这仍然是主要由政府来承担损失，因此还不是非常市场化的。但这种处置方式较好地控制了增量风险（即未来不良资产的产生）。

四　采取存贷款利差的方式对银行进行补贴

近年来，银行一年期存款利率和贷款利率之间一直有 300 点左右的利差，这实际上是银行顾客对银行的补贴。这种方式在一定程度上损害了银行顾客的利益，降低了金融效率（Ma，2006）。从利率市场化趋势上看，趋于减少甚至取消这种政策。

五　发行次级债

2003 年 12 月，中国银监会发出《关于将次级定期债务计入附属资本的通知》。发行次级债①开始成为中国商业银行补充资本金的一种重要方式。通过次级债的方式补充资金，比起直接注资来显然是更为市场化了。而且，次级债是向机构投资者定向募集，可以说，银行不良资产风险在通过市场化进行分担。

六　吸引战略投资者和公开上市

国有商业银行和股份制银行的财务重组、吸引战略投资者以及公开上市，体现的都是市场化分担风险的原则，并且主要是分担未来的增量风险。这种方式取得了较好效果：通过三家银行相继上市，特别是到海外上市，目前汇金所持有的三家银行的股权市值，已经超过了包括汇金的注资和央行再贷款在内的央行总投入。这反映了市场投资者对中国政府推进金融改革能力和资信的信心，也是对市场化改革取向的认同。

七　建立市场化的有限补偿机制

（一）银行业

政府正在研究建立存款保险制度，以存款类金融机构所缴纳的保费来救助问题机构，缓解政府和央行的压力，避免道德风险。同时，取消国家隐性补偿、建立市场化的有限补偿机制，促使市场主体增强风险意识，根据金融机构的风险状况进行投资决策，充分发挥市场约束作用。存款保险制度根据存款类金融机构风险程度的高低，设置不同的保险费率，有利于形成正向激励机制。

（二）证券业

为了强化证券公司市场约束、促进证券行业优胜劣汰、切实保护

---

①　所谓次级债务是指固定期限不低于 5 年（包括 5 年），除非银行倒闭或清算，不用于弥补银行日常经营损失，且该项债务的索偿权排在存款和其他负债之后的商业银行长期债务。

证券投资者的合法权益，中国人民银行大力推动证券投资者保护制度的建立。2005 年 6 月 30 日，证监会、人民银行、财政部等部委共同研究制定了《证券投资者保护基金管理办法》，2005 年 9 月 29 日，中国证券投资者保护基金公司正式成立。保护基金成立后，由于对保护公众投资者合法权益有了更加明确的规定，因此对于稳定和增强投资者的信心、防止证券公司风险的传递和扩散等都发挥了积极作用。

（三）保险业

2004 年 12 月，保监会颁布了《保险保障基金管理办法》（简称《管理办法》），以保险保障基金的形式初步建立了保险业投资者保护制度。保险保障基金是按照《保险法》要求，由保险公司缴纳形成的，按照“集中管理、统筹使用”的原则，在保险公司被撤销、被宣告破产等情形下，用于向保单持有人或者保单受让公司等提供救济的法定基金。保险保障基金的建立进一步深化了保险业改革，有助于建立符合市场化原则的保险公司退出机制。保险保障基金制度可以减轻保险公司市场退出所造成的社会震荡，增强社会公众对保险业的信心。

需要指出的是，并不是所有的综合负债风险都能通过市场化方式解决。“市场失灵”问题会限制市场化分担方式的解决范围。一些社会责任以及由此形成的综合负债还必须主要由政府来承担（张晓晶等，2006）。需要分清市场化分担的边界，避免出现表面看综合负债率下降，但社会不稳定风险上升的局面。市场化分担是降低和最终解决国家综合负债风险的根本办法。

第五节　结论与政策建议

综合前文分析，我们得出以下基本结论和政策建议。

一　以开放视角考察国家综合负债风险，形势仍较为严峻

通过我们的估算，截至 2005 年，中国国家综合负债率为 81%。仅从这个数字并不能直接看出国家综合负债风险的大小，但结构分析

有助于看清形势的严峻：（1）尽管银行不良资产率的大幅下降一定程度上体现了国家综合负债风险的降低，但是，鉴于这一成绩是以3万多亿元的综合负债为代价换取的，所以化解和防范源自金融部门的或有负债风险仍然是严峻挑战。（2）从经济赶超到社会建设的转型意味着未来社会性支出的大幅增加，其中特别重要的是社会保障基金缺口在国家综合负债中所占比重之高，应予以高度关注。（3）就目前来看，最为紧迫的是关注和应对进一步开放所带来的新的国家综合负债风险，特别是美元汇率变动带来的中国外汇储备价值缩水、金融业全面开放和实施巴塞尔协议所带来的挑战。在经济全球化时代，危机的发生往往是与外部因素的冲击相关联的。因此，以开放视角来考察，现在的国家综合负债风险形势仍较为严峻。我们需要从银行不良资产率大幅下降可能使国家综合负债风险下降这一错觉中警醒过来。

二　市场化分担是化解国家综合负债的基本途径

我们尝试过多种方式来处置国家综合负债，开始基本上是以行政性安排为主（核销、剥离等），但行政性安排有两个问题：一是道德风险，大家都在期待免费午餐；二是不能很好地化解国家综合负债风险，结果往往成了一种风险转移。因此，需要采取市场化分担的方式来处理。国内外经验表明，一个较好的成本分担制度框架可以促进金融体系的中长期稳定，开放条件下的市场化分担显得更为重要。我们认为，今后的市场化分担方式主要包括：（1）打破国有金融部门垄断，发展民间金融，促进金融市场的发展；（2）规范金融机构市场退出机制，硬化预算约束；（3）建立和完善投资者保护制度；（4）完善金融部门的公司治理和监管治理；（5）减少政府干预，打破“风险大锅饭”等。

三　处置国家综合负债风险中的政府责任

尽管市场化分担方式是解决国家综合负债的基本途径，但并不是所有的负债都可以通过市场化来化解，毕竟，市场也有其局限。从经济赶超到社会建设的转型阶段，大量的社会性支出需要政府来承担，这包括社保以及医疗教育等方面。因此，在坚持市场化管理社会保障基金的同时，应当明确社会保障问题仍是政府的责任。不能简单地把建立和完善社会保障体系的任务完全推给市场，教育、医疗、社会保障等方面的前车之鉴值得吸取。

四 经济较快稳定增长是应对国家综合负债风险的根本保障

经济较快增长，比如快于综合负债增长速度，有助于国家综合负债率下降；经济稳定增长，减少波动，也有助于放缓国家综合负债的增长速度（实际上很多银行坏账就是在“扩张—收缩”周期中产生的）。因此，经济稳定、持续增长意味着我们能够在动态中有效保证国家综合负债风险处于一个可控范围内。

第十一章　增长失衡与政府责任：基于社会性支出的视角

曾几何时，“从摇篮到坟墓”的福利安排，一直被看作是社会主义的重要标志。政府作为大家长，几乎包揽了百姓（不包括农民）生活的全部。随着市场化改革的推进，更多的市场安排代替了政府的大包大揽，一些公共产品与服务（如教育、医疗等）开始实行收费制。在收入差距不断扩大的情况下，依靠向使用者收费为公共服务融资的方式越来越阻碍低收入人群获得必要的服务（世界银行，2005），于是产生了看病难、上学难等一系列关涉民生的问题。对改革及增长模式的反思也因之而起：一方面，由 GDP 来衡量的经济增长取得了举世瞩目的成就；另一方面，由义务教育、基本医疗、社会保障等公共服务获得来衡量的民生状况却令人担忧。这种国富与民生关系的失衡，是当前各类失衡①的本质体现，是高速增长中出现的最为重要，也最应引起关注的“增长失衡”。

作为一个发展中国家，出现增长失衡带有某种必然性：以经济建设为中心，实施赶超战略，GDP 增长成为政府部门的至上目标；与之相应的，政府官员的考核指标也主要是看经济性指标而非社会性指标；“效率优先，兼顾公平”的指导性原则在实际工作中往往变成“只顾效率，难顾公平”。凡此种种，必然会导致这样的局面：经济增长指标都达到甚至远远超过规划的预期，而环保等一些社会发展指

---

① 当前中国经济增长中所出现的各类失衡包括：城乡之间、地区之间发展的失衡；投资与消费关系的失衡、制造业与服务业发展的失衡；由双顺差与高额外汇储备所体现的外部失衡；经济发展与社会发展的失衡；等等。

标却没有达到规划的要求，在社会保障、公共卫生和医疗方面甚至没有提出数量化的要求（王梦奎，2005）。

正因为如此，我们认为，要推进与民生状况改善直接相关的社会发展，政府应承担更多的责任，即政府应该调整支出结构，增加社会性支出，在提供公共产品与服务方面发挥基础性作用，使低收入人群也能获得均等化的服务。本章的结构安排如下：第一节探讨历史与理论透视中的政府责任；第二节从实证角度分析中国政府社会性支出的现状与存在的问题；第三节从模型角度讨论社会性支出对于民生改善以及人力资本形成的重要性，并分析财政结构调整（即增加社会性支出，减少经济性支出）的宏观影响；第四节是结论与政策建议。

第一节　历史与理论透视中的政府责任

强调政府的作用或责任，不可避免地会涉及政府与市场的关系，这在经济学发展的历史长河中一直以来就是争论不休的话题。因此，非常有必要对政府角色作一番历史透视。

从斯密的守夜人政府，到凯恩斯的政府干预，再到里根、撒切尔的私有化浪潮，又到新国家干预主义和部分国家的“向左转”，政府的角色几经变换；究其本质，不过是在应对政府失灵与市场失灵之间进行不同的权衡取舍（trade off）。市场失灵成为政府干预合法性的重要理由；但实践表明，政府干预同样会带来政府失灵问题。不少学者提出，后发国家处在赶超阶段，需要政府主导，似乎给政府干预增加了新的理由。不过，以弥补后发国家市场机制不完善及市场失灵而进行的政府干预，带来的结果却并不理想。事实上，政府干预的前提是做正确的事，但要满足这个条件却很难；并且，由政府干预不当所带来问题的严重性一点也不比市场失灵小（Datta - Chaudhuri，1990）。这是很多发展国家从 20 世纪五六十年代强调结构主义和政府干预转向新古典主义与市场机制的重要原因。

无论是发达国家还是发展中国家，在面临政府失灵与市场失灵问题时并没有本质的不同。最佳的选择，应该是在政府失灵与市场失灵之间寻找一个最优均衡。Acemoglu 等（2000）指出，不能一味地强调公共财政覆盖的范围，而是要考虑怎样的公共支出才是有效的。只要下述条件成立，那么最优的政府干预就会导致政府失灵：（1）政府干预需要有官僚们为其搜集信息和执行政策；（2）至少有一些进入官僚体系的人是可以被腐败侵蚀的，这意味着他们可能会在正确的价格下错报信息；（3）官僚之间存在一定异质性。这三个特点意味着政府干预会产生腐败的机会，给公务员创造寻租的可能以及导致资源的误配置。与不存在腐败机会的情况相比，腐败可能会导致政府规模的扩大以及公务员工资的上涨。他们接着指出，政府失灵的存在并不必然意味着政府干预就是有害的，因为政府这样做是对一些行为征税而对另一些行为补贴，从而弥补市场失灵问题。

坦齐等人则通过讨论 1870 年代至 2005 年 135 年工业化国家公共支出的增长，从经验角度总结了政府角色的历史变迁。

1870 年第一次世界大战期间，公共支出占 CDP 的平均份额缓慢提高，从 1870 年的 10.7% 上升到 1913 年的 11.9%。“大萧条”给政府的扩张提供了最充分的理由，到 1937 年，公共支出已经提高到平均 22.8%，约为 1913 年的 2 倍。第二次世界大战以后，尤其是 1960—1980 年这段时间，人们对积极的支出政策表现出前所未有的狂热，结果公共支出占 GDP 的份额，从 1960 年的 28% 增加到 1980 年的 43%。在整个 1980 年代和 1990 年代初期，过度的政府支出和昂贵的福利国家越来越受到抨击，政府也承诺和启动了很多改革（包括社会保障的私有化），因此，从总体上看，公共支出水平是持续上升的，但速度明显放慢了。1990 年，没有加权的平均公共支出达到 GDP 的 44.8%，1996 年达到 45.6%（坦齐等，2005）。从 1997 年到 2004 年，G7 国家的政府支出占 GDP 的比例则经历了缓慢增长或略有下降的过程（Tanzi，2005）。

与 Acemoglu 等（2000）的理论分析类似，坦齐等（2000）通过经验分析，同样指出政府与市场关系之间的一种权衡：公共支出增加会产生两种效应：首先是导致税收水平提高，从而导致个人可支配收入下降；其次是那些从公共支出中受益的人，根据自身能力采取行动以防范各种风险的需求被削弱了。这种情况下，公共行动是在某种程度上替代了私人行动。因此，他认为，增加公共支出并不会自动提高公共福利。通过政府规模与绩效的研究，坦齐进一步指出，尽管大政府一般来说在提供公平这一点上要做得更好，但小政府一样可以实现较好的福利增长。不过，对于未来政府职能的展望，他们并不赞成回到“霍布斯丛林”时代，而是建议，国家的职能和公共支出应该更加适中、更加专注，这样，国家就有可能迎来一个充满活力的经济，社会福利就会增长。这样，百姓就会过上更加安稳的日子，享受选择的自由和焕发市场的活力，并从公共品以及社会安全网所提供的保障中获益。

上述分析揭示了关于政府规模以及政府公共支出所覆盖范围的争论。尽管迄今为止，这些争论并未结束，但政府基本职责的理解却在历史透视中逐步形成了共识，即无论政府角色如何变迁、政府规模如何变化，就支出角度而言，政府的责任主要体现在以下四个方面。

第一，公共产品与服务，包括国防、公共秩序和安全等纯粹公共产品以及行政管理、立法等一般性公共服务。

第二，优效品与服务（merit goods and services），主要是教育和健康服务，也包括住房和社区生活设施、娱乐和文化事务等。

第三，社会保障和福利，也称为收入支持（income maintenance）。

第四，经济性服务，如具有较强外部性特征的农村基础设施等。

考虑到本章的主题，我们并不打算探讨政府责任的所有方面，而是着重分析第二与第三方面，即教育、医疗和社会保障等与民生有关的方面。

关于政府责任的理论依据，首先需要从一般意义上的市场失灵的角度进行考察。

就优效品与服务而言，市场失灵主要体现在其具有较强的正外部性，社会边际收益往往超过私人边际收益，个人对社会收益的认知和评价不足，导致支付意愿不强和消费不足，需要由政府补贴或免费提供。

社会保障通常包括两类干预措施：社会保险和社会救助。前者主要在政府的组织管理和财政支持（给予必要资助并承担最终责任）下通过大量个人和企业的强制性参与来平滑个人收入和支出的波动，实现风险保护。当然，社会保险过程中贡献与获益的弱相关性（不等价）也体现了收入再分配的意图，包括水平层次（富裕与贫困群体之间）的再分配和垂直层次（代际或生命周期的不同阶段之间）的再分配。而社会救助则是通过一般性税收支持的政府转移支付实现利他主义援助或收入再分配。与社会保障特别是社会保险有关的市场失灵主要体现在三个方面：第一，由于社会风险的影响强度大、时间长、范围广，造成在识别发生概率、预测事件后果、进行货币衡量和有效分散风险上的困难，因此从商业的角度看往往是不可保险的。第二，由于信息不对称导致逆向选择和道德风险问题，导致保险市场的市场失灵问题。第三，社会风险的集体属性使得社会风险的防范成为一种公共产品（集体性产品或共用品），或者更确切地说是一种俱乐部产品，必须诉诸某种社会集体行动。

在考虑政府责任的时候，“社会公正”或“社会公平”是另一个需要考察的重要维度，也是本章立论的重要基础。

关于社会公正理论，最早可以追溯到以边沁（Bentham）为代表的古典效用主义或功利主义，认为社会福利是所有社会成员的福利或效用的简单加总，社会应该追求“最大多数人的最大幸福”，即社会中所有人的效用总和最大化。尽管功利主义认为任何社会成员的福利都应被平等对待，但它只关心效用总量，因而忽视了福利分配问题。

社会公正的现代理论已经在很大程度上远离了功利主义的范畴，强调了社会公平的重要性，代表性人物如约翰·罗尔斯（John Rawls）、阿马蒂亚·森（Amartya Sen）等。

罗尔斯的正义理论（1971）以两个原则为基础：一是每个人都应平等地拥有最广泛的基本自由权；二是社会分配在个人之间的差异以不损害社会中境况最差的人的利益为原则，而且地位和职务应向所有人开放。在差异原则（difference principle）或最大最小（maximin）原则下，罗尔斯的社会福利函数假定人们都是厌恶风险的，在哈桑伊

（Harsanyi，1955）提出的“无知之幕”（veil of ignorance）下进行选择，社会福利水平取决于社会中效用最低的那部分人的福利水平。在罗尔斯看来，所有社会成员在不知道自己社会处境的前提下同意的资源分配才是公平的；正义就是指一些基础概念（fundamental concept），例如初级产品（primary goods）对全体公民的平等分配。

森的社会公正理论主要围绕“自由”展开（1999a）。在森看来，人类的自由具有不同的种类和层次，既包括“工具性自由”，又包括“实质性（Substantive）自由”。关于工具性自由，森列举了五种重要的形式：（1）政治自由；（2）经济条件；（3）社会机会；（4）透明性保证；（5）防护性保障。而关于实质性自由，森引入了“可行能力”（capability）这样一个核心概念。一个人的“可行能力”指的是此人有可能实现的、各种可能的功能性活动（functionings）的组合。可行能力因此是一种自由，是实现各种可能的功能性活动组合的实质自由。森正是从可行能力的视角来看待公平问题。森主张，政府的公共行为应该更多地关注人的可行能力或实质自由的提高，比如享受教育、医疗保健等。

除此之外，还有自由至上主义的社会公正理论，代表人物是罗伯特·诺齐克（Robert Nozick）。诺齐克的社会公正理论又可概括为应得权利理论（entitlement theory）（1974），该理论不是从结果的角度，而是从程序上来评价公平，即程序正义。在诺齐克看来，结果是过程的产物，因此对公平的关注应当集中在过程公平方面，认为只要个人的基本权利得到了保证和尊重就是公平的，这些基本的权利包括生存权、获得个人劳动产品的权利及自由选择权等。诺齐克认为，这些权利以及由此而衍生的“应得之物”是神圣不可侵犯的、是无条件和绝对的，评价公平与否不在于是否满足了个人的偏好，而在于是否保证了自由和权利的行使。进一步而言，如果某一分配起于一种公平状态，且经过了一个公平的过程，那么这种分配结果就应该被认为是公平的，即使它可能是不平等的。

那么，公民享受基本的教育、医疗和社会保障是如何体现社会公平的呢？这主要可以从以下三个方面来理解。

第一，公民权利的平等或生存权利的保证。公民享受教育、健康和最低生活保障的权利，在西方被统称为“福利权利”或“社会权利”，被视为对基本公民权的拓展，或社会公民权（social citizenship）的一部分。联合国《人权宣言》中有关“福利条款”对这一权利进行了明确规定，如第22条：“每个人，作为社会的一员，有权享受社会保障，并有权享受他的个人尊严和人格的自由发展所必需的经济、社会和文化方面各种权利的实现”；第25条：“人人有权享受为维持他本人和家庭的健康和福利所需的生活水准，包括食物、衣着、住房、医疗和必要的社会服务等；在遭到失业、疾病、残废、守寡、衰老或在其他不能控制的情况下丧失谋生能力时，有权享受保障”；第26条：“人人都有受教育的权利，教育应当免费，至少在初级和基本阶段应如此”。公民享受教育、健康和最低生活保障的权利主要体现在生存价值上：每个人的某些生存需要必须运用公共资源来满足，以达到一种社会确定的最低值，不应使任何人跌落到营养、住房、医疗、教育等方面的最低值之下。这种必须满足的“基本需要”，主要是针对经济生活中某些不确定性而表现出来的“风险厌恶”的社会偏好的反映，是从某些道德准则中派生出来的，属于底线公正或底线伦理的范畴。从这个意义上说，基于生存价值上的公民享受教育、健康和最低生活保障的权利，首先属于道德上的权利，而这种权利又常常通过国家法律的形式规定下来，从而上升为法律上的权利。尊重并保护这种权利，也就实现了诺齐克所强调的程序公平。

第二，机会的公平或均等。所谓公平的机会，是指一个人的成就应该是努力以及才能的结果，而不是由其所拥有的背景（包括某些天生条件和社会关系等因素）决定。一般来说，教育和健康是重要的机会均等工具，它们直接影响了一个人的生存能力、经济参与能力、收入和财富创造能力，或者说森所强调的可行能力。而社会保障体系主要通过为人们提供安全网的方式改变或增强人们的机会，通过帮助人们管理风险，提高了他们的能力。因此，无论是教育和医疗，还是社会保障，都有利于实现机会均等或起点意义上的公平。但要强调的是，只有当所有社会成员无论背景如何，都能够拥有平等地接受教育、获得健康和社会保障的机会时，其对于（成就实现）机会均等的保障机制才会发生作用。也就是说，第一层意义上的机会均等是第二层意义上机会均等的前提。公共行动应当致力于第一层次的机会均等化，确保全体社会成员接受教育、获得健康和社会保障的平等机会，从而确保他们在未来获得进步和成就上的机会均等。

第三，避免绝对贫困。在现实世界中，绝对的机会平等往往是难以实现的。即使有真正的机会均等，由于天赋、努力和运气的不同，结果也总是存在一些差别。在这种情况下，对绝对贫困或者结果不平等十分厌恶的罗尔斯主义说明，需要通过公共干预，也就是收入再分配机制，保护社会的极端贫困人口（即在绝对生存需求线下的群体）。不仅绝对贫困本身要求公共干预，而且绝对贫困还会对塑造机会产生影响。因为和高收入群体相比，低收入阶层和弱势群体的平均受教育年限往往更低，享用的健康服务更少，从风险管理获得的保护也是最不完善的。这就意味着，结果不公平导致了机会不公平，并可能导致新的结果不公平，由此落入所谓“贫困陷阱”或“不公平陷阱”。而要摆脱这种恶性循环，政府有必要实施收入再分配，确保一定程度上的结果公平。这种公平机制在社会救济方面表现得最为明显。

正是基于对社会公平的诉求，才凸显了政府的责任。由于市场无法自动解决公平问题，或者在提供“社会公正”这一公共品上，市场失灵最为严重，所以政府有必要承担起责任，在积极促进公平方面发挥主要的作用。

第二节　政府社会性支出：现状与问题

从政府支出结构来看，一般可以分为以行政管理支出、国防支出为主的维持性支出；以政府投资为主的经济性支出；以教育、卫生、社会保障为主的社会性支出。社会性支出中一般也包括住房支出（比如廉租房的补贴）。从政府分项支出可以看出，与教育、医疗和社会保障等与民生状况直接相关的支出是社会性支出。因此，下面就从社会性支出角度分析当前中国的现状与问题。

一　教育支出

图 11－1 显示，教育支出占财政支出的比重，从 1978 年的 6.7% 上升到 1996 年的 17.8%，此后基本呈下降趋势，2004 年，这一比例仅为 13.5%，与其他发展中国家相比属于较低水平，如泰国为 22.44%（2000），墨西哥为 25.54%（1999）。而公共教育经费占 GDP 的比重多年来一直在 2%—3% 徘徊，不仅远低于发达国家和世界平均水平，甚至还低于不发达国家的水平［1997 年世界平均为 4.8%，高收入国家为 5.4%，中等收入国家为 4.8%，低收入国家为 3.3%（世界银行，2001）］，也与国家早在 1993 年就发布的《中国教育改革和发展纲要》中承诺的“要在 2000 年实现国家财政性教育经费占国民生产总值 4%”的目标存有一定差距。

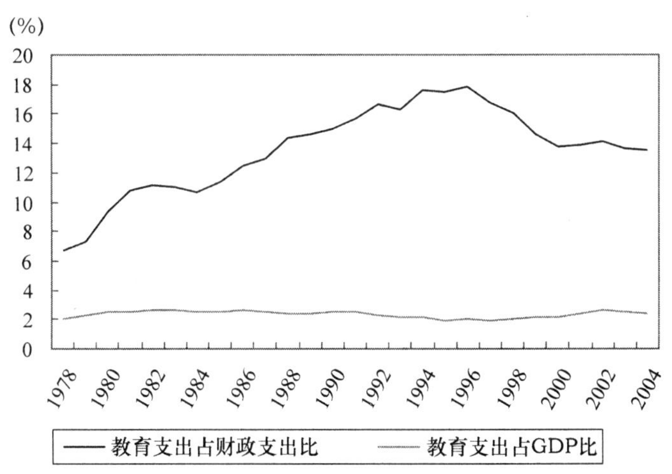

图 11－1　教育支出占比的变动情况

资料来源：《中国财政年鉴 2005》。

从教育经费来源看，一方面，预算内教育经费占整个教育经费的比重由 1978 年的 62.8% 下降到 2004 年的 55.6%，下降了 7.2 个百分点；另一方面，学杂费占教育经费的比重却由 1978 年的 4.4% 上升到 2004 年的 18.6%，上升了 14.2 个百分点（参见图 11－2）。显然，在教育经费的筹措方面，政府承担的部分在下降，而个人承担的部分在上升。

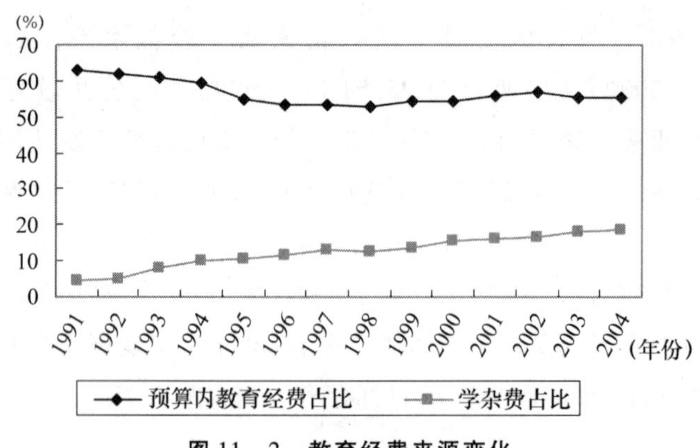

图 11－2　教育经费来源变化

资料来源：《中国统计摘要 2006》，《新中国五十五年统计资料汇编》。

从教育支出结构来看，一方面，基础教育经费支出比例偏低；另一方面，城乡教育经费支出差距较大。1990 年代中期，OECD 国家在各级教育上的经费分配是：小学教育生均经费大约达到高等教育的 36%，中学教育大约达到了 50%。而 1996 年，中国的相应比率是，小学仅有 6%，初中 11%，高中 24%；2001 年相应的比率是小学 6%、初中 9%、高中 23%（《中国教育经费统计年鉴 2002》）。这反映出我们的基础教育经费分配不足的问题。从城乡分布看，直辖市市区的学校获得的生均教育经费最高，其次是直辖市县，再次是一般市区，一般乡村最低；直辖市市区的生均事业性经费都在乡村的 3 倍以上（《中国人类发展报告 2005》），差距非常大。

二　医疗卫生支出

中国财政对卫生方面投资的绝对额是逐年上升的，但从卫生经费构成看，政府预算卫生支出比重呈明显的下降趋势，而个人卫生支出比重明显上升。图 11 - 3 显示，1978 年，政府卫生支出占卫生总费用的 32.2%，1986 年上升到 38.7%。此后，政府卫生支出比例逐年下降，2002 年下降到 15.7%，2003 年以后又略有回升。与此同时，个人卫生支出占比却由 1978 年的 20.4% 上升到 2001 年的 60%，此后略有下降，2004 年为 53.6%。社会卫生支出则由 47.4% 下降到 2004 年的 29.3%。从卫生费用构成的变动来看，显然也是政府承担的费用在下降，个人承担的费用在上升。无论是教育还是医疗，这种变动都与收费制改革有很大关系。

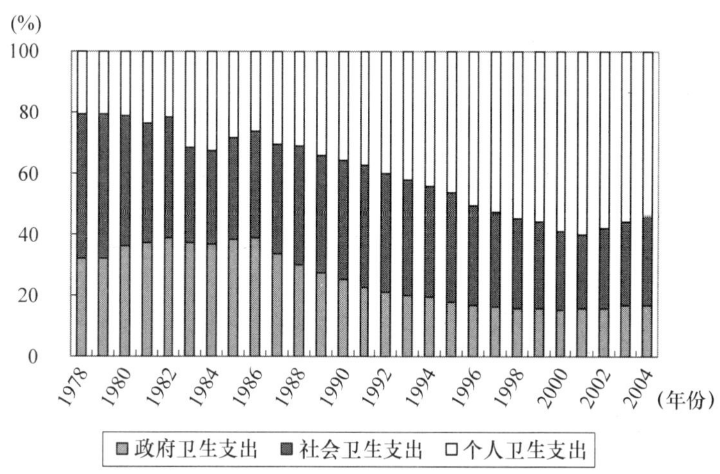

图 11 - 3　卫生费用构成

资料来源：杜乐勋（2004），《中国卫生统计提要 2006》。

从国际上看，不论是发达国家还是中等收入水平国家，甚至很多低收入国家，政府及社会卫生支出都占卫生总经费的绝大部分。表 11 - 1 显示，与世界平均水平相比，中国在卫生费用负担方面个人与政府所占比重刚好相反。中国的个人负担占 60.6%，政府负担占 39.4%；而世界平均水平则是个人负担占 38.2%，政府负担占 61.8%。2002 年世界卫生组织统计显示：中国人均政府卫生支出水平在 191 个成员国中排名第 131 位，而中国个人卫生支出所占比重为第 15 位。中国政府卫生支出的不足，从公共卫生保健支出占 GDP 比重的国际比较中也可窥见一斑：2000 年这一比例的世界平均水平为 5.4%，高收入国家为 6.0%，中等收入国家为 3.0%，中低收入国家为 2.7%，而中国仅为 1.9%（世界银行，2004）。

表 11－1 2000 年各国卫生支出结构的比较 （%）

	卫生总费用占 GDP 比重	个人负担比重	政府负担比重
中国	5.3	60.6	39.4
发达国家	8.5	27.0	73.0
转型国家	5.3	30.0	70.0
最不发达国家	4.4	40.7	59.3
其他发展中国家	5.6	42.8	57.2
世界平均	5.7	38.2	61.8

资料来源：王绍光（2003）。

同时需要指出的是，在卫生健康投入方面，城乡之间存在较大的差异：城市与农村人均卫生费用的绝对差距自 1990 年以来不断增大，由 1990 年的相差 120 元增加到 2002 年的相差 664 元，由此导致城乡之间医疗服务利用产生很大差异。根据第三次全国卫生服务调查，农村居民的患病住院率要低于城镇居民，前者为 34%，后者为 43%。另外，农村有 14% 的患者未采取任何措施，城市此项指标为 10%。在不应出院而出院的患者中，城市有 34.5% 是自己要求出院的，其中因经济困难的占 53%；农村有 47% 是自己要求出院，其中因经济困难的占 67.3%。

三 社会保障支出

表 11－2 给出中国财政社会保障支出的情况。财政社会保障支出主要是指社保支出中政府所承担的部分，因此是较窄的口径。根据这一口径，2004 年财政社会保障支出为 3440.26 亿元，仅占 GDP 的

2.15%。从国际上看，在发达市场经济国家的公共财政体系中，社会保障及福利方面的公共消费或者说收入支持方面的支出是政府最主要的支出项目，占财政支出的比重一般高达30%—50%，占GDP的比重也大都在10%—30%。

表11-2　　1998—2004年中国财政社会保障支出

年份	财政社会保障支出（亿元）	占GDP比重（%）	占财政支出比重（%）
1998	774.88	0.92	7.18
1999	1375.53	1.53	10.43
2000	1918.41	1.93	12.08
2001	2228.68	2.03	11.79
2002	2893.97	2.40	13.12
2003	2938.26	2.16	11.92
2004	3440.26	2.15	12.08

资料来源：《中国财政年鉴2005》，《中国统计摘要2006》。

如果以较宽的口径，即国家加社会（主要是企业）的社会保障支出，2002年中国则为7318.2亿元，占到GDP的7.15%（蔡社文，2004）。不过，即便如此，与国际比较，中国社会保障支出的水平仍然是很低的。表11-3显示，1960年代，人均GDP过1000美元的国家（表中所列，除了日本），社保支出占GDP的比重基本都超过10%，而中国只有7.15%。

表11-3　　部分发达国家1960年社会保障支出水平与中国2002年水平的比较

国家	年份	人均GDP（美元）	社会保障支出占GDP的比重（%）
英国	1960	1363	13.9

续表

国家	年份	人均 GDP（美元）	社会保障支出占 GDP 的比重（%）
瑞典	1960	1641	12.8
芬兰	1960	1110	12.7
丹麦	1960	1298	12.5
美国	1960	2783	10.3
日本	1960	458	8.0
法国	1960	1297	13.4
德国	1960	1345	20.5
中国	2002	≈1000	7.15

资料来源：根据 IMF：Government Finance Statistics Yearbook（2001）和 United Nations：Statistical Yearbook（1965）有关数据整理。转引自蔡社文（2004）。

中国社会保障支出的问题，除了总量水平低之外，在结构上也存在很大的不平等。一方面，城镇职工的社会保障费用越来越高，超出了企业和社会能够承受的水平；另一方面，占中国劳动力绝大多数的农民工、乡镇企业工人和农民却几乎与社会保障制度无缘。在养老保障方面，根据2000年底中国老龄研究中心对全国城乡老年人口抽样调查的数据，城市老年人的养老保险覆盖率达到70%以上，而农村老年人的覆盖率不到4%。如果考虑到部分农村享受养老保险的居民实际上是将原来在城镇就业时获得的养老保险带回农村的情况，养老保险在真正农民中的覆盖比率可能更低。在医疗保障方面，总体覆盖水平不高，城乡差距也不小。第三次全国卫生服务调查发现：城市享有城镇职工基本医疗保险的人口比例为30.2%、公费医疗4.0%、劳保医疗4.6%、购买商业医疗保险的占5.6%，没有任何医疗保险的占44.8%；在农村，参加合作医疗的人口比例为9.5%、各种社会医疗保险占3.1%、购买商业医疗保险的占8.3%、没有任何医疗保险的占79.1%。在社会救济方面，2004年用于城镇最低生活保障的支出为172.7亿元，而农村最低生活保障支出和农村定期救济支出之和为30.7亿元，仅占城镇最低生活保障支出的17.8%。

社会保障体系旨在构建社会安全网。[1] 在中国，由于传统计划经济下政府的大包大揽，一开始社会保障并没有作为一个问题提出来。但是，随着中国转向市场经济，社会安全网络削弱，而市场安全网还来不及一一就位，这种情况下，一个强有力的社会保障体系将是十分必要的。在西方，人们担心的是，过强且设计不当的社会安全网已经减少了储蓄，并减弱了储蓄的动机。但中国却在另一个方向上走得太远了（斯蒂格利茨，2006），即社会安全网很弱，导致个人必须承担更多的责任，从而储蓄增加，消费减少。从这一角度，可以认为，形成当前国内高储蓄的一个重要原因就是政府社会保障方面的支出不足。

四　社会性支出的总体状况

以上分别探讨了教育、医疗、社会保障支出偏低的情况。就总体而言，中国财政社会性支出占比也是非常低的。表11－4显示，进入1990年代财政社会性支出[2]基本占财政总支出的20%以上，但没有超过24%；其占GDP的比重，最高也就4%多一点。通过国际比较可以看出：无论和哪个收入等级的国家相比，中国的财政社会性支出占比都偏低（参见表11－5）。

① 社会安全网（Social Safety Net，SSN），一般是指由政府作为主体而形成的社会保障体系。从世界范围来看，社会安全网的理念从1980年代开始被广泛采用，并且同社会政策紧密联系在一起。在中国，伴随着结构调整和改革的深入，“社会安全网”这一概念在“九五”计划中首次以正式文件的形式出现。也正是从这个时期开始，国家财政进行了相应调整：先是从1998年起政府预算中增加了一个新的类别：“社会保障补助支出”，之后又从“九五”末期开始连续几年补充全国社会保障基金，使财政社会保障支出科目进一步完善，财政社会保障投入也得到一定程度的充实（尽管差距仍是很大的）。

② 这里的社会性支出总额并不等于前面分析中教育、医疗与社会保障支出之和。因为，社会保障支出与医疗支出有重合的部分。另外，在与国际比较中，社会文教费目前还不包括有关的住房补贴支出。这样，导致这几组数据之间存在一定的不可比性。但这并不影响对总体趋势的把握。

表 11-4 财政社会性支出及其比例

年　份	社会性支出总额（亿元）	社会性支出占财政支出比（%）	社会性支出占GDP比（%）
1978	94.07	8.38	2.60
1979	112.89	8.81	2.80
1980	134.42	10.94	2.98
1981	149.88	13.17	3.08
1982	177.69	14.45	3.36
1983	203.41	14.43	3.43
1984	237.34	13.95	3.31
1985	305.84	15.26	3.41
1986	372.52	16.90	3.65
1987	392.04	17.33	3.28
1988	460.06	18.47	3.08
1989	540.57	19.14	3.20
1990	598.49	19.41	3.23
1991	688.96	20.34	3.19
1992	780.86	20.87	2.93
1993	952.66	20.52	2.70
1994	1233.28	21.29	2.56
1995	1454.36	21.31	2.39
1996	1731.93	21.82	2.43
1997	2060.52	22.32	2.61
1998	2492.18	23.08	2.95
1999	3094.89	23.47	3.45
2000	3808.89	23.98	3.84
2001	4509.97	23.86	4.11
2002	5108.36	23.16	4.25
2003	5524.69	22.41	4.07
2004	6395.17	22.45	4.00

注：社会性支出＝社会文教费－科研支出。

资料来源：《中国财政年鉴2005》。

表 11－5　　不同收入国家财政社会性支出占比

项目	高收入国家		中等收入国家		低收入国家	
	占 GDP（%）	占总支出（%）	占 GDP（%）	占总支出（%）	占 GDP（%）	占总支出（%）
社会性支出	21.1	49.5	11.5	42.1	7.6	27.5
教育	4.3	11.0	3.8	14.9	3.9	14.7
卫生保健	3.4	8.3	2	7.7	1.7	6.3
社会保障	12.2	27.5	4.6	15.7	1.3	4.2
住房	1.2	2.7	1.1	3.8	0.7	2.3

资料来源：IMF：Government Finance Statistics Yearbook（1995）。

以上我们通过大量数据，表明了在经济增长过程中，整个社会性支出没有获得相应的较快增长，从而社会发展与经济发展不相称。这主要体现在两个方面：一是在社会性支出中，政府所承担的份额较低，有的还在不断下降；二是在因社会性支出增加而获益方面，不同阶层或收入群体差异很大，不公平问题颇为严重。由此我们认为，政府应该扩大社会性支出比重，提供教育、医疗、社会保障等基本公共服务，解决低收入群体在这些服务方面的可获得性问题，逐步实现社会公平。

第三节　政府社会性支出、人力资本积累与增长

前面强调了政府社会性支出的重要性，并指出要在财政支出结构中扩大社会性支出的比重。通过社会性支出的增加以改善民生状况，对于这一点争议较少。不过，这种做法也容易产生新的疑虑，即提高社会性支出这一所谓“非生产性”支出①的比重，是否会阻碍未来的经济增长，从而引起未来民生状况的恶化呢？以下我们将通过模型分

① 本章这里所使用的“生产性”或“非生产性”支出，其实际含义是“促进增长性”或“非促进增长性”支出。

析，揭示财政结构调整的宏观前景。

关于政府社会性支出，在过去的文献中尽管有所涉及，但争议较大。其中最大的争论在于所谓生产性支出与非生产性支出的划分。言下之意，要促进增长，政府应该提高生产性支出的比重。不过，问题在于如何界定哪些属于生产性支出，哪些属于非生产性支出。其实，一项公共支出是生产性还是非生产性的，不能一概而论，它取决于该项支出在总支出中的相对稀缺程度。实证研究表明，发展中国家政府在教育、卫生、文化、社会保障等方面的公共投入比重过低，应该加大投入（Zou，1996）。Baqir（2002）的研究也强调了社会性支出对经济增长特别是消除收入不均等方面的作用。

进一步分析社会性支出与增长之间的关系，我们发现，人力资本形成是其中的关键纽带。

社会性支出促进人力资本积累的作用在实证中得到一系列研究的支持。森（1999b）在最近一篇文章中指出：由于婴儿死亡率、严重营养不良以及大范围的文盲率会直接破坏人们的生活，因此，经济资源要优先考虑在这些方面对于受损人群的社会提供，特别是基础教育与基本健康医疗服务。IMF（1999）通过50个发展中国家及转型经济国家面板数据的经验分析指出，对于基础教育（如初级与中等教育）以及基础健康医疗的公共支出，对提高入学率与减少婴儿死亡率有着非常重要的作用。而这些对于人力资本的积累也非常重要。基于微观数据，Strauss & Thomas（1998）认为健康至少和教育一样，对于工资水平的变动有同等解释力。而宏观数据则进一步支持了对健康部门干预的正外部性。Bloom & Canning（2003），Bloom & Canning（2004），Gyimah - Brempong & Wilson（2004）发现，健康资本指标与总产出有着正相关。他们发现，22%—30%的增长率可以由健康资本来解释。

我们以一个简单的社会计划者模型为基础，以财政的社会性支出及相应人力资本积累为纽带，分析财政支出结构调整对长期经济增长的影响。我们忽略了行政管理支出等维持性支出，将政府支出分为经济性支出和社会性支出两种，前者主要是指政府提供的基础设施、基础性研究等，企业生产必须运用这部分公共产品或服务，用存量 G_Y 表示；后者包括义务教育、基本医疗与社会保障等支出，用存量 G_H 表示，这部分支出影响人力资本积累。为了简化分析及模型设定方便，我们以 G_h、G_p、I_k 分别表示财政社会性支出流量、财政经济性支出流量和新增物质资本投资，K、C 表示物质资本投资存量和居民消费，并假定财政社会性支出所形成的（人力）资本折旧率、财政经济性支出所形成的资本折旧率和物质资本折旧率均为 δ。假定政府根据最优化的支出水平"以支定收"，采用一次总付税平衡预算开支，由此可以忽略税收对家庭劳动供给的扭曲效应，从而简化税收的影响。家庭既是消费者，同时也是生产者，假定家庭不进行人力资本投资，则全部人力资本投资将由政府支出。①

根据上述假设，我们可以构造如下（1）式至（6）式组成的微分动力系统：

$$Y = AK^{\alpha}{G_H}^{\beta}{G_Y}^{\xi}$$

规定：$\alpha+\beta+\xi=1$②　　（1）

经济的资源约束为：

$$Y = C + I_k + G_h + G_p \tag{2}$$

状态方程为：

$$\dot{K} = I_K - \delta K \tag{3}$$

$$\dot{G}_H = G_h - \delta G_H \tag{4}$$

$$\dot{G}_Y = G_p - \delta G_Y \tag{5}$$

假定政府是全知全能的，了解家庭的效用函数，政府通过选择适当的消费水平、经济性支出和社会性支出，在资源方程（2）式的约束下使家庭的目标函数最大化：

---

① 这种假定可能与现实不完全相符，更现实的可能是家庭自身的人力资本投资与政府人力资本投资保持固定比例，但上述假定对结论不会产生影响。

② 这种规定使得生产函数具有规模报酬不变的特征，这样有利于财政社会性支出与长期增长关系的说明。

$$W=\max\int_0^{\infty}e^{-\rho t}u\left[C(t)\right]dt$$ ① (6)

其中$u\left[C(t)\right]$为家庭效用函数且：

$$u(C)=(C^{1-\theta}-1)/(1-\theta)$$

简化上述微分动力系统的一阶条件，可以得到（参见附录）：

$$\frac{\dot{C}}{C}=-\frac{1}{\theta}\frac{\dot{\nu}}{\nu}-\frac{\rho}{\theta}=-\frac{1}{\theta}\frac{\dot{\lambda}}{\lambda}-\frac{\rho}{\theta}=\frac{1}{\theta}[\alpha AK^{\alpha-1}G_H^{\beta}G_Y^{\xi}-\delta-\rho] \tag{7}$$

其中，$\alpha AK^{\alpha-1}G_H^{\beta}G_Y^{\xi}-\delta$为物质资本的净边际产品。一阶条件表明$\frac{\dot{\nu}}{\nu}=\frac{\dot{\lambda}}{\lambda}=\frac{\dot{\eta}}{\eta}=\frac{\dot{\gamma}}{\gamma}$，且进一步的解为：

$$\begin{cases}\alpha G_H=\beta K\\ \beta G_Y=\xi G_H\\ \alpha G_Y=\xi K\end{cases} \tag{8}$$

（8）式可以进一步写成：$$\begin{cases}\dfrac{G_Y}{G_H}=\dfrac{\xi}{\beta}\\ \dfrac{G_Y}{K}=\dfrac{\xi}{\alpha}\\ \dfrac{G_H}{K}=\dfrac{\beta}{\alpha}\end{cases} \text{和} \quad \frac{\dot{G_H}}{G_H}=\frac{\dot{G_Y}}{G_Y}=\frac{\dot{K}}{K} \tag{9}$$

上式表明，在家庭效用最大化约束的条件下，最优增长路径要求财政社会性支出、财政经济性支出以及物质资本存量之间必须保持一定比例，在资本折旧相同的假设下，长期均衡增长要求三种资本增长保持相同的比例。如果考虑到规模报酬不变的规定$\alpha+\beta+\xi=1$，联系（9）式和生产函数$Y=AK^{\alpha}{G_H}^{\beta}{G_Y}^{\xi}$，我们有：

① 其中的“ρ”是效用函数中常见的折现率（discount rate），也称时间偏好率。

$$Y = AG_H \cdot \left(\frac{\alpha^\alpha \cdot \xi^\xi}{\beta^{\alpha+\xi}} \right) \tag{10}$$

这个结果等价于我们熟知的 AK 模型，它所蕴含的意义是，政府社会性支出的增加不仅内生于长期增长路径当中，而且这种支出的增加有利于经济增长的稳定。① 不仅如此，鉴于 AK 模型的特殊性质，长期中，产出的均衡增长既与财政的社会性支出增长保持一致，又与经济性支出和物质资本增长保持一致。

这一简单模型回答了财政支出结构调整会不会降低长期增长率的问题。实际上，政府的社会性支出通过增加人力资本而形成支持经济长期增长的动力。当然，政府社会性支出形成的人力资本投资也不是越多越好，在人力资本边际产出递减的条件下，过多的社会性支出势必导致“人力资本过剩”，使人力资本的净边际产品低于物质资本的净边际产品，从而产生效率损失。同时，如果考虑到政府的税收因素，过多的社会性支出必然要求征收更多的税收，而现实中的税收一般都不是一次总付税（Lump - Sum Tax），现实中以商品税或者所得税为主，这些税收对消费者的商品需求和劳动供给都有扭曲作用，因此过多的社会性支出还因过多的税收而产生效率损失。我们的结论是政府的社会性支出形成的人力资本必须与物质资本保持协调增长，既不过多也不过少。

第四节　结论与政策建议

本章通过理论与实证分析，指出当前中国的发展出现了以国富民生关系失衡为本质特征的增长失衡，尽管这是由多种因素造成的，但政府社会性支出的不足无疑是导致这一局面的重要原因。因此，政府

---

① 这里我们实际上把 G_H 当成人力资本积累的替代变量，由此才形成规模报酬递增的内生技术进步型可持续增长路径。

在财政压力①及市场化改革推动下卸掉的担子，在新的发展阶段需要重新扛起，这意味着政府应在提供义务教育、基本医疗与社会保障等公共服务方面承担起基本的责任，改善民生状况，纠正增长失衡；并通过社会性支出的增加，促进人力资本积累，推动经济长期健康发展。

本章直接的政策含义是：加快财政支出结构转型，提高义务教育、基本医疗、社会保障支出占财政支出的比重；在政府主导型投资增长持续过快、过热，投资边际效率下降和部门间失衡加剧的情况下，尤其需要重新调整发展思路，加快公共财政体制建设，通过加大社会性支出提高人力资本对于经济增长的贡献。

在政策实施过程中还需要注意以下几个方面。

第一，经济增长路径的转变和增长动力的转换。社会性支出的增长，一方面，会促进人力资本积累，推动增长路径从要素投入驱动型向生产效率提高型转变，在此基础上实现经济稳定和持续的增长；另一方面，有利于构建强有力的社会安全网，减少未来的不确定性，从而减少储蓄，促进消费，带来增长动力的变化——增长由原来的主要依靠投资、出口拉动到更多地依赖内需（特别是消费）的拉动。尽管人力资本形成和消费增长会有一个过程，但社会性支出的增长对于增长路径转变以及增长动力转换的积极推动作用当会逐步显现出来。

第二，政府责任的限度。本章强调政府的基本责任，并不意味着主张回归过去那种政府大包大揽的局面，而只是强调政府在最基本的教育和健康服务以及最基本的社会保障中的支付责任。这一方面是因为作为发展中国家面临政府财力的限制，更重要的，还要避免因过度保障而带来负面激励和道德风险问题。部分高福利国家经济活力不足、经济增长迟缓的教训值得吸取，拉美民粹主义的危害也是前车之

① 医疗、教育实行收费制以及社会保障制度的改革，基本上起于1990年代中期，而当时正是中央财政至为窘迫的时候。熊彼特（1918）在《税务国家的危机》一文中指出：研究财政历史使得人们能够“洞悉社会存在和社会变化的规律，洞悉国家命运的推动力量”。熊彼特还有一段特别精彩的议论：“从国家财政入手的这种研究方法在用于研究社会发展的转折点时效果尤为显著……在社会的转折时期，现存的形式相继陨灭转变为新的形式，社会的转折总是包含着原有的财政政策的危机……”

鉴。我们认为，应调动国家—市场—社会（公域—私域—第三域）三方的共同力量，形成个人、政府以及第三部门［以非政府组织（NGOs）为主］共同负担社会性支出的格局。

第三，政府社会性支出的结构。在强调社会性支出总量扩张的同时，也要注重社会性支出的结构性调整，以提高支出的效率：在教育领域，主要是要进一步提高在基础教育上的支出比例（相对于在高等教育上的支出而言）；在健康医疗领域，主要是要进一步提高预防性健康服务（preventive health care）的支出比例［相对于治疗性健康服务（curative health care）的支出而言］。同时，鉴于在社会性支出上巨大的城乡差异和群体差异，在扩大社会性支出的过程中，要特别注意对农村人口和贫困人群的针对性（targeting）和适当倾斜，以充分体现社会性支出的公平性。

第四，政府社会性支出的方式。这涉及积极的社会性支出和消极的社会性支出的区分问题。以就业为例，积极的社会性支出旨在降低劳动力市场参与的壁垒，促进和便利受益人就业机会的增加，主要包括积极的劳动力市场政策，如就业培训，帮助失业者寻找工作，为残疾工人提供康复服务、提供工资补贴等工作激励；此外，也包括提供家庭看护特别是儿童看护、降低外出工作成本、提供创业资助等。而消极的社会性支出仅仅是一种转移支付或收入支持。这种消极的社会性支出对市场性收入的不平等往往没有影响，有时甚至会扩大市场性收入的不平等（当劳动供给减少，或储蓄减少时），至于其对最终收入不平等程度的影响，则视转移支付能否抵消可能的扩大的市场性收入的不平等而定。但通过积极的社会性支出，一方面，可以减少市场性收入的不平等；另一方面，也可以减少最终收入的不平等。因此，在政府社会性支出的过程中，要更多地强调“授人以渔”，而不是“授人以鱼”。

第五，公共产品与服务的政府提供并不意味着政府生产。本章主要是从消费环节对教育、医疗服务的支付方式问题进行了研究，主张在税收支持的政府支付方式和消费者付费支持的个人支付方式之间重新平衡，加大政府负担的比例，减轻个人负担的比重。事实上，除了消费环节的支付问题，对于教育、医疗服务这类准公共产品而言，还会涉及生产环节的供给问题。在这方面，我们不宜过分强调政府的供给责任，而应更多强调竞争、私人参与等市场化运作机制的作用，政府只需加强相应的监管责任即可。当然，由于信息不完全或合同不完全而出现逆向选择和道德风险问题，并导致私人供给服务质量降低时（特别是在医疗服务中），就不宜采用合同外包（contracting out）这种私人参与的方式，而需要采取政府部门内提供（in - house provision）的方式。在这种情况下，也要尽量给予某种激励并通过加强问责制来提高公共供给的质量。

第六，中央与地方政府的合理分工。顺应分权化改革的趋势，在社会性支出方面，首先要充分发挥地方政府的作用。这是因为：(1) 根据公共选择理论，成员数量较少的“小集体”较之成员数量较多的“大集体”具有更高的公共产品供给效率。(2) 地区之间的巨大差异必然会导致各地使用者对社会性服务的不同偏好，充分发挥地方政府的作用能更准确地对当地的需要作出反应和决策，能更有效地提供符合当地偏好和当地具体条件的社会性服务，从而能更好地满足使用者，保证地方政府在社会性服务供给方面的更高效率。与此同时，对于全国性的社会性服务，中央政府则负有主要的支付责任，而且鉴于各地财力上的差异，中央政府也需要通过转移支付协助地方政府担负起对地区性社会性服务的支付责任。

附录

(1) 式至 (6) 式构成的动态系统的哈密尔顿方程为：

$$J = e^{-\rho t} \cdot u(C) + v(I_k - \delta K) + \lambda(G_h - \delta G_H)$$
$$+ \eta(G_p - \delta G_Y) + \gamma(AK^{\alpha} {G_H}^{\beta} {G_Y}^{\xi} - C - I_k - G_h - G_p)$$

其中v、λ和η分别为物质资本、政府社会性支出和政府经济性支出的影子价格，γ为拉格朗日乘子。

一阶条件为：

(Ⅰ) 对于C：

$e^{-\rho t}u'(C)=\gamma$

（Ⅱ）对于 K：

$-\delta v+\alpha AK^{\alpha-1}G_H^{\beta}G_Y^{\xi}\cdot\gamma=-\dot{v}$

（Ⅲ）对于 G_H：

$-\delta\lambda+\beta AK^{\alpha}G_H^{\beta-1}G_Y^{\xi}\cdot\gamma=-\dot{\lambda}$

（Ⅳ）对于 G_Y：

$-\delta\eta+\xi AK^{\alpha}G_H^{\beta}G_Y^{\xi-1}\cdot\gamma=-\dot{\eta}$

（Ⅴ）对于 I_k：

$v=\gamma$

（Ⅵ）对 G_h：

$\lambda=\gamma$

（Ⅶ）对 G_p：

$\eta=\gamma$

这些一阶条件的关系表现为：

由（Ⅴ）、（Ⅵ）、（Ⅶ）可得：$v=\lambda=\eta=\gamma$ 和 $\frac{\dot{v}}{v}=\frac{\dot{\lambda}}{\lambda}=\frac{\dot{\eta}}{\eta}=\frac{\dot{\gamma}}{\gamma}$

（ⅰ）

由（Ⅰ）、（ⅰ）以及效用函数的定义可得：

$$\frac{\dot{C}}{C}=-\frac{1}{\theta}\frac{\dot{v}}{v}-\frac{\rho}{\theta}=-\frac{1}{\theta}\frac{\dot{\lambda}}{\lambda}-\frac{\rho}{\theta}=-\frac{1}{\theta}\frac{\dot{\eta}}{\eta}-\frac{\rho}{\theta}=\frac{1}{\theta}(\alpha AK^{\alpha-1}G_H^{\beta}G_Y^{\xi}-\delta-\rho)$$

（ⅱ）

由（Ⅱ）、（Ⅲ）、（Ⅳ）和（ⅰ）可得：

$$\begin{cases}\alpha G_H=\beta K\\ \beta G_Y=\xi G_H\\ \alpha G_Y=\xi K\end{cases}$$

（ⅲ）

由（iii）得：

$$\begin{cases} \dfrac{G_Y}{G_H}=\dfrac{\xi}{\beta} \\ \dfrac{G_Y}{K}=\dfrac{\xi}{\alpha} \quad 和 \quad \dfrac{\dot{G}_H}{G_H}=\dfrac{\dot{G}_Y}{G_Y}=\dfrac{\dot{K}}{K} \\ \dfrac{G_H}{K}=\dfrac{\beta}{\alpha} \end{cases} \qquad (\text{iv})$$

联系（iv）和生产函数 $Y=AK^{\alpha}{G_H}^{\beta}{G_Y}^{\xi}$ 及其规定 $\alpha+\beta+\xi=1$，得：

$$Y=AG_H\cdot\left(\frac{\alpha^{\alpha}\cdot\xi^{\xi}}{\beta^{\alpha+\xi}}\right) \qquad (\text{v})$$

第十二章 最优财富分布与和谐社会福利函数

第一节 引言

收入差距拉大、内需不足、建设和谐社会是中国理论界面临的重要研究课题，三者之间相互联系、相互作用。一般认为，收入差距过大，会导致有钱的人消费动力不足、想消费的人没钱，是内需不足的重要因素。收入差距进一步拉大还可能导致两极分化，激化社会矛盾，影响和谐社会建设。本研究最优财富分布与和谐社会的福利函数，具有重要的理论意义和现实意义，对中国将来制定遗产税法和当前正在进行的增值税改革具有重要的参考价值。

传统上，对收入分配问题的研究是从以下几个角度展开的：一是在微观经济学中从生产者利润最大化的角度研究生产成果在各个生产要素之间的分配，形成国民财富的初次分配。二是在微观经济学中从消费者效用最大化的角度，研究单个消费者如何分配自己的劳动成果使个体效用达到最大。由于资源的稀缺性和机会的不均等性，初次分配的结果一般是不公平的，一些人占有太多的社会资源，而另一些人满足不了基本生活需求。因此，从全社会的角度看，生产领域形成的初次分配格局未必是最优的，正如庇古所说，社会总福利的大小，不仅取决于国民收入总量的多少，而且取决于国民收入在社会成员之间的分配（王桂胜，2006）。通过收入的再分配可能使社会福利得到改善，这就需要对国民收入的初次分配进行干预，通过收入和财富的再分配实现公平，改善社会福利状况。所以，收入分配问题研究的第三个角度是从社会福利的角度，研究财富如何进行再分配从而使社会福利达到最大。

自 1970 年代新古典功利主义复兴以来，出现了许多形式的社会福利函数，包括新古典功利主义的社会福利函数、精英者的社会福利函数、罗尔斯的社会福利函数、纳什的社会福利函数和阿肯森的社会福利函数等。

古典功利主义的社会福利函数把社会福利看作是所有社会成员的福利或效用的简单加总，任何社会成员的福利都被平等对待。古典社会福利函数可表示为：

$$W = U_1 + U_2 + \cdots + U_n \text{ or } W = \left(U_1 + U_2 + \cdots + U_n\right)/n$$

纳什的社会福利函数定义为所有社会成员效用水平的乘积，即 $W = U_1 \times U_2 \times \cdots \times U_n$。

精英者的社会福利函数是遵循最大最大（Maxmax）原则，即社会福利的目标是精英阶层（社会最富裕者）的福利最大，即，$W = \text{Max}\ \{U_1, U_2, \cdots, U_n\}$。

罗尔斯（Rawls，1971）的社会福利函数是把社会最贫困阶层的人的福利作为社会福利的目标函数 $W = \text{Min}\ \{U_1, U_2, \cdots, U_n\}$，遵循的决策原则是最大最小（Maxmin）原则，即社会福利的目标是最穷人的福利最大化。

柏格森（1938）和萨缪尔森（1947）把社会福利看成是个体效用函数的函数，没有给出社会福利函数的具体形式和形成机制，但保持了福利函数选择的灵活性（姚明霞，2005）。正是这种灵活性为后来的研究者提供了较大的发挥空间。当个体效用以收入为尺度时，柏格森—萨缪尔森把社会福利函数定义为是个体收入的函数 $W = V(y_1, y_2, \cdots, y_n)$，其中 $(y_1, y_2, \cdots, y_n)$ 表示所有社会成员的收入向量。当效用函数是每个个体收入的一次齐次函数时，如果用社会福利与其理论最大值的比例（用 E 表示）作为社会公平程度的测度指标，则社会福利函数可表示成平均收入和公平程度的乘积，即 $W = \bar{y}E$（Deaton，2005）。1998 年诺贝尔经济学奖得主阿玛蒂亚·森（Sen

Amartya，1973）把$(1-G)$（G为基尼系数）作为公平程度的测度指标，得到结算的社会福利函数是：$W_{gini}=\mu(1-G)$，μ表示平均收入。福斯特（Foster James E.，1996）建议用阿肯森指数（Atkinson's index，一种不平等测度指标）。由于阿肯森指数和泰尔指数（Theil index，另一种不平等测度指标）之间的关系，福斯特将社会福利函数直接表示为$W_{Theil-L}=\mu e^{-T_L}$或者$W_{Theil-T}=\mu e^{-T_T}$，其中T_L和T_T是两种泰尔指数。这几种社会福利函数的缺陷是它们都依赖于齐次性假设（Deaton，2005），不公平测度指数的选择具有随意性，缺乏判断这些不平等指数孰优孰劣的经济学标准。

综观以上福利函数的形式，无论是古典社会福利函数、新古典社会福利函数、精英者社会福利函数、罗尔斯社会福利函数，还是森和福斯特的社会福利函数，都有各自的优点和缺陷。古典功利主义的福利函数仅考虑了个体效用的简单加总和平均，忽视了社会个体之间的差别。精英者的福利函数因仅考虑效率而忽视公平，受到广泛的批评。罗尔斯的福利函数强调最低收入者的福利，过分重视公平问题，因而可能导致社会缺乏激励机制、效率低下。森和福斯特的社会福利函数属于同一类型，它们都是社会平均收入和收入差别的二元函数，只是衡量收入差别的指标不一样，然而，两者对最低收入阶层的福利状况与收入分配的关系没有给予足够的重视。

在福利最优化理论研究方面，旧福利经济学从效用可比性的前提出发，获得了平均分配使社会福利到达最大的结论。Louis Kaplow（1996）从期望效用最大化的角度研究了财富在家庭成员间的最优分配问题，其结论是在家庭成员的偏好一致的情况下财富最优分布是单点分布，即每个家庭成员间享受的收入份额是相等的。Wold & Whittle（1957）给出了财富分布服从帕累托分布的一种解释。至于对约束条件下的连续型最优财富分布的一般研究，笔者还没有看到任何有价值的结果。

目前，国内外对收入和财富分配的研究主要集中在实证分析方面，而且以国际和区域间的比较研究为主，从消费者的角度研究收入和财富最优分布状态的文献并不多见。在实证研究中，有人假设财富分布服从帕累托分布，有人假设收入分布服从指数分布和伽玛分布，有的假设财富服从对数状态分布（张平，2003）。尽管其中有些分布与现实符合得很好，却不能给出合理的理论解释。

《中外管理导报》1993 年第 3 期发表了《基尼系数的理论最佳值——三分之一》一文（胡祖光，1993），其中所谓的理论依据是假设全社会所有人的收入按作者规定的等差级数排列，然后求得基尼系数，该基尼系数就是所谓的“理论最佳值”。笔者读后感到十分不妥，从经济学的角度怎么也看不出“等差级数排列”与经济上的“理论最佳”有何关系。《中外管理导报》1994 年第 1 期发表了《论基尼系数的理论最佳值——与胡祖光先生商榷》（赵志君，1994）一文，文中指出了胡文的严重缺陷。然而，胡祖光先生又在《经济研究》2004 年第 9 期发表了《基尼系数理论最佳值及其简易计算公式研究》一文。该文的内容包括“基尼系数理论最佳值”和“简易计算公式”两部分，其中第一部分的内容与 1993 年在《中外管理导报》发表的《基尼系数的理论最佳值——三分之一》一文的内容基本一致，但第二部分的“简易计算公式”有一定的适用性，这里不再赘述。那一次探讨虽然没有对基尼系数的“理论最佳值”问题给出一个最终答案，却可以引申出一个经济理论界迄今为止尚未解决的重要问题，这就是在人们实证分析中发现的经验收入分布的背后有何理论依据？能否从经济学的角度对收入的经验分布类型给出一个合理的解释？笔者认为，既然经济学研究的是理性经济人行为，那么经济现象就是理性经济人追求自身利益最大化的结果，因此，收入或财富分布作为经济人行为的结果，至少应当从经济人的最优化行为中获得部分解释；但是，现有的经济理论并没有把社会福利与收入分布和基尼系数的关系建立起来。

本章问题的提出遵循以下逻辑：既然基尼系数是从收入和财富分布计算得来，那么如果基尼系数果真存在“理论最佳值”，则必然有一个与之对应的“最佳理论分布和洛伦兹曲线”。然而，基尼系数和收入分布之间并非“一一对应”关系，即一个基尼系数有无穷多种形态的概率分布或洛伦兹曲线与之对应，而一条洛伦兹曲线只有一个基尼系数与之对应。这就引出一个新的理论问题，即在基尼系数给定的条件下，其对应的无数多个概率分布（或洛伦兹曲线）当中是否存在一个最优的呢？如果存在，这个分布状态是什么？对应的社会福利函数是什么？

上述问题的答案与经济学两个基本问题密切联系：一个是资源的稀缺性问题，因为只有在资源稀缺的条件下分配问题才有意义。如果财富是无限的，是取之不尽、用之不竭的，那么就没有分配的必要。另一个是社会个体的消费偏好和社会福利的关系问题。从直观上看，收入和财富的分配形式是与消费者的价值取向和偏好分不开的。在社会主义计划经济时代，人们基本价值观念和社会主流价值取向是平均主义，基尼系数很低。改革开放以后，社会主流价值取向逐步变成了邓小平倡导的"让一部分人先富起来，然后实现共同富裕"，但迄今为止，这一价值取向的前半句体现得比较明显，导致基尼系数越来越大，收入分布越来越不公平，引发了一系列社会矛盾。现在进入坚持科学发展观、建设和谐社会阶段，"共同富裕"的目标将逐步得到体现，收入分布的格局也要发生新的变化。由此可见，收入分配与社会消费的偏好有很大关系，不同的社会偏好会产生不同的收入分布结果，因而对应不同的洛伦兹曲线和基尼系数。因此，撇开社会偏好和最优财富分布形态去讨论基尼系数的理论最佳值，可以说没有理论和实际意义。一旦最优的分布状态确定之后，在给定消费者偏好的基础上就可以把个体消费者的偏好按概率分布进行加总，获得社会福利函数最优表达形式。

本章的其余部分是这样安排的：第二节主要讨论最优财富分布、社会福利函数与消费者偏好、财富水平、基尼系数的关系。在第一部分提出财富分布问题的目标函数；第二部分提出财富问题面临的约束条件；第三部分和第四部分针对两类财富分布问题求出最优分布和社会福利函数的一般表达式；第五部分讨论最低生活保障线的确定及其社会福利函数的政策含义。在第三节，笔者受本研究启发，指出了现有宏观经济学的一些问题，提出了一些关于重建宏观经济学微观基础的思路。最后一部分是本章的结语，概括了本章的主要结果。

第二节 消费者偏好、基尼系数与最优财富分布

一 最优财富分布问题的目标函数

本章中的效用函数用间接效用函数来表示，每个个体的效用决定于其对货币的偏好。由于个体之间的差异性，要进行效用的人际比较必须选择一个共同的基准（相当于牛顿力学中的伽利略参照系），因此，假设社会中每个个体的偏好用财富的效用函数$U=U(y)$来表示。该效用函数是二阶连续可微，并满足效用函数的性质，即一阶导数$U'(y)>0$、二阶导数$U''(y)<0$和稻田条件（Inada Conditions）$\lim\limits_{y\to\infty}U'(y)=0$。

从劳动者维持人类生存和发展的需要来看，任何社会都需要一个维持人类生存和发展需要的最低生活水平。现代社会一般都从法律和政策的角度规定了最低生活保障水平。假设$y_m>0$表示社会上最穷的人拥有的财富，它可以保障一个人维持法律和政策规定的最低生活水平，则一个社会中的每一个个体财富可用随机变量$Y\in[y_m,\infty)$表示。整个社会的财富分布用概率分布函数$F(y)$表示，记$Y\sim F(y)$。$F(y)$在$[y_m,\infty)$上连续可微，且满足$F(y_m)=0$，$F(\infty)=1$，对应$F(y)$的概率分布密度函数记为$f(y)$，两者的关系为$F'(y)=f(y)$或者$dF(y)=f(y)dx$。由于$F(y)$的不确定性，即对应给定的基尼系数有无穷多个分布，则满足这个条件的所有分布构成一个分布集合，这样的集合记为：

$$\mathrm{P}=\left\{F(x)\left|\int_{y_m}^{\infty}yF'(y)dy=\mu;\int_{y_m}^{\infty}y[1-F(y)]F'(y)dy=\frac{1}{2}\mu(1-G)\right.\right\}$$

其中约束条件的推导将在标题“二”下讨论。

社会福利函数一般定义为所有个体效用的加总。① 在总体个数一

① 社会福利函数把社会福利看作是个人福利的总和，所以社会福利是所有个人福利总和的函数。假设社会中共有 n 人，古典社会福利函数 W 可以记作：$W=U_1+U_2+\cdots+U_n$。

定的条件下，我们可以用平均福利水平等价地表示整个社会的福利水平，用下式表示：

$$W(F)=\underset{F\in P}{Max}\,E\ U(y)=\int_{y_m}^{\infty}U(y)f(y)dy=\int_{y_m}^{\infty}U(y)F'(y)dy \tag{1}$$

注意，这里的 $W(F)$ 不是一个普通函数，而是一个以分布函数 $F(y)$ 为变量的表达式，是社会福利关于财富分布的积分泛函。这种概率不确定条件下的最优化问题产生的期望效用函数不同于传统的效用函数，一般来说是非线性的，是一种非线性数学期望或者“G 期望”。中国著名数学家、中国科学院院士彭实戈（Peng，S.，1997，1999）发现了这种非线性数学期望与倒向随机微分方程之间的关系。本章的一个主要任务就是要从对应特定基尼系数的无穷多个分布中找到使目标函数（1）式达到最大的那个分布函数，这样的分布函数我们称之为最优财富分布函数，对应的社会福利函数叫作最优社会福利函数。

另外，（1）式是一个无穷积分，被积函数是否可积依赖于效用函数的性质。除了稻田条件之外，一般研究随机经济现象的文献都假设效用函数是有界的（见 Aiyagari，1993；Huggett，1997；Huggett & Ospina，2001；Miao，2006）。这些条件保证了效用函数与平衡增长路径的一致性。Richard M. H. Suen（2009）定义了一族效用函数 $U[\sigma(y)]$ 满足：（1）是严格递增函数；（2）是二次可微函数；（3）是下列二阶常微分方程的解：

$$U''(y)+\frac{\sigma(y)}{y}U'(y)=0$$

对所有的 $y>0$ 成立。

其中，$\sigma(y)$ 是定义在区间 $(0,\infty)$ 的函数，表示边际效用弹性。Richard M. H. Suen（2009）证明了如下命题：假设 $\sigma(y)$ 是非负连续的有界函数，如果存在 $x\geqslant 0$，使对于任意 $y>x$，有 $\sigma(y)>1$，则 U

[σ (y)] 中的任何函数 $U = U(y)$ 是有上界的。反之，如果 σ (y) $\leqslant 1$，则 U [σ (y)] 中的任何函数 $U = U(y)$ 是无上界的。因此，为了保证（1）有意义，本章假设 $\sigma(y) > 1$ 成立，即效用函数 $U = U(y)$ 有上界。[①]

二 社会福利最大化面临的约束条件

如上文所言，最优化（1）式面临的第一个约束就是资源和平均社会财富水平的有限性。在一个特定时期和特定的社会群体中，如果财富是有限的，则社会财富的平均水平是存在的：

$$EY = \int_{y_m}^{\infty} yF'(y)dy = \int_{y_m}^{\infty} yf(y)dy = \mu < +\infty \text{ ②} \quad (2)$$

前面我们指出，对应给定的基尼系数，有无穷多条洛伦兹曲线和概率分布函数与之对应。因此，另一个约束是针对基尼系数的。在这无穷多条洛伦兹曲线和分布中求得最优的那个分布，就要引入社会福利最大化问题（1）的第二个约束条件，即基尼系数的约束条件。从更广阔的视野来看，在公平和效率之间权衡是很困难的。如果过于强调公平，则会影响生产领域的产出效率；如果过于强调效率，则可能因为两极分化而使社会矛盾激化，最终对社会福利产生负面影响。因此，从理论上讲，政府作为社会管理者可以在初次收入分配的基础上，适度调节收入分配，换句话说，就是允许一定的不平等程度的基础上，使社会福利达到最大。如果用基尼系数表示不平等程度，则政府政策的结构微调受条件 $G_1 \leqslant G \leqslant G_2$ 的制约，即在追求公平时，不能过于影响生产效率，条件 $G_1 \leqslant G$ 要发挥作用。在追求生产效率时，不能允许社会差别过于扩大，条件 $G \leqslant G_2$ 要发挥作用。在本章中我们主要在不损害效率的前提下研究如何调节收入分配结构或财富结构，使社会福利达到最大。这个问题面临的约束条件是 $G_1 \leqslant G$。至于

---

① 由于效用函数是严格递增的，$U = u(y)$ 有上界，所以存在常数 1，使 $\lim_{y \to \infty} U(y) = 1$。

② 通常文献中给出的公式是针对 $y_m = 0$ 的情形，$EY = \int_0^{\infty} [1 - F(y)]\, dy = \mu$。

生产领域的问题我们将在另一篇论文中讨论。

基尼系数用图形表示就是社会均等化曲线和洛伦兹曲线之间的面积与社会均等化曲线下方面积的比率。基尼系数等于 0 表示社会财富分布完全均等，等于 1 表示极端不均等，即社会财富集中在一个人手里。按照基尼系数的定义，连续分布的基尼系数可表示为洛伦兹曲线的积分。洛伦兹曲线的定义为：

$$L[F(y)]=\frac{\int_{y_m}^{y} tF'(t)dt}{\int_{y_m}^{\infty} tF'(t)dt}=\frac{1}{\mu}\int_{y_m}^{y} tF'(t)dt$$

如果将概率分布函数 $F(t)$ 做变换：$F(t)=x$ 和 $F(y)=p$，则有 $t=F^{-1}(x)$，$y=F^{-1}(p)$，且洛伦兹曲线可以写成：

$$L(p)-\frac{\int_{0}^{p} F^{-1}(x)dx}{\int_{0}^{1} F^{-1}(x)dx}=\frac{1}{\mu}\int_{0}^{p} F^{-1}(x)dx$$

基尼系数可表示为：

$$G=1-2\int_{0}^{1}L(p)dp=1-\frac{2}{\mu}\int_{0}^{1}\left[\int_{0}^{p} F^{-1}(x)dx\right]dp$$

可以证明，基尼系数可以等价地表达为：

$$G=1-\frac{2}{\mu}\int_{0}^{1}(1-p)F^{-1}(p)dp=1-\frac{2}{\mu}\int_{y_m}^{\infty} y[1-F(y)]F'(y)dy$$

于是，我们得到最优化目标的第二个约束条件：

$$\int_{y_m}^{\infty} y[1-F(y)]F'(y)dy=\frac{1}{2}\mu(1-G) \tag{3}$$

该约束条件（3）式等价于 $\int_{y_m}^{\infty}[1-F(y)]^2 dy=(1-G)\mu-y_m$。

三　无基尼系数限制的最优财富分布问题

首先我们希望将 Louis Kaplow（1996）关于家庭财富最优分布的

离散型分布结果推广到社会财富分布为连续的情况，Louis Kaplow（1996）的问题用连续函数的变分问题表示如下。

最大化目标：

$$\underset{F\in P}{Max}\,EU(y)=\int_{y_m}^{\infty}U(y)F'(y)dy \tag{1'}$$

边界条件：

$$F(y_m)=0\,,\ F(\infty)=1$$

$$L=U(y)F'(y)-\lambda[yF'(y)] \tag{4}$$①

该问题对应的欧拉—拉格朗日方程是 $\frac{\partial L}{\partial F}-\frac{d}{dy}\left[\frac{\partial L}{\partial F'}\right]=0$，

或者：

$$U'(y)=\lambda\ （常数） \tag{5}$$

由于λ是常数且$U'(y)$单调下降，所以y必恒等于常数。在这种情况下分布函数不可能为连续函数。因此，当财富分布为离散型时，最优化目标为：

$$\underset{p_i}{Max}\,EU(y)=\underset{p_i}{Max}\sum_{i=1}^{n}U(y_i)p_i$$

其中，$P(Y=y_i)=p_i$表示财富分布。为方便起见，又不失一般性，可设$n=2$（用数学归纳法可以推广到一般情况），$p_1=p$，$p_2=1-p$。$\alpha_i=y_i/\mu$表示第i个人的收入与平均收入的比例，显然$\alpha_1+\alpha_2=2$。该问题转化为求α和p使$W=pU(\alpha\mu)+(1-p)U[(2-\alpha)\mu]$最大。改写上式为$W=p\{U(\alpha\mu)-U[(2-\alpha)\mu]\}+U[(2-\alpha)\mu]$，现证$\alpha=1$。用反证法，假设$\alpha\neq1$，不妨设$\alpha>1$，则$U(\alpha\mu)-U[(1-\alpha)\mu]>0$，则$p=1$时社会福利最大，即$p(Y=y_1)=1$为单点分布，表示社会财富在成员间平均分配。所以必有$\alpha=1$，与假设

① 最大值原理和变分法都证明，积分约束的共态变量λ为常数（参见蒋中一，1999）。

$\alpha \neq 1$矛盾。$\alpha=1$，$p=1$对应的社会福利函数为$W=U(\mu)$。这个结果与旧福利经济学的结论相同，可以写成如下的定理1。

定理1：在社会总财富一定且不对基尼系数附加任何限制的条件下，使社会福利达到最大的分布是单点分布，即全社会的财富平均分配。

四　基尼系数给定条件下的最优财富分布问题

定理1表达的思想是绝对平均主义，在现实世界是不存在的，与生产领域的激励机制相矛盾。通常社会的财富分配允许存在一定的差别，即在讲究提高效率的同时兼顾社会公平。这个思想的数学表达就是在定理1中附加基尼系数给定或者不超过给定常数的假设。将社会福利目标函数（1）、约束条件（2）和（3），与边界条件$F(y_m)=0$和$F(\infty)=1$结合起来就构成了动态最优化的标准形式。该问题可表示为如下。

最大化目标：

$$\underset{F\in P}{Max}\, EU(y)=\int_{y_m}^{\infty}U(y)F'(y)dy \tag{1)'$$

约束条件：

$$EY=\int_{y_m}^{\infty}yF'(y)dy=\mu<+\infty \tag{2)'$$

$$\int_{y_m}^{\infty}y[1-F(y)]F'(y)dy=\frac{1}{2}(1-G)\mu \tag{3)'$$

边界条件：$F(y_m)=0$，$F(\infty)=1$。

该问题对应的拉格朗日被积函数为：

$$L=U(y)F'(y)-\lambda_1[yF'(y)]-\lambda_2\{y[1-F(y)]F'(y)\}^{①} \tag{6}$$

对应的值函数为：

① 最大值原理和变分法都可证明，积分约束的共态变量λ_1和λ_2为常数（参见蒋中一，1999）。

$$\overline{W}(F;\lambda_1,\lambda_2)=\int_{y_m}^{\infty}Ldy \tag{7}$$

该最优化问题的一阶条件是欧拉—拉格朗日方程：

$$\frac{\partial L}{\partial F}-\frac{d}{dy}\left[\frac{\partial L}{\partial F'}\right]=0 \tag{8}$$

计算得：

$$\frac{\partial L}{\partial F}=\lambda_2 yF'(y) \tag{9}$$

$$\frac{\partial L}{\partial F'}=U(y)-\lambda_1 y-\lambda_2 y[1-F(y)] \tag{10}$$

$$\frac{d}{dy}\left[\frac{\partial L}{\partial F'}\right]=U'(y)-\lambda_1-\lambda_2[1-F(y)]+\lambda_2 yF'(y) \tag{11}$$

（9）式和（11）式代入欧拉—拉格朗日方程（8）得：

$$U'(y)-\lambda_1-\lambda_2\left[1-F(x)\right]=0 \tag{12}$$

$$1-F(x)=\frac{U'(y)-\lambda_1}{\lambda_2} \tag{13}$$

将边界条件 $F(y_m)=0$、$F(\infty)=1$ 和稻田条件 $U'(\infty)=0$ 用于（13）得：

$$1=\frac{U'(y_m)-\lambda_1}{\lambda_2} \tag{14}$$

$$0=\frac{-\lambda_1}{\lambda_2} \tag{15}$$

（14）式和（15）式组成的方程组的解为 $\lambda_1=0$①，$\lambda_2=U'(y_m)$，代入（13）得最优分布函数：

$$F^*(y)=1-\frac{U'(y)}{U'(y_m)} \tag{16}$$

① $\lambda_1=0$ 说明第一个约束条件是多余的，这是由于 $U'(\infty)=0$。

其中 y_m 由约束条件（3）决定。显然，$F^*(y) = 1-\frac{U'(y)}{U'(y_m)}$ 满足分布函数的性质：$F'(y)>0$，$F(y_m)=0$，$F(\infty)=1$。

要证明满足一阶条件的分布函数是最优解，有必要验证极值存在的充分条件。由于 $\frac{\partial^2 L}{\partial F^2}=0$，$\frac{\partial^2 L}{\partial F'^2}=0$，$\frac{\partial^2 L}{\partial F\partial F'}=0$，$\frac{\partial^2 L}{\partial F'\partial F}=\lambda_2 y$，$\frac{d}{dt}\left(\frac{\partial^2 L}{\partial F\partial F'}\right)=\lambda_2=U'(y_m)>0$，所以，对于任意给定的满足 $p(y_m)=0$ 和 $\lim_{y\to\infty}p(y)=0$ 的扰动曲线 $p(y)$ 和任意小的 ε，定义 $F(y)=F^*(y)+\varepsilon p(y)$（见蒋中一，1999），则：

$$\begin{aligned}\frac{d^2\overline{W}(F,\lambda_1,\lambda_2)}{d\varepsilon^2}&=\int_{y_m}^{\infty}\left[\left(\frac{\partial^2 L}{\partial F^2}-\frac{d}{dy}\frac{\partial^2 L}{\partial F\partial F'}\right)p^2(y)+\frac{\partial^2 L}{\partial F'^2}p'^2(y)\right]dy\\&=\int_{y_m}^{\infty}\left[-\lambda_2 p^2(y)\right]dy<0\end{aligned}\tag{17}$$

这就证明了该问题满足最大值的充分条件，即当 $F^*(y)=1-\frac{U'(y)}{U'(y_m)}$ 时，$\overline{W}(F;\lambda_1,\lambda_2)=\int_{y_m}^{\infty}Ldy$ 达到最大值。① 因此，$1-\frac{U'(y)}{U'(y_m)}$ 是在约束条件下使 $W(F)$ 为最优的概率分布。于是，笔者在一般条件下获得了如下的定理2，称作最优财富分布表示定理。

定理 2（最优财富分布表示定理）：对于给定的效用函数 $U=U(y)$，在财富稀缺和基尼系数给定的条件下［即满足条件（2）和（3）］，使社会福利最大化的财富分布函数由消费者的边际效用唯一决定，其表达形式为：$F_*(y)=1-\frac{U'(y)}{U'(y_m)}$。

以上给出的最优财富分布（16）是抽象的，因为效用函数形式

---

① 对该问题而言，$\frac{\partial^2 L}{\partial F'^2}=0$。

不是具体的，但却具有普遍意义。当效用函数具体形式给出以后，可以得到对应的具体分布。在经济学理论研究中，比较常用的单变量效用函数包括常相对风险厌恶（*constant relative risk aversion or CRRA*）效用函数、常绝对风险厌恶（*constant absolute risk aversion or CARA*）效用函数，多变量效用函数包括拟线性（*quasi linear*）效用函数和位似（*homothetic*）效用函数。

推论 1：如果效用函数是常相对风险厌恶的，则对应的最优分布为帕累托分布。

如果效用函数是常相对风险厌恶的，不妨假设其效用函数可表示为$U(y)=\dfrac{y^{1-\sigma}-1}{1-\sigma}$，其中$\sigma>0$①，则对应的最优分布函数为$F(y)=1-\left(\dfrac{y}{y_m}\right)^{-\sigma}$，这是标准的帕累托概率分布函数。

推论 2：如果效用函数是常绝对风险厌恶的，则最优分布为指数分布。

如果效用函数是常绝对风险厌恶的，不妨假设其效用函数为$U(y)=1-e^{-ay}$，其中$a>0$，则对应的最优分布函数为$F(y)=1-e^{-a(y-y_m)}$，这是标准的指数分布函数。

有了最优财富分布函数，我们可以求对应最优分布的社会福利函数，其表达式为：

$$
\begin{aligned}
W_{\max} &= \int_{y_m}^{\infty} U(y)F'(y)dy \\
&= \int_{y_m}^{\infty} U(y)\left[\frac{-U''(y)}{U'(y_m)}\right]dy \\
&= \frac{-1}{U'(y_m)}\int_{y_m}^{\infty} U(y)dU'(y) \\
&= \frac{-1}{U'(y_m)}\left\{U(y)U'(y)\Big|_{y_m}^{\infty} - \int_{y_m}^{\infty}[U'(y)]^2 dy\right\} \\
&= U(y_m)+U'(y_m)\int_{y_m}^{\infty}\left[\frac{U'(y)}{U'(y_m)}\right]^2 dy
\end{aligned}
$$

① 在本文中，要保证效用函数的有界性，效用函数需要满足$\sigma>1$。

$$
\begin{aligned}
&= U(y_m) + U'(y_m)\int_{y_m}^{\infty}[1-F(y)]^2 dy \\
&= U(y_m) + U'(y_m)[(1-G)\mu - y_m] \\
&= U(y_m) - U'(y_m)y_m + U'(y_m)[(1-G)\mu] \\
&= R(y_m) + U'(y_m)[(1-G)\mu]
\end{aligned}
$$

其中，$R(y_m) = U(y_m) - U'(y_m)y_m$ 表示最低收入者的消费者剩余。上述结果的推导中，在第五个等号处，用到了 $\lim_{y\to\infty} U(y)U'(y) = 0$，这是由 U(y)的有界性和稻田条件 $\lim_{y\to\infty} U'(y) = 0$ 决定的。于是，我们得到：

定理 3 **（最优社会福利表示定理）：** 最优社会福利函数 W 由最低收入者消费者剩余 $R(y_m)$、平均财富水平 μ 和基尼系数 G 共同决定，其表达式为：

$$
W(y_m,\mu,G) = R(y_m) + U'(y_m)[(1-G)\mu]。 \tag{18}
$$

定理 3 告诉我们，提高社会福利水平有三个途径：一是提高最低收入者的消费者剩余 $R(y_m) = U(y_m) - U'(y_m)y_m$；二是提高社会财富平均水平 μ；三是降低财富相对不平等程度（G）。社会福利水平随着最低收入者消费者剩余和平均财富的增加而增加，随着基尼系数的增加而下降。从最优社会福利函数很容易得到以下两个推论：

推论 3：当 $G = 0$，即全社会财富平均分配（$\mu = y_m$）时，最优社会福利函数是罗尔斯福利函数：$W(y_m,\mu,G) = U(y_m)$。

推论 4：当消费者偏好趋于风险中性，即效用函数在 y_m 附近为线性函数时，$U(y_m) = ky_m$、$U'(y_m) = k$，则最优社会福利函数是森的福利函数 $W(y_m,\mu,G) = k(1-G)\mu$。

这两个推论表明，罗尔斯福利函数和森的福利函数是最优社会福利函数的两个特例。因此，本章的结果更具有一般性和普遍性。

五 最低生活保障线的确定及其社会福利含义

将最优社会福利函数代入约束条件（3）等价条件中，并令

$h=\mu(1-G)$，可得：

$$h=y_m+\frac{1}{U'(y_m)}\int_{y_m}^{\infty}\left[U'(y)\right]^2 dy \tag{19}$$

从直观上看，（19）式有两重含义：一是表示 h 是 y_m 的函数，y_m 是 h 的反函数，于是社会福利函数既可以写成 y_m 的函数，也可以看作 h 的函数。因此，如果把 y_m 视为最低生活保障水平，则最低生活保障或者最低工资政策内生于平均财富水平和不平等程度。二是表示 $(1-G)\mu>y_m$。由于：

$$\frac{dh}{dy_m}=\frac{-2U''(y_m)\left[h-y_m\right]}{U'(y_m)}>0$$

或者：

$$\frac{dy_m}{dh}=\frac{U'(y_m)}{-2U''(y_m)\left[h-y_m\right]}>0 \tag{20}$$

最低生活保障随着平均收入水平的提高而提高，反过来，提高最低生活保障也是缩小收入差别的有效途径。

让我们再来看一看提高最低生活保障对社会福利的影响。对社会福利函数（18）求导得：

$$\frac{dW}{dy_m}=U''(y_m)\left[y_m-h\right]>0$$

所以，旨在提高消费者最低保障水平的收入分配政策不仅会增加穷人的消费者剩余，而且提高了社会福利水平，从这个角度讲，罗尔斯福利函数与本章的社会福利函数不产生矛盾，只不过罗尔斯没有从全局把握收入分布状态。

如果将本章获得的最优社会福利函数 $W=R(y_m)+U'(y_m)[(1-G)\mu]$ 与上述福利函数做一个对比，容易发现，本章的社会福利函数兼顾了社会财富的平均水平和财富分布，而且把最低收入阶层（即所谓的弱势群体）的福利作为一个内生变量，具有明显的政策含义。因此，笔者获得的福利函数兼具以上社会福利函数的优点，克服了其缺陷，是迄今为止最全面的福利函数（见表 12－1）。

表 12－1 **各种福利函数优缺点的比较**

福利函数的名称	倡导者	福利函数表达式	福利函数特点
古典功利主义社会福利函数	马歇尔（*Mashall*）、庇古（*Pigou*），帕累托（*Pareto*）等	$W = U_1 + U_2 + \cdots + U_n$	个体效用的加总和算术平均，忽视收入差别
纳什社会福利函数	纳什（*John Forbes Nash Jr.*）	$W = U_1 U_2 \cdots U_n$	社会福利为所有社会成员效用之积
精英者社会福利函数		$W = Max\{U_1, U_2, \cdots, U_n\}$	最大化最高收入者的福利，忽视弱势群体
罗尔斯社会福利函数	罗尔斯（*John Rawls*）	$W = Min\{U_1, U_2, \cdots, U_n\}$ 或 $W(y_m, \mu, G) = U(y_m)$	最大化最低收入者的福利，只考虑弱势群体利益
森（*Sen*，*Amartya K*）社会福利函数	森（*Amartya K Sen*）	$W_{gini} = \mu(1 - G)$	兼顾社会平均水平和之间的差别
Foster 社会福利函数	福斯特（*James E. Foster*）	$W_{Theil-L} = \mu e^{-T_L}$	兼顾社会平均水平和之间的差别
最优社会福利函数	笔者	$W = R(y_m) + U'(y_m)(1 - G)\mu$	综合考虑弱势群体的福利、平均财富和不均等程度

第三节 结语

本章讨论了两类社会福利最大化问题。一类是无基尼系数限制条件的最优财富分配问题；另一类是财富均值和基尼系数都给定条件下的最优财富分配问题。本章证明，在承认个体能力差别和一定程度的机会不均衡合理性的前提下（即基尼系数不等于 0），财富的分布状态完全决定于其边际效用。本章进一步证明，在效用函数是常相对风险厌恶的情况下，帕累托分布为最优分布；在效用函数是常绝对风险厌恶的情况下，指数分布为最优分布。这两种效用函数是理论上最为常用的效用函数，对应着两种在实践中常见的概率分布。这一发现回答了为什么帕累托分布能较好地拟合现实的财富分布。帕累托分布能很好地刻画社会学、政治学、情报学、生物学等领域的现象，笔者相信，其中的道理是类似的。

研究最优财富的另一个重要结果是一般社会福利函数的获得，这是笔者所始料不及的。笔者导出的社会福利函数是最低收入者福利、平均财富水平和基尼系数的函数，同前人提出的社会福利函数相比较，它兼具前人提出的各种社会福利函数的优点，克服了其缺陷，更适合作为比较不同社会和不同发展阶段社会福利的标准。另外，本章的推论表明，前人提出的几种福利函数是本章得到的福利函数特例。

本章的社会福利函数与代表性消费者的效用函数在形式上有本质的区别。代表性消费者的效用函数和通过加总代表性消费者效用函数而获得的福利函数定义在不同的空间上。前者只依赖于财富水平，而后者不仅依赖于财富水平，而且还依赖于基尼系数，显然更好地反映了现实情况，说明传统宏观经济学的微观基础存在重大缺陷。

最优财富分布对政府制定遗产税、个人所得税等税制改革有重要的指导意义。第一，如果社会的初次分配造成的收入差别过大，表现为基尼系数过大，则政府可以通过累进所得税和遗产税政策缩小基尼系数，提高最低生活保障水平。第二，在有了税后目标的基尼系数的条件下，税率政策还应该使税后的收入分布达到最优状态。

参考文献

第一章　参考文献

［美］保罗·克鲁格曼：《汇率的不稳定性》，北京大学出版社、中国人民大学出版社 2000 年版。

［美］贝内特·*T.* 麦克勒姆：《国际货币经济学》，中国金融出版社 2001 年版。

［美］戴维·罗默：《高级宏观经济学》，商务印书馆 1999 年版。

［美］雅克布·*A.* 弗兰克尔、阿萨夫·雷兹恩、阮志华：《世界宏观经济学：全球一体化下的财政政策与经济增长》，经济科学出版社 2005 年版。

［意］贾恩卡洛·甘道尔夫：《国际金融与开放经济的宏观经济学》，上海财经大学出版社 2006 年版。

［英］戴维·里维里恩、克里斯·米尔纳主编：《国际货币经济学前沿问题》，中国税务出版社、北京腾图电子出版社 2000 年版。

［英］劳伦斯·*S.* 科普兰：《汇率与国际金融》，中国金融出版社 2002 年版。

姜波克、陆前进编著：《国际金融学》，上海人民出版社 2003 年版。

李荣谦编著：《国际货币与金融》（第三版），中国人民大学出版社 2006 年版。

刘红忠、张卫东：《蒙代尔—弗莱明模型之后的新开放经济宏观经济学模型》，《国际金融研究》2001 年第 1 期。

欧阳勋、黄仁德编著：《国际金融理论与制度》，台湾三民书局 1993

年版。

王胜：《新开放经济宏观经济学理论研究》，武汉大学出版社 2006 年版。

王胜、邹恒甫：《“新开放经济宏观经济学”发展综述》，《金融研究》2006 年第 1 期。

王志伟、范幸丽：《新开放经济中的宏观经济学及其研究进展》，《经济学动态》2004 年第 3 期。

姚斌：《国家规模、对外开放度与汇率制度的选择——基于福利的数量分析》，《数量经济技术经济研究》2006 年第 9 期。

姚斌：《人民币汇率制度选择的研究——基于福利的数量分析》，《经济研究》2007 年第 11 期。

Ambler, *Steve*, *Emanuela Cardia*, *and Christian Zimmermann*, 2004, “*International Business Cycles*: *What Are the Facts*?”, Journal of Monetary Economics, *Vol.* 51, *pp.* 257 – 276.

Backus, *David*, *Patrick Kehoe*, *and Finn Kydland*, 1992, “*International Real Business Cycles*”, Journal of Political Economy, *Vol.* 100 (4), *pp.* 745 - 775.

Backus, *David*, *Patrick Kehoe*, *and Finn Kydland*, 1995, “*International Real Business Cycles*: *Theory and Evidence*”, *In* Frontiers of Business Cycle Research, *Thomas F. Cooley ed.*, *Princeton*: *Princeton University Press*, *pp.* 1 – 38.

Baxter, *Marianne*, *Alan C. Stockman*, 1989, “*Business Cycles and the Exchange Rate Regime*: *Some International Evidence*”, Journal of Monetay Economics, *Vol.* 23, *pp.* 377 – 400.

Benigno, *Gianluca and Pierpaolo Benigno*, 2006, “*Designing Targeting Rules for International Monetary Policy Cooperation*”, Journal of Monetary Economics, *Vol.* 53, *pp.* 473 – 506.

Betts, *Caroline and Michael B. Devereux*, 1996, “*The Exchange Rate in a Model of Pricing – to – Market*”, European Economic Review, *Vol.* 40, *pp.* 1007 – 1021.

Betts, Caroline and Michael B. Devereux, 2000, "*Exchange Rate Dynamics in a Model of Pricing – to – Market*", Journal of International Economics, *Vol.* 50, *pp.* 215 – 244.

Blanchard, Oliver J., 1985, "*Debt, Deficits, and Finite Horizons*", Journal of Political Economy, *Vol.* 93, *pp.* 223 – 247.

Blanchard, Olivier Jean, and Nobuhiro Kiyotaki, 1987, "*Monopolistic Competition and the Effects of Aggregate Demand*", American Economic Review, *Vol.* 77 (4), *pp.* 647 – 666.

Calvo, Guillermo A., 1983, "*Staggered Prices in a Utility – Maximizing Framework*", Journal of Monetary Economics, *Vol.* 12 (3), *pp.* 383 – 398.

Calvo, Guillermo A., and Carmen M. Reinhart, 2002, "*Fear of floating*", Quarterly Journal of Economics, *Vol.* 117, *pp.* 379 – 408.

Canzoneri, Matthew B., Robert E. Cumby and Behzad T. Diba, 2005, "*The Need for International Policy Coordination: What's Old, What's New, What's Yet to Come?*", Journal of International Economics, *Vol.* 66, *pp.* 363 – 384.

Carmignani, Fabrizio, Emilio Colombo, and Patrizio Tirelli, 2008, "*Exploring Different Views of Exchange Rate Regime Choice*", Journal of International Money and Finance, *Vol.* 27, *pp.* 1177 – 1197.

Chari, V. V., Patrick J. Kehoe, and Ellen R. McGrattan, 1997, "*Monetary Shocks and Real Exchange Rates in Sticky Price Models of International Business Cycles*", NBER Working Paper, *No.* 5876.

Chari, V. V., Patrick J. Kehoe, and Ellen R. McGrattan, 2000, "*Sticky Price Models of the Business Cycle: Can the Contract Multiplier Solve the Persistence Problem?*", Econometrica, *Vol.* 68 (5), *pp.* 1151 – 1179.

Chari, V. V., Patrick J. Kehoe, and Ellen R. McGrattan, 2002, "*Can Sticky Price Models Generate Volatile and Persistent Real Exchange Rates?*", Review of Economic Studies, *Vol.* 69 (3), *pp.* 533 – 563.

Clower, R., 1967, "*A Reconsideration of the Microfoundations of Mone-*

tary Theory", Western Economic Journal, *Vol.* 6 (1), *pp.* 1 – 9.

Corsetti, Giancarlo, 2007, "*New Open Economy Macroeconomics*", CEPR Discussion Papers, *No.* 6578.

Corsetti, Giancarlo, and Paolo Pesenti, 2001, "*Welfare and Macroeconomic Interdependence*", Quarterly Journal of Economics, *Vol.* 116 (2), *pp.* 421 – 446.

Corsetti, Giancarlo, and Paolo Pesenti, 2005*a*, "*International Dimension of Optimal Monetary Policy*", Journal of Monetary Economics, *Vol.* 52, *pp.* 281 – 305.

Corsetti, Giancarlo, and Paolo Pesenti, 2005*b*, "*The Simple Geometry of Transmission and Stabilization in Closed and Open Economy*", NBER Working Paper, *No.* 11341.

Corsetti, Giancarlo, Luca Dedola, and Sylvain Leduc, 2007, "*Optimal Monetary Policy and the Sources of Local – Currency Price Stability*", NBER Working Paper, *No.* 13544.

Devereux, Michael, B., and Charles Engel, 1998, "*Fixed versus Floating Exchange Rates: How Price Setting Affects the Optimal Choice of Exchange – rate Regime*", NBER Working Paper, *No.* 6867.

Devereux, Michael, B., and Charles Engel, 1999, "*The Optimal Choice of Exchange – rate Regime: Price – setting Rules and Internationalized Production*", NBER Working Paper, *No.* 6992.

Devereux, Michael, B., and Charles Engel, 2007, "*Expenditure Switching versus Real Exchange Rate Stabilization: Competing Objectives for Exchange Rate Policy*", Journal of Monetary Economics, *Vol.* 54, *pp.* 2346 – 2374.

Dixit, Avinash K., and Joseph E. Stiglitz, 1977, "*Monopolistic Competition and Optimum Product Diversity*", American Economic Review, *Vol.* 67 (3), *pp.* 297 – 308.

Dornbusch, Rudiger, 1976, "*Expectations and Exchange Rate Dynamics*", Journal of Political Economics, *Vol.* 84, *pp.* 1161 – 1176.

Duarte, Margarida, 2001, "*International Pricing in New Open – Economy Models*", Federal Reserve Bank of Richmond Economic Quarterly, *Vol.* 87, *pp.* 53 – 70.

Engel, Charles, 2002, "*The Responsiveness of Consumer Prices to Exchange Rates and the Implications for Exchange – Rate Policy: A Survey of a Few Recent New Open – Economy Macro Models*", NBER Working Paper, *No.* 8725.

Fleming, J. Marcus, 1962, "*Domestic Financial Policies under Fixed and under Floating Exchange Rates*", IMF Staff Paper, *Vol.* 9, *pp.* 369 – 379.

Friedman, M., 1968, "*The Role of Monetary Policy*", American Economic Review, *Vol.* 58, *pp.* 1 – 17.

Friedman, Milton, 1953, "*The Case for Flexible Exchange Rates*", *in Milton Friedman, ed.*, Essays in Positive Economics, *Chicago: University of Chicago Press.*

Ganelli, Giovanni, 2005, "*The New Open Economy Macroeconomics of Government Debt*", Journal of International Economics, *Vol.* 65 (1), *pp.* 167 – 184.

Ganelli, Giovanni, and Philip R. Lane, 2003, "*Dynamic General Equilibrium Analysis: The Open Economy Dimension*", *in* Dynamic Macroeconomic Analysis: Theory and Policy in General Equilibrium, *Sumru Altug, Jagjit S. Chadha, and Charles Nolan Eds.*, *Cambridge University Press*, *pp.* 308 – 334.

Goodfriend, M., and King, R., 1997, "*The New Neoclassical Synthesis and the Role of Monetary Policy*", *In Bernanke, B., and Rotemberg, J. (Eds.)*, NBER Macroeconomics Annual, *MIT Press, Cambridge, M. A.*, *pp.* 231 – 295.

Jung, Yongseung, 2007, "*Can the New Open Economy Macroeconomic Model Explain Exchange Rate Fluctuations?*", Journal of International Economics, *Vol.* 72, *pp.* 381 – 408.

Kimball, M., 1995, "*The Quantitative Analytics of the Basic Neomone-*

tarist Model", Journal of Money, Credit and Banking, *Vol.* 27, *pp.* 1241 –1277.

King, Robert G., Charles I. Plosser, and Sergio T. Rebelo, 1988, "*Production, Growth and Business Cycles: The Basic Neoclassical Model*", Journal of Monetary Economics, *Vol.* 21, *pp.* 195 –232.

King, Robert G., Charles I. Plosser, and Sergio T. Rebelo, 2002, "*Production, Growth and Business Cycles: Technical Appendix*", Computational Economics, *Springer*, *Vol.* 20 (1 –2), *pp.* 87 –116.

Kirman, Alan P., 1992 "*Whom or What Does the Representative Individual Represent?*", Journal of Economic Perspectives, *Vol.* 6 (2), *pp.* 117 –136.

Klein, Michael W., and Jay C. Shambaugh, 2008, "*The Dynamics of Exchange Rate Regimes: Fixes, Floats, and Flips*", Journal of International Economics, *Vol.* 75, *pp.* 70 – 92.

Kollmann, Robert, 2001, "*The Exchange Rate in a Dynamic – Optimizing Business Cycle Model with Nominal Rigidities: A Quantitative Investigation*", Journal of International Economics, *Vol.* 55 (2), *pp.* 243 –262.

Krugman, Paul R., and Maurice Obstfeld, 2003, International Economics: Theory and Policy (6th ed.), *Addison Wesley*.

Krugman, Paul R., 1999, "*There' s Something about Macro*", *http: //web. mit. edu/krugman/www /islm. html.*

Kydland, Finn E., 2004, "*Quantitative Aggregate Theory*", *Nobel Prize lecture.*

Kydland, Finn E., and Edward C. Prescott, 1982, "*Time to Build and Aggregate Fluctuations*", Econometrica, *Vol.* 50 (6), *pp.* 1345 –1370.

Kydland, Finn E., and Edward C. Prescott, 1996, "*The Computational Experiment: An Econometric Tool*", Journal of Economic Perspectives, *Vol.* 10 (1), *pp.* 69 –85.

Lane, R. Philip, 2001, "*The New Open Economy Macroeconomics: A Survey*", Journal of International Economics, *Vol.* 54, *pp.* 235 –266.

Laxton, Douglas, and Paolo Pesenti, 2003, "*Monetary Rules for Small, Open, Emerging Economies*", Journal of Monetary Economics, *Vol.* 50, *pp.* 1109 – 1146.

Long, John B., and Charles I. Plosser, 1983, "*Real Business Cycles*", Journal of Political Economy, *Vol.* 91 (1), *pp.* 39 – 69.

Lucas, Robert E., Jr., 1977, "*Understanding Business Cycles*", *In*Carnegie – Rochester Conference Series on Public Policy, *Vol.* 5, *pp.* 7 – 29.

Lucas, Robert E., Jr., 1980, "*Methods and Problems in Business Cycle Theory*", Journal of Money, Credit and Banking, *Vol.* 12, *pp.* 696 – 715.

Mankiw, N. Gregory, 1985, "*Small Menu Costs and Large Business Cycles: A Macroeconomic Model of Monopoly*", Quarterly Journal of Economics, *Vol.* 100 (2), *pp.* 529 – 537.

Mankiw, N. Gregory, and David Romer (*eds.*), 1991, New Keynesian Economics, *Cambridge: MIT press.*

Meese, R., Kenneth Rogoff, 1983, "*Empirical Exchange Rate Models of the Seventies: Do They Fit out of Sample?*", *Journal of International Economics*, *Vol.* 14, *pp.* 3 – 24.

Mundell, Robert A, 1963, "*Capital Mobility and Stabilization Policy under Fixed and Flexible Exchange Rates*", Canadian Journal of Economics and Political Science, *Vol.* 29, *pp.* 475 – 485.

Obstfeld, Maurice, 2002, "*Exchange Rates and Adjustment: Perspectives from the New Open – Economy Macroeconomics*", Monetary and Economic Studies, *Institute for Monetary and Economic Studies, Bank of Japan*, *Vol.* 20 (*S*1), *pp.* 23 – 46.

Obstfeld, Maurice, and Kenneth Rogoff, 1995*a*, "*Exchange Rate Dynamics Redux*", Journal of Political Economics, *Vol.* 103 (3), *pp.* 624 – 660.

Obstfeld, Maurice, and Kenneth Rogoff, 1995*b*, "*The Mirage of Fixed Exchange Rates*", Journal of Economic Perspectives, *Vol.* 9 (4), *pp.* 73 – 96.

Obstfeld, *Maurice*, *and Kenneth Rogoff*, 1996, Foundations of International Macroeconomics, *Cambridge M. A.* : *MIT Press.*

Obstfeld, *Maurice*, *and Kenneth Rogoff*, 1998, "*Risk and Exchange Rates*", NBER Working Paper, *No.* 6694.

Obstfeld, *Maurice*, *and Kenneth Rogoff*, 2000*a*, "*New Directions for Stochastic Open Economy Models*", Journal of International Economics, *Vol.* 50, *pp.* 117 - 153.

Obstfeld, *Maurice*, *and Kenneth Rogoff*, 2000*b*, "*The Six Major Puzzles in International Macroeconomics*: *Is There a Common Cause*?", NBER Macroeconomics Annual, *Vol.* 15, *pp.* 339 - 390.

Obstfeld, *Maurice*, *and Kenneth Rogoff*, 2002, "*Global Implications of Self - Oriented National Monetary Rules*", Quarterly Journal of Economics, *Vol.* 117 (2), *pp.* 503 - 535.

Patureau, *Lise*, 2007, "*Pricing - to - market*, *limited participation and exchange rate dynamics*", Journal of Economic Dynamics and Control, *Vol.* 31, *pp.* 3281 - 3320.

Plosser, *Charles I*, 1989, "*Understanding Real Business Cycles*", Journal of Economic Perspectives, *Vol.* 3 (3), *pp.* 51 - 78.

Prescott, *Edward C.*, 1986, "*Theory Ahead of Business Cycle Measurement*", Federal Reserve Bank of Minneapolis Quarterly Review, *Vol.* 10 (4), *pp.* 9 - 22.

Prescott, *Edward C.*, 2004, "*The Transformation of Macroeconomic Policy and Research*", *Nobel Prize lecture.*

Rogoff, *Kenneth*, 1996, "*The Purchasing Power Parity Puzzle*", Journal of Economic Literature, *Vol.* 34 (2), *pp.* 647 - 668.

Sarno, *Lucio*, 2001, "*Towards a New Paradigm in Open Economy Modeling*: *Where Do We Stand*?", Federal Reserve Bank of St. Louis Review, *Vol.* 83 (3), *pp.* 21 - 36.

Sidrauski, *M.*, 1967, "*Rational Choices and Patterns of Growth in a Monetary Economy*", American Economic Review, *Vol.* 57, *pp.* 534 - 544.

Svensson, Lars E. O., andSweder van Wijnbergen, 1989, "*Excess Capacity, Monopolistic Competition, and International Transmission of Monetary Disturbances*", Economic Journal, *Vol.* 99, *pp.* 785 – 805.

Taylor, John B., 1999, "*Staggered Price and Wage Setting in Macroeconomics*", *in* Handbook of Macroeconomics, *John B. Taylor and Michael Woodford*, *pp.* 1009 – 1050.

Woodford, M., 2003, Interest and Prices: Foundations of a Theory of Monetary Policy, *Princeton, N. J.: Princeton University Press.*

第二章　参考文献

北京师范大学经济与资源管理研究所：《2003 中国市场经济发展报告》，中国对外经济贸易出版社 2003 年版。

蔡昉、都阳、王美艳：《人口转变新阶段与人力资本形成特点》，中国社会科学院人口与劳动经济研究所工作论文系列 *No.* 6，2001 年。

林毅夫、李永军：《出口与中国经济增长：需求导向的分析》，北京大学中国经济研究中心讨论稿系列，*N*0. *C*2002008，2002 年。

刘霞辉：《人民币升值已经到了长期升值预期的阶段了吗?》，《经济研究》2004 年第 2 期。

麦迪逊：《世界经济二百年回顾》，改革出版社 1997 年版。

沈利生、吴振宇：《出口对中国 *GDP* 增长的贡献：基于投入产出表的实证分析》，《经济研究》2003 年第 11 期。

世界银行：《东亚奇迹：经济增长与公共政策》，中国财政经济出版社 1995 年版。

世界银行（约瑟夫·斯蒂格利茨、沙希德·尤素福编）：《东亚奇迹的反思》，中国人民大学出版社 2003 年版。

世界银行：《2003 年世界发展报告》，中国财政经济出版社 2003 年版。

宋国青：《走出通货紧缩与人民币汇率》，北京大学中国经济研究中心课题组讨论稿，2003 年。

王小鲁、樊纲：《中国经济增长的可持续性：跨世纪的回顾与展望》，经济科学出版社 2000 年版。

余永定：《消除人民币升值恐惧症，实现向经济平衡发展的过渡》，《国际经济评论》2003 年第 9—10 期。

增长前沿课题组（张平、张晓晶执笔）：《经济增长、结构调整的累积效应与资本形成》，《经济研究》2003 年第 8 期。

张军：《资本形成、工业化与经济增长：中国转轨的特征》，《经济研究》2002 年第 6 期。

Aghion, Philippe, Philippe Bacchetta and Abhijit Banerjee (2004), "*Financial Development and the Instability of Open Economies*", NBER Working Paper, 10246, *http://www.nber.org/papers/w*10246.

Brooks, Ray and Ran Tao (2003), "*China's Labor Market Performance and Challenges*", IMF Working Paper, *WP/03/210*.

Krugman, Paul (1986), "*Is the Japan Problem Over?*", NBER Working Paper, *No.* 1962.

Krugman, Paul (1997), "*What Ever Happened to the Asian Miracle?*", Fortune, *Vol.* 136 (4), *pp.* 26 – 29.

Prasad, Eswar, Kenneth Rogoff, Shang – Jin Wei and M. Ayhan Kose (2003), Effects of Financial Globalization on Developing Countries: Some Empirical Evidence, *IMF. March* 17.

Prasad, Eswar and Thomas Rumbaugh (2003), *Beyond the Great Wall*, Finance and Development, *December.*

Yasheng Huang (2001), "*The Benefits of FDI in a Transitional Economy: The Case of China*", *OECD Global Forum on International Investment, New Horizons and Policy Challenges for Foreign Direct Investment in the* 21*st* *Century, Mexico City*, 26 – 27 *November* 2001.

Young, Alwyn (1995), "*The Tyranny of Numbers: Confronting the Statistical Realities of the East Asian Growth Experience*", *The* Quarterly Journal of Economics, *Vol.* 110 (3), *pp.* 641 – 680.

Young Rok Cheong and Geng Xiao (2003), *Global Capital Flows and the Position of China, Prepared for FONDAD – KIEP – SNU conference*,. *March* 2003.

第三章 参考文献

金荦:《资本管制强度研究》,《金融研究》2004 年第 12 期。

经济增长前沿课题组(张晓晶、张平执笔):《开放中的经济增长与政策选择》,《经济研究》2004 年第 4 期。

孙涛:《金融全球化时代金融中介体系的构建》,社会科学文献出版社 2004 年版。

章奇、何帆、刘明兴:《金融自由化、脆弱性和政策协调》,《世界经济》2003 年第 12 期。

赵敏:《资本流入下的政策选择》,《经济社会体制比较》2004 年第 2 期。

Aghion, Philippe, Philippe Bacchetta and Abhijit Banerjee, 2004, "*Financial Development and the Instability of Open Economies*", NBER Working Paper, 10246.

Bernanke, Ben, Mark Gertler and Simon Gilchirist, 1998, "*The financial Accelerator in Aquantitative Business Cycle Framework*", NBER Working paper, 6455.

Demigüc - Kunt A. and E. Detragiache, 1998, "*Financial Liberalization and Financial Fragility*", IMF Working Paper.

Edwards, S., 2001, "*Capital Mobility and Economic Performance: Are Emerging Economies Different?*", NBER Working Paper, 8076.

Fernandez - Arias and Montiel, Peter, J., 1995, "*The Surge in Capital inflows to Developing Countries - Prospects and Policy Response*", Policy Research Working Paper, 1473, *World Bank.*

García, Clara, 2004, "*Capital inflows, Policy Responses, and their Ill Consequences: Thailand, Malaysia, and Indonesia in the Decade before the Crises*", PERI Working Paper Series, *No.* 81.

Glick R. and M. Hutchison, 1999, "*Banking and Currency Crises: How Common Are Twins?*", Financial Crises in Emerging Markets, *Reuven Glick, Ramon Moreno, and Mark Spiegel eds., N. Y.: Cambridge U-*

niversity Press.

Goldstein, Morris, 1995, "*Coping with too Much of a Good Thing, Policy Responses of Large Capital inflows to Developing Countries*", Policy Research Working Paper, 1507, *World Bank.*

Hellmann, T., Murdock, K., and Stiglitz, J. E., 2000, "*Liberalization, Moral Hazard in Banking and Prudential Regulation: Are Capital Requirements Enough?*", American Economic Review, *Vol.* 90 (1), *pp.* 147 - 165.

Hellmann, T., Murdock, K., and Stiglitz, J. E., 2000, "*Liberalization, Moral Hazard in Banking and Prudential Regulation: Are Capital Requirements Enough?*", American Economic Review, *Vol.* 90 (1), *pp.* 147 - 165.

IMF, 2004, Global Portfolio Investment Survey, *August.*

Kaminsky and Schmukler, 2002, *Short - Run Pain, Long - Run Gain* "*The Effects of Financial Liberalization*", Preliminary, *May* 28.

Prasad, Eswar, Thomas Rumbaugh, and Qing Wang, 2005, "*Putting the Cart Before the Horse? Capital Account Liberalization and Exchange Rate Flexibility in China*", IMF Policy Discussion Paper.

Prasad, Eswar., Kenneth Rogoff, Shang - Jin Wei and M. Ayhan Kose, 2003, Effects of Financial Globalization on Developing Countries: Some Empirical Evidence, *IMF*, *March* 17.

Tornell, Aaron, Frank Westermann, Lorenza Martinez, 2004, "*The Positive Link between Financial Liberalization, Growth and Crises*", NBER Working Paper, *No.* 10293.

Williamson, John and Molly Mahar, 1998, "*A Survey of Financial Liberalization*", Princeton Essays in International Finance, *No.* 211, *November.*

第四章　参考文献

任志祥、宋玉华：《论经济全球化下的中国经济波动与世界经济周期》，《技术经济》2004 年第 3 期。

郭庆旺、贾俊雪：《中国省份经济周期的动态因素分析术》，《管理世界》2005 年第 11 期。

许宪春：《如何理解一季度支出法 *GDP* 增长率》，《第一财经日报》2009 年 5 月 14 日。

中国经济增长前沿课题组（张平、张晓晶执笔）：《经济增长、结构调整的累积效应与资本形成》，《经济研究》2003 年第 8 期。

中国经济增长前沿课题组（汪红驹执笔）：《高投资、宏观成本与经济增长的持续性》，《经济研究》2005 年第 10 期。

Agénor, P., McDermott, C. J. and E. S. Prasad, 2000, "*Macroeconomic Fluctuations in Developing Countries: Some Stylized Facts*", The World Bank Economic Review, *Vol.* 14 (2), *pp.* 251 – 285.

Alan Heap, 2005, *China – The Engine of a Commodities Super Cycle*, *www.minecon.com*, *March*.

Fidrmuc, J., Korhonen, I. and I. Bátorová, 2008, *China in the World Economy: Dynamic Correlation Analysis of Business Cycles*, *BOFIT Discussion Papers* 7.

Gregory, A. W., A. C. Head, and J. Raynauld, 1997, "*Measuring World Business Cycles*", International Economic Review, *Vol.* 38, *pp.* 677 – 702.

Hans Genberg, Li – gang Liu and Xiangrong Jin, 2006, "*Hong Kong's Business Cycle Synchronisation with Mainland China and the U. S.*", Hong Kong Monetary Authority Quarterly Bulletin, *September*.

Heathcote, J. and Perri, F., 2003, *Why Has the U. S. Economy Become Less Correlated with the Rest of the World?* American Economic Review Papers and Proceedings, *Vol.* 93 (2), *pp.* 63 – 69.

Kwek Kian Teng and Cho Cho Wai, *Trade Integration and Business Cycle Synchronization: the Case of India, China with ASEAN – 5*, *FAEA conference paper*, *November*, 2005.

Kose, M. A., Otrok C., and C. H. Whiteman, 2003, "*International*

Business Cycles: World, Region, and Country - Specific Factors", American Economic Review, *p.* 4.

Kose, Ayhan, Christopher Otrok and Charles H. Whiteman, 2008, *Understanding the Evolution of World Business Cycles*, Journal of International Economics, *Vol.* 75 (1), *pp.* 110 - 130.

Leitner, S. M., 2005, *The Business Cycle in the Philippines, PIDS, Discussion Paper Series*, *No.* 2005 - 10.

Otrok, Christopher and Charles Whiteman, 1998, "*Bayesian Leading Indicators: Measuring and Predicting Economic Conditions in Iowa*", International Economic Review, *Vol.* 39 (4).

Stock, James H. and Mark W. Watson, 1989, "*New Indexes of Coincident and Leading Economic Indicators*", NBER Macroeconomics Annual *1989*, *The MIT Press*, *pp.* 351 - 394.

Stock, James H. and Mark W. Watson, 1993, "*A Procedure for Predicting Recessions with Leading Indicators: Econometric Issues and Recent Experience*", *in James H. Stock and Mark W. Watson eds.*, Business Cycles, Indicators, and Forecasting, *The University of Chicago Press*, *pp.* 95 - 153.

Yin Zhang, 2003, *China's Business Cycles: The International Dimension*, *www. wider. unu. edu/conference.*

第五章 参考文献

毕玉江、朱钟棣：《人民币汇率变动的价格传递效应——基于协整与误差修正模型的实证研究》，《财经研究》2006 年第 7 期。

陈达忠：《原油价格对经济影响的非对称性——文献综述》，《国际石油经济》2005 年第 8 期。

陈六傅、刘厚俊：《人民币汇率的价格传递效应——基于 *VAR* 模型的实证分析》，《金融研究》2007 年第 4 期。

樊纲：《美国经济衰退对中国经济的影响》，“中国发展高层论坛 2008 年会”上的演讲，2008 年 3 月 22 日。

封北麟：《汇率传递效应与宏观经济冲击对通货膨胀的影响分析》，《世界经济》2006 年第 12 期。

何念如、朱闰龙：《世界原油价格上涨对中国经济的影响分析》，《世界经济研究》2006 年第 2 期。

刘金全、金春雨、郑挺国：《中国菲利普斯曲线的动态性与通货膨胀率预期的轨迹：基于状态空间区制转移模型的研究》，《世界经济》2006 年第 6 期。

刘强：《石油价格变化对中国经济影响的模型研究》，《数量经济技术经济研究》2005 年第 3 期。

刘树成：《论中国的菲利普斯曲线》，《管理世界》1997 年第 6 期。

刘树成、张晓晶、张平：《实现经济周期波动在适度高位的平滑化》，《经济研究》2005 年第 11 期。

王庆：《当以升值抑通胀》，《财经》2008 年第 2 期。

王少平、涂正革、李子纳：《预期增广的菲利普斯曲线及其对中国适用性检验》，《中国社会科学》2001 年第 4 期。

王小鲁、樊纲主编：《中国经济增长的可持续性》，经济科学出版社 2000 年版。

曾利飞、徐建刚、唐国兴：《开放经济下中国新凯恩斯混合菲利普斯曲线》，《数量经济技术经济研究》2006 年第 3 期。

经济增长前沿课题组（张平、张晓晶执笔）：《经济增长、结构调整的累积效应与资本形成——当前经济增长态势分析》，《经济研究》2003 年第 8 期。

中国社会科学院经济研究所经济增长前沿课题组（张晓晶、张平执笔）：《开放中的增长与政策选择——当前经济增长态势分析》，《经济研究》2004 年第 4 期。

经济增长前沿课题组（张晓晶执笔）：《国际资本流动、经济扭曲与宏观稳定——当前经济增长态势分析》，《经济研究》2005 年第 4 期。

张平、王宏淼：《“双膨胀”的挑战与宏观政策选择》，《经济学动态》2007 年第 12 期。

张晓晶：《通货膨胀形势、潜在增长率与宏观调控的挑战》，《经济学动态》2008 年第 1 期。

Bernanke, Ben S., 2005, "*The Global Saving Glut and the U. S. Current Account Deficit*", *Remarks at the Sandridge Lecture, Virginia Association of Economics, Richmond, Virginia.*

Borio, Claudio and Andrew Filardo, 2007, "*Globalization and Inflation: New Cross – Country Evidence on the Global Determinants of Domestic Inflation*", BIS Working Paper, *No.* 227, *May* 2007.

Caballero, Ricardo J., 2006, "*On the Macroeconomics of Asset Shortages*", NBER Working Paper, *No.* 12753.

Citigroup, 2008, "*Emerging Markets: Not a Safe Haven for Macro Investors*", Global Macro Trading Strategy Focus, *March* 25, 2008.

Gordon, Robert J., 1990, "*The Phillips Curve Now and Then*", NBER Working Paper, *No.* 3393, *June* 1990.

Gordon, Robert J., 1997, "*The Time – Varying NAIRU and its Implications for Economic Policy*", The Journal of Economic Perspectives, *Vol.* 11, *No.* 1, *Winter*, 1997, *pp.* 11 – 32.

IMF, 2006, "*How Has Globalization Affected Inflation?*", World Economic Outlook, *Chapter* 3, *April* 2006.

IMF, 2007, "*Globalization and Inequality*", World Economic Outlook, *Chapter* 4, *Oct.* 2007.

Mankiw, Greg., 2007, *Globalization and the Phillips Curve: Comment on Ball, Oct.* 28, 2006, *http: //gregmankiw. blogspot. com/*2006/10/*globalization – and – phillips – curve. html.*

Fedeval Bank of Kansas City, http: //www. kansascityfed. org/.

Rajan, Raghuram G., 2006, *Is There a Global Shortage of Fixed Assets?, Remarks at the G* – 30 *meetings in New York, December* 1, 2006.

Roberts, John, 2006, "*Monetary Policy and Inflation Dynamics*", International Journal of Central Banking, *September, Vol.* 2 (3), *pp.* 193 – 230.

Rogoff, Kenneth, 2004, "*Globalization and Global Disinflation*", *in-*

Monetary Policy and Uncertainty: Adapting to a Changing Economy, *Jackson Hole Symposium sponsored by the Federal Reserve Bank of Kansas City*.

Rogoff, *Kenneth*, 2006, "*Impact of Globalization on Monetary Policy*", The New Geography: Effects and Policy Implications, *Jackson Hole Symposium*, *Federal*.

Shi, *Jianhui*, 2006, "*Are Currency Appreciations Concretionary in China?*" NBER Working Paper, *No*. 12551.

Taylor, *John B.*, 2008, *The Impacts of Globalization on Monetary Policy*, *prepared for presentation at the Banque de France Symposium on* "*Globalization*, *Inflation and Monetary Policy*", *March* 7, 2008.

Woodford, *Michael*, 2007, "*Globalization and Monetary Control*", NBER Working Paper, *No*. 13329.

第六章　参考文献

国家统计局:《中国固定资产投资统计数典(1950—2000)》,中国统计出版社2002年版。

国家统计局:《中国统计摘要2005》,中国统计出版社2005年版。

樊纲主编:《季度变量跟踪分析》相关各期。

张晓晶:《国际资本流动、经济扭曲与宏观稳定》,《经济研究》2005年第4期。

中国人民银行房地产金融分析小组:《2004中国房地产金融报告》,2005年。

中经网、*CEIC*及中国人民银行统计资料。

Davis, *E. Philip and Haibin Zhu*, 2004, "*Bank Lending and Commercial Property Cycles*: *Some Cross - Country Evidence*", BIS Working Papers, *No*. 150.

Helbling, *Thomas F.*, 2003, "*Housing Price Bubbles - A Tale Based on Housing Price Booms and Busts*", *This paper draws on Chapter II of the April* 2003 World Economic Outlook (*IMF*).

Herring, Richard and Susan Wachter, 2002, "*Bubbles in Real Estate Markets*", Zell/Lurie Real Estate Center Working Paper, *No.* 402, *March* 2002.

Koh, Winston T. H., Roberto S. Mariano, Andrey Pavlov, Sock Yong Phang, Augustine H. H. Tan, and Susan M. Wachter, 2004, "*Bank Lending and Real Estate in Asia: Market Optimism and Asset Bubbles*", *Forthcoming in* Journal of Asian Economics.

Quigley, John M., 2001, "*Real Estate and the Asian Crisis*", Program on Housing and Urban Policy Working Paper Series, *Working*, *No. W*99 – 008.

第七章 参考文献

江曙霞：《中国"地下金融"》，福建人民出版社 1995 年版。

李扬、尹中立：《深圳与香港间地下金融市场分析》，《中国金融发展报告》，2004 年。

路透数据库。

香港金管局网站。

CEIC 数据库。

Deutsche Bank, "*The Hong Kong Bond Market*", *December* 2004.

Guorong Jiang, Nancy Tang and Eve Law, "*Cost – Benefit Analysis of Developing the Hong Kong Debt Market*", 31 *August* 2001.

IMF, 1998, "*Financial Crises: Characteristics and Indicators of Vulnerability*".

Lucas, Robert, 1990, "*Why doesn't Capital Flow from Rich to Poor Countries?*", The American Economic Review, *May* 1990 (*Papers and Proceedings*), *Vol.* 80 (2), *pp.* 92 – 96.

Mark Carlson and Leonardo Hernandez, "*Determinants and Repercussions of the Composition of Capital Inflows*", IMF working paper, *WP*//02/86.

Peter Warr, "*Crisis Vulnerability*", Asian Pacific Economic Literature, *Vol.* 16 (1), *May* 2002.

第八章 参考文献

王荇芃、吉倩：《美国次贷危机对中国影响有限》，《人民日报》（海外版）2008 年 5 月 5 日。

Andrew Worthington and Helen Higgs, 2001, "*A Multivariate GARCH Analysis of Equity Returns and Volatility in Asian Equity Markets*", *Queensland University of Technology School*, Economics and Finance Discussion Papers and Working Papers, *No.* 089.

Annastiina Silvennoinen and Timo Terasvirta, *January* 2008, "*Multivariate GARCH Models*", *SSE/EFI Working Paper Series in Economics and Finance no.* 669.

Bae, *K. – H.*, *G. A. Karolyi*, *and R. M. Stulz*, 2003, "*A New Approach to Measuring Financial Contagion*", The Review of Financial Studies, *Vol.* 16, *pp.* 717 – 763.

Baig, *T.*, *andI. Goldfajn*, 1999, "*Financial Market Contagion in the Asian Crisis*", IMF Staff Papers, 46, *pp.* 167 – 195.

Brenda Gonzalez – Hermosillo, "*Investors' Risk Appetite and Global Financial Market Conditions*", IMF Working Paper/08/85, *Washington*: *International Monetary Fund.*

Eswar S. Prasad, *and Raghuram Rajan*, *A Pragmatic Approach to Capital Account Liberalization*, NBER Working Paper, *No.* 14051.

Calvo, *G. A.*, 1999, "*Contagion in Emerging Markets*: *When Wall Street is a Carrier*", University of Maryland (mimeo).

Calvo, *G. A. andE. Mendoza* (2000), "*Rational Contagion and the Globalisation of Securities Markets*", Journal of International Economics, *Vol.* 51 (1), *pp.* 79 – 113.

China Banking Regulatory Commission, *October* 2008.

Gaston Gelos and Ratna Sahay, 2000, "*Financial Market Spillovers in Transition Economies*", IMF Working Paper/00/71, *Washington*: *International Monetary Fund.*

G. Geoffrey Booth, *Teppo Martikainen*, *and Yiuman Tse*, 1997, "*Price and Volatility Spillovers in Scandinavian Stock Markets*", Journal of Banking & Finance, *Vol.* 21, *pp.* 811 – 823.

Hamao, Y., R. W. Masulis, and V. Ng, 1990, "*Correlations in Price Changes and Volatility Across International Stock Markets*", Review of Financial Studies, *Vol.* 3, *pp.* 281 – 307.

International Monetary Fund (IMF), 2008*a*, "*Staff Report for the 2007 Article IV Consultation Discussions*", *Washington*, *October.*

——, 2008*b*, "*CanAsia Decouple? Investigating Spillovers from the United States to Asia*", Regional Economic Outlook – Asia and Pacific, *World Economic and Financial Surveys*, *Washington*, *April.*

——, 2008*c*, "*Latin American Linkages to Global Financial Market Turbulence*", *in* Regional Economic Outlook – Western Hemisphere, *World Economic and Financial Surveys*, *Washington*, *April.*

——, 2008*d*, *Chapter* 4, "*Spillovers to Emerging Equity Markets*", Global Financial Stability Report, *World Economic and Financial Surveys Oct* 2008, *Washington*, *October.*

Jorge A. Chan – Lau, *Donald J. Mathieson*, *and James Y. Yao*, 2004, "*Extreme Contagion in Equity markets*", IMF Staff Papers, *Vol.* 51 (2), *IMF.*

Jorge Chan – Lau and Iryna Ivaschenko, 2003, "*Asian Flu or Wall Street Virus? Tech and Non – tech Spillovers in the United States and Asia*", Journal of Multinational Financial Management, *Vol.* 13 (4 – 5), *pp.* 302 – 322.

Kodres, *L. E.*, *and M. Pritsker*, 1998, "*A Rational Expectations Model of Financial Contagion*", *Finance and Economices Discussion Paper Series* 98/48 (*Washington*, *D. C.*: *Board of Governors of the Federal Reserve System*); *forcecoming in* Journal of Finance.

Li – gang Liu, *Laurent Pauwels*, *and Jun – yu Chan*, 2008, "*Do External Political Pressures Affect The Renminbi Exchange Rate?*", Hong Kong Monetary Authority Working Paper, 05/2008.

Sanjay Kalra, 2008, "*Global Volatility and Forex Returns in East Asia*", *IMF Working Paper*, *WP/08/208.*

Taimim Bayoumi and Andrew Swiston, "*Foreign Entanglements*: *Estima-*

ting the Source and Size of Spillovers Across Industrial Countries", IMF working paper, *WP/07/182.*

Taimur Baig and Ilan Goldfajn, 1999, "*Financial Market Contagion in the Asian Crisis*", IMF Staff Papers, *Vol.* 46 *No* 2, *Washington*: *International Monetary Fund.*

Tse, *Y. K.*, *and K. C. Tsui*, 2002, "*A Multiariate Generalized Autoregressive Conditional Heteroscedasticity Model with Time - varying Correlations*", Journal of Business and Economic Statistics, *Vol.* 20, *pp.* 351 - 362.

第九章 参考文献

[美] *C.* 弗雷德·伯格斯坦主编:《美国与世界经济:未来十年美国的对外经济政策》,经济科学出版社 2005 年版。

[美] 伯南克:《大萧条》,东北财经大学出版社 2007 年版。

[美] 查尔斯·*P.* 金德尔伯格:《疯狂、惊恐和崩溃——金融危机史(第四版)》,中国金融出版社 2007 年版。

[美] 马丁·费尔德斯坦主编:《20 世纪 80 年代美国经济政策》,经济科学出版社 2000 年版。

蔡昉:《科学发展是抵御金融危机的根本途径》,《红旗文稿》2009 年第 6 期(总第 150 期)。

刘树成:《2008—2009 年国内外经济走势分析》,中国社会科学院经济学部"中国经济研究报告"2009 年第 78 期。

张平:《宏观政策的有效性和激励目标的选择》,中国社会科学院经济学部"中国经济研究报告"2009 年第 82 期。

张晓晶:《中国增长的周期性调整、未来走势与政策选择》,《财贸经济》2008 年第 10 期。

中国社会科学院经济研究所宏观室课题组:《中国经济周期的国际关联》,2009 年。

Allen, *Franklin*, *and Douglas Gale*, 2000, "*Bubbles and Crises*", Economic Journal, *Vol.* 110 (460), *pp.* 236 - 255.

Bagnai, Alberto, 2008, "*The Role of China in Global External Imbalances: Some Further Evidence*", China Economic Review, *forthcoming.*

Barsky, Robert B., and Lutz Kilian, 2001, "*Do We Really Know that Oil Caused the Great Stagflation? A Monetary Alternative*", NBER Working Paper, *No.* 8389.

Bernanke, B. S., 2005, "*The Global Saving Glut and the US Current Account Deficit*", *Updates speech given on* 10 *March* 2005 *at the Sandridge Lecture*, Virginia Association of Economists, *Richmond, Viginia.*

Blanchard, Olivier, Francesco Giavazzi, and Filipa Sa, "*International Investors, theU. S. Current Account, and the Dollar*", Brookings Papers on Economic Activity, *Vol.* 2005 (1), *pp.* 1 – 49.

Caballero, Ricardo J., Emmanuel Farhi, and Pierre – Olivier Gourinchas, 2008*a*, "*An Equilibrium Modle of 'Global Imbanlances' and Low Interest Rates*", American Economic Review, *Vol.* 98 (1), *pp.* 358 – 93.

Caballero, Ricardo J., Emmanuel Farhi, and Pierre – Olivier Gourinchas, 2008*b*, "*Financial Crash, Commodity Prices and Global Imbalances*", NBER Working Paper, *No.* 14521.

Cole, Harold L. and Lee E. Ohanian, 2004, "*New Deal Policies and the Persistence of the Great Depression: A General Equilibrium Analysis*", Journal of Political Economy, *Vol.* 112 (4), *pp.* 779 – 816.

Cooper, Richard, 2006, "*Living with Global Imbalances: A Contrarian View*", Journal of Policy Modeling, *Vol.* 28 (6), *pp.* 615 – 627.

Dooley, Michael P., David Folkerts – Landau and Peter M. Garber, 2002, "*An Essay on the Revived Bretton Woods System*", NBER Working Paper, *No.* 9971.

Dooley, Michael P., David Folkerts – Landau and Peter M. Garber, 2004*a*, "*Direct Investment, Rising Real Wages and the Absorption of Excess Labor in the Periphery*", NBER Working Paper, *No.* 10626.

Dooley, Michael P., David Folkerts – Landau and Peter M. Garber, 2004*b*,

"The U. S. Current Account Deficit and Economic Development: Collateral for a Total Return Swap", NBER Working Paper, *No.* 10727.

Eichengreen, Barry, 2000, *"From Benign Neglect to Malignant Preoccupation: U. S. Balance - of - Payments Policy in the* 1960*s"*, NBER Working Paper, *No.* 7680.

Eichengreen, Barry, 2004, *"Global Imbalances and the Lessons of Bretton Woods"*, NBER Working Paper, *No.* 10497.

Fels, Joachim, 2005, *"Is Global Excess Liquidity Drying Up?", Morgan Stanley Global Economic Forum, November* 8.

Fels, Joachim, 2009, *"A New Global Liquidity Cycle", Morgan Stanley Global Economic Forum, January* 16.

Gourinchas, Pierre - Olivier and Hélène Rey, 2005*a*, *"International Financial Adjustment"*, NBER Working Paper, *No.* 11155.

Gourinchas, Pierre - Olivier and Hélène Rey, 2005*b*, *"From World Banker to World Venture Capitalist: US External Adjustment and the Exorbitant Privilege"*, NBER Working Paper, *No.* 11563.

Hausmann, Ricardo, and Federico Sturzenegger, 2005, *"U. S. and Global Imbalances: Can Dark Matter Prevent a Big Bang?", http: //www. cid. harvard. edu/cidpublications/darkmatter_* 051130. *pdf.*

Ito, Hiro, 2009, *"U. S. Current Account Debate With Japan then, with China Now"*, Journal of Asian Economics, *forthcoming.*

Knotek, Edward S. II, 2006, *"Regime Changes and Monetary Stagflation", the Federal Reserve Bank of Kansas City Economic Research Department, Research Working Paper, RWP* 06 - 05.

V. McKinnon, Ronald I., 2005, *"Trapped by the International Dollar Standard"*, Journal of Policy Modeling, *Vol.* 27, *pp.* 477 - 485.

Obstfeld, Maurice and Kenneth Rogoff, 2000, *"Perspectives on OECD Capital Market Integration: Implications for U. S. Current Account Adjustment", in Federal Reserve Bank of Kansas City*, Global Economic Integration: Opportunities and Challenges, *March*, *pp.* 169 - 208.

Obstfeld, Maurice, and Kenneth Rogoff, 2004, "*The Unsustainable US Current Account Position Revisited*", *NBER Working Paper*, *No.* 10869.

Obstfeld, Maurice, and Kenneth Rogoff, 2005, "*Global Current Account Imbalances and Exchange Rate Adjustments*", *Brookings Papers on Economic Activity*, *Vol.* 2005 (1), *pp.* 67 – 123.

Reinhart, Carmen M., and Kenneth S. Rogoff, 2008*a*, "*This Time is Different: A Panoramic View of Eight Centuries of Financial Crises*", NBER Working Paper, *No.* 13882.

Reinhart, Carmen M., and Kenneth S. Rogoff, 2008*b*, Banking Crises: An Equal Opportunity Menace, *manuscript*, *Harvard University*, *December* 2008.

Reinhart, Carmen M., and Kenneth S. Rogoff, 2009, "*The Aftermath of Financial Crises*", American Economic Review, *forthcoming.*

Roubini, Nouriel and Brad Setser, 2004, "*The US as a Net Debtor: The Sustainability of the US External Imbalances*", *http://pages.stern.nyu.edu/~nroubini/papers/Roubini – Setser – US – External – Imbalances.pdf.*

Rüffer, Rasmus and Livio Stracca, 2006, "*What is Global Excess Liquidity, and Does It Matter?*", European Central Bank Working Paper Series, *No.* 696.

Summers, Laurence, 1989, "*Planning for the Next Financial Crisis*", *in*The Risk of Economic Crisis, *Edited by Martin Feldstein*, *University of Chicago press*, 1989.

White, William R., 2008, "*Past Financial Crises, the Current Financial Turmoil, and the Need for a New Macrofinancial Stability Framework*", Journal of Financial Stability, *Vol.* 4, *pp.* 307 – 312.

第十章 参考文献

樊纲：《论国家综合负债——兼论如何处理银行不良资产》，《经济研究》1999 年第 5 期。

李利明：《汇金注资三大行 赚了？赔了?》，《经济观察报》2006 年 10 月 30 日。

刘尚希：《财政风险：一个分析框架》，《经济研究》2003 年第 5 期。

刘尚希：《财政风险：从经济总量角度的分析》，《管理世界》2005 年第 7 期。

孙涛：《全球化时代金融中介体系的构建》，中国社会科学出版社 2004 年版。

魏加宁：《“头号杀手”曝光地方政府隐性债务风险严重》，《中华工商时报》2004 年 2 月 23 日。

易纲：《中国银行业改革思路》（上），中国经济 50 人论坛，*http：//www. 50forum. org. cn*，2004 - 6 - 23。

张晓晶、常欣、汪红驹：《增长失衡与政府责任：社会性支出角度的分析》，《经济研究》2006 年第 10 期。

中国人民银行：《中国金融稳定报告》（2005）和（2006），中国金融出版社。

中国信达资产管理公司金融风险研究中心：《2006 年中国不良资产市场发展报告》，《金融风险研究》2006 年第 11—12 期。

Gray, *Dale F.* , *Robert C. Merton and Zvi Bodie*, 2006, “*A New Framework for Analyzing and Managing Macrofinancial Risks of an Economy*”, *NBER Working Paper*, *No.* 12637.

Ma, *Guonan*, 2006, “*Who Pays China' s Restucturing Bill?* ”, *CEPII WP*2006 - 04.

Mendoza, *Enrique G.* , *Vincenzo Quadrini*, *and Jose-Victor Rios-Rull*, 2006, Financial Integration, Financial Deepness and Global Imbalances, *forthcoming.*

IMF, 2006, *Article IV Consultation - Staff Report*, *October* 2006, *IMF Country Report No.* 06/394. 15. *Polackova.*

Hana 1998. “*Government Contingent Liabilities*: *A Hidden Risk to Fiscal Stability* ”, *Policy Research Working Paper*, *World Bank*, *Washington*, *D. C.* .

Reinhart, *C*, *K Rogoff and M Savastano*, 2003, "*Debt Intolerence*", Brookings Papers on Economic Activity, *January*.

Yvonne Sin, Pension Liabilities and Reform Options for Old Age Insurance, *Paper No.* 2005 - 1, *The World Bank*, *Washington D. C.*, *USA*, *May*, 2005.

第十一章 参考文献

蔡社文：《我国社会保障支出水平分析》，《预算管理会计月刊》2004年第7期。

杜乐勋：《中国卫生总费用核算结果和分析》，《经济学家》网站5月16日。*http*：//*www. jjxj. com. cn/news. detail. jsp*？*keyno* =3348。

国家统计局：《中国统计摘要2006》，中国统计出版社2006年版。

国家统计局国民经济综合统计司：《新中国五十五年统计资料汇编》，中国统计出版社2005年版。

教育部财务司、国家统计局人口和社会科技统计司：《中国教育经费统计年鉴2002》，中国统计出版社2003年版。

世界银行：《中国：深化事业单位改革，改善公共服务提供》，中信出版社2005年版。

世界银行：《世界发展报告》，中国财政经济出版社2001年版。

世界银行：《世界发展报告》，中国财政经济出版社2004年版。

世界银行：《世界发展报告》，清华大学出版社2006年版。

[美] 斯蒂格利茨：《中国已经趟过河流》，《财经》2006年总第155期。

王梦奎：《中国社会经济政策的主调：在中国发展高层论坛上的主题发言》，《中国经济时报》2006年3月27日。

王绍光：《中国公共卫生的危机与转机》，《比较》2003年第7期。

[美] 维托·坦齐、[德] 卢德格尔·舒克内希特：《20世纪的公共支出》，商务印书馆2005年版。

中国财政年鉴编纂委员会：《中国财政年鉴2005》，中国财政杂志出版社2006年。

中国发展研究基金会、联合国开发计划署：《中国人类发展报告：追求公平的人类发展》，中国对外翻译出版公司 2005 年版。

中国经济增长前沿课题组：《经济增长、结构调整的累积效应与资本形成》，《经济研究》2003 年第 8 期。

中国经济增长前沿课题组：《财政政策的供给效应与经济发展》，《经济研究》2004 年第 9 期。

中国经济增长前沿课题组：《高投资、宏观成本与经济增长的持续性》，《经济研究》2005 年第 10 期。

中国经济增长与宏观稳定课题组：《干中学、低成本竞争和增长路径转变》，《经济研究》2006 年第 4 期。

中华人民共和国卫生部：《中国卫生统计提要 2006》，中华人民共和国卫生部网站 *http*：*//www. moh. gov. cn/*。

Acemoglu, *Daron*, *Thierry Verdier*, 2000, "*The Choice Between Market Failure And Corruption*", American Economic Review, *Vol.* 90 (1).

Atkinson, *A.*, *and J. Stiglitz*, 1980, Lectures on Public Economics, *New York*: *McGraw Hill.*

Baqir, *Reza*, 2002, "*Social Sector Spending in a Panel of Countries*", *Working Paper WP/02/35*, *International Monetary Fund*, *Washington.*

Bloom, *David*, *and David Canning*, 2003, "*The Health and Poverty of Nations*: *From Theory to Practice*", Journal of Human Development, *Vol.* 4 (1), *pp.* 47 – 71.

——, *and Jaypee Sevilla*, 2004, "*The Effect of Health on Economic Growth*: *A Production Function Approach*", World Development, *Vol.* 32 (1), *pp.* 1 – 13.

Gyimah – Brempong, *Kwabena*, *and Mark Wilson*, 2004, "*Health Human Capital and Economic Growth in Sub – Saharan African and OECD Countries*", Quarterly Review of Economics and Finance, *Vol.* 44 (2), *pp.* 296 – 320.

Harsanyi, *John C.*, 1955, "*Cardinal Welfare*, *Individualistic Ethics*, *and Interpersonal Comparisons of Utility*", Journal of Political Economy, *Vol.* 63 (4), *pp.* 309 – 321.

IMF, 1999, "*Does Higher Government Spending Buy Better Results In Education And Health Care?*", *By Sanjeev Gupta*, *Marijin Verhoevern*, *and Erwin Tiongson.*

Mrinal Datta - Chaudhuri, 1990, "*Market Failure And Government Failure*", Journal of Economic Perspectives, *Vol.* 4 (3).

Nozick, *Robert*, 1974, *Anarchy*, *State and Utopia*, *New York*: *Basic Books.*

Rawls, *John*, 1971, *A Theory of Justice*, *Cambridge*, *M. A.*: *Harvard University Press.*

Sen, *Amartya*, 1985, Commodities and Capabilities, *Amsterdam*: *North-Holland.*

——, 1999*a*, Development as Freedom, *New York*: *Alfred A. Knopf Inc.*

——, 1999*b*, "*Economic Policy and Equity*: *An Overview*", *in* Economic Policy and Equity, *ed. By Vito Tanzi*, *Ke - young Chu*, *and Sanjeev*, *Gupta*, *Washington*: *IMF.*

Strauss, *John*, *and Duncan Thomas*, 1998, "*Health*, *Nutrition*, *and Economic Development*", Journal of Economic Literature, *Vol.* 36 (2), *pp.* 766 - 817.

Tanzi, *Veto*, 2005, "*The Coming Fiscal Crisis?*" *Paper provided for the conference* "*The Long - Term Budget Challenge*: *Public Finance and Fiscal Sustainability in the G - 7*", *June* 2 - 4, 2005, *Washington*, *D. C.*.

Zou Hengfu, 1996, "*The Composition of Public Expenditure and Economic Growth*", Journal of Monetary Economics, *Vol.* 37, *pp.* 313 - 344.

第十二章 参考文献

胡祖光:《基尼系数理论最佳值及其简易计算公式研究》,《经济研究》2004 年第 9 期。

赵志君:《关于基尼系数的理论最佳值》,《中外管理导报》1994 年第 1 期。

胡祖光:《吉尼系数的理论最佳值——三分之一》,《中外管理导报》

1993 年第 3 期。

姚明霞:《福利经济学》, 经济日报出版社 2005 年版。

张平:《增长与分享: 居民收入分配理论和实证》, 社会科学文献出版社 2003 年版。

王桂胜:《福利经济学》, 中国社会劳动保障出版社 2006 年版。

Arrow, *Kenneth J.*, 1951, *2nd ed.*, 1963, Social Choice and Individual Values, *Yale University Press*, *New Haven.*

Atkinson, *Anthony B.*, 1975, The Economics of Inequality, *Oxford University Press*, *London.*

Aiyagari SR. 1994, "*Uninsured Idiosyncratic Risk and Aggregate Saving*", Quarterly Journal of Economics, *Vol.* 109 (3), *pp.* 659 – 684.

Huggett M, 1997, "*The One – Sector Growth Model with Idiosyncratic shocks*", *Steady states and dynamics*, Journal of Monetary Economics, *Vol.* 39 (3), *pp.* 385 – 403.

Huggett M, *Ospina S.*, 2001, "*Aggregate Precautionary Savings: When is the Third Derivative Irrelevant?*," Journal of Monetary Economics, *Vol.* 48 (2), *pp.* 373 – 96.

Miao J. 2006, "*Competitive Equilibria of Economies with a Continuum of Consumers and Aggregate Shocks*", Journal of Economic Theory, *Vol.* 128 (1), *pp.* 274 – 298.

Ng, *Yew – Kwang*, 1979; *rev. ed.*, 1983, Welfare Economics, *London*: *Macmillan.*

Peng, *S.*, 1997, "*BSDE and Related G – expectation*", Pitman Research Notes in Mathematics Series, 364, *pp.* 141 – 159.

Peng, *S.* 1999, "*Monotonic Limit Theorem of BSDE and Nonlinear Decomposition Theorem of Doob – Meyers Type*", Probability Theory & Related Fields, *Vol.* 113 (4), *pp.* 473 – 499.

Samuelson, *Paul A.*, 1947, *Enlarged ed.* 1983, "*Welfare Economics*", Foundations of Economic Analysis, *Harvard University Press*, *Cambridge*, *M. A.*, *ch. VIII*, *pp.* 203 – 253.

Samuelson, Paul A., 1981, "*Bergsonian Welfare Economics*", *in S. Rosefielde (ed.)*, Economic Welfare and the Economics of Soviet Socialism: Essays in Honor of Abram Bergson, *Cambridge University Press*, *Cambridge*, *pp.* 223 – 266.

Suen, Richard M. H., 2009, "*Bounding the CRRA Utility Functions*", *February*, *http://mpra.ub.uni-muenchen.de/13260/1/Bound_CRRA.pdf.*

Sen, Amartya K., 1973, "*Distribution, Transitivity and Little's Welfare Criteria*", Economic Journal, *Vol.* 73 (292), *pp.* 771 – 778.

Wold H. O. A. and P. Whittle, 1957, "*A Model Explaining the Pareto Distribution of Wealth*", Econometrica, *Vol.* 25 (4), *pp.* 591 – 595.

Rawls J., 1972, A Theory of Justice, *Oxford University Press*, *Oxford*, *UK.*

Foster James E. and Amartya Sen, 1996, On Economic Inequality, *expanded edition with annexe*, *ISBN* 0 – 19 – 828193 – 5.